Francophone Cultures Through Film

Francophone Cultures Through Film

Nabil Boudraa
Cécile Accilien

Focus Publishing
Newburyport, Massachusetts

Francophone Cultures Through Film

© 2014 Nabil Boudraa, Cécile Accilien

Focus Publishing/R. Pullins Company
PO Box 369
Newburyport, MA 01950
www.pullins.com

ISBN: 978-1-58510-311-9

Library of Congress Cataloging-in-Publication Data

Boudraa, Nabil.

Francophone cultures through film / Nabil Boudraa, Cécile Accilien.

pages cm

Summary: "An engaging, content-based book for incorporating Francophone cinema and culture into advanced French Language courses or Francophone Studies courses. Each chapter of the book is devoted to a single feature film and includes aids for students watching the film, discussing and writing about the film, and understanding the film within the cultural context. The films come from all regions of the Francophone world, from Vietnam to Algeria to Haiti, and are organized chronologically from the colonial experience to today.Features: A great selection of fifteen easily accessible feature films from all areas of the Francophone world that students are sure to enjoy; Analysis of pre-selected scenes that are clearly indicated where they are in the film, giving the class an easy starting point for in-depth study; Relevant readings at the end of each chapter, including interviews with Francophone directors and literary selections; Contextualized, pre-viewing vocabulary lists of just the right length, preparing the students for the film; Group discussion activities in every chapter that engage the class with the themes of the course; and more!" -- Provided by publisher.

Includes bibliographical references and filmography.

ISBN 978-1-58510-311-9 (pbk.)

1. French language--Study and teaching (Secondary) 2. Motion pictures in education. I. Accilien, Cécile. II. Title.

PC2066.B67 2013

448.3'421--dc23

2013022018

Printed in the United States of America.

10 9 8 7 6 5 4 3 2 1

0913V

In memory of Dr. Frans C. Amelinckx (1932-2010)

Professor Emeritus of Francophone Studies
at the University of Lafayette, Louisiana,
who spent a great part of his life promoting Francophone cultures.
His contribution to this field, and to 19th century Louisiana
literatures and cultures in particular, is simply remarkable.

Contents

List of Films

Title	English Title	Country	Date	Director
Part 1: The Colonial Experience				
Rue Cases-Nègres	*(Sugar Cane Alley)*	Martinique	1984	Euzhan Palcy
Indigènes	*(Days of Glory)*	Algérie/Maroc/ France	2006	Rachid Bouchareb
Lumumba: The Death of a Prophet	*(Lumumba: Death of a Prophet)*	RD Congo/ Belgique	1992	Raoul Peck
Part 2: Struggles for Independence				
La Bataille d'Alger	*(The Battle of Algiers)*	Algérie	1965	Gillo Pontecorvo
Frantz Fanon: Black Skin, White Mask	*(Frantz Fanon: Black Skin, White Mask)*	Martinique/ France/Algérie	1996	Isaac Julien
Lumumba	*(Lumumba)*	RD Congo/ Belgique	2000	Raoul Peck
Part 3: Cultural Diversity				
Un été à la Goulette	*(A Summer in la Goulette)*	Tunisie	1996	Férid Boughedir
L'Auberge Espagnole	*(The Spanish Apartment)*	Europe	2002	Cédric Klapisch
Bienvenue Chez les Ch'tis	*(Welcome to the Sticks)*	France	2008	Danny Boon
Part 4: Immigration and Exile				
Salut Cousin!	*(Hey Cousin!)*	France/Algérie	1996	Merzak Allouache
Pièces d'Identités	*(Identity Pieces)*	Belgique/RD Congo	1998	Mweze Ngangura
La Grande Séduction	*(Seducing Doctor Lewis)*	Québec	2003	Jean-François Pouliot
Part 5: Women in the Francophone World				
Faat Kiné	*(Faat Kiné)*	Sénégal	2000	Ousmane Sembène
Indochine	*(Indochine)*	Vietnam/Laos/ Cambodge	1992	Régis Wargnier
Poto Mitan	*(Poto Mitan)*	Haïti	2009	Bergan & Schuller

Preface and Acknowledgments

This book is written to fill a gap in textbooks about francophone films. Film has proven to be an excellent medium for the teaching of both language and culture. In fact, learning about the accents and gestures in the different French-speaking cultures is just one of its advantages.

Francophone Cultures Through Film is an introduction to the different cultures of the francophone world through the analysis of film. So, this textbook is not so much about film as it is about culture. It is designed for French upper-division level students as well as the general public. It can be used as the main textbook in a French or francophone cultural studies or film course, or as a supplement in any intermediate or advanced literature course in the departments of French and francophone studies. It is also a convenient textbook for both advanced conversation and film courses. In addition, it can easily be used in high schools, film clubs, or for any advanced course in French.

We, the authors, would like to express our gratitude to the following colleagues who participated in reviewing this text or parts of it. We have greatly benefited from their criticisms and suggestions: Carole Edwards (U.S. Air Force Academy), Sheri Abel (Wheaton College, Illinois), Anne M. François (Eastern Pennsylvania University), Caesar A. Akuetey (Knox College, Illinois), Gina Greco (Portland State University, Oregon), Valérie K. Orlando (University of Maryland, College Park), Cheikh Ndiaye (Union College, New York), Diana Pierre-Louis (Fulton County Public Schools, Atlanta, Georgia), John F. Moran (New York University), Brenda McCullough (Oregon State University), Lucie Viakinnou-Brinson (Kennesaw State University), Daniel Morris (Southern Oregon University), Mary Vogl (Colorado State University), Samira Sayeh (University of Kansas), Jarrod Hayes (University of Michigan), Armelle Hofer (Oregon State University), and Kirstin Esterberg (Oregon State University), and Smaïl Boudraa. We also thank the anonymous readers who offered invaluable suggestions for revisions.

We would also like to thank the following colleagues for their various support: Valérie Loichot (Emory University), Jacqueline Konan (Columbus State University), Alyce Cook (Columbus State University), Philippe Zacaïr (California State University Fullerton), Odile Ferly (Clark University), Viviane Koua (Auburn University), Catherine Reinhardt-Zacaïr (Chapman University), Safoi Babana-Hampton (Michigan State University), and Fatima B. Dianda (Saint Catherine University, Saint Paul, Minnesota).

Special thanks also go to Michael Dembrow (Portland Community College, co-director and co-founder of the Cascade Festival of African Films) for generously sharing with us his research and resources, especially his film notes. Thanks also to Mary Holmstrom, co-director and co-founder of the Cascade Festival of African Films, for sharing her country sheets.

We are also indebted to all those who gave us permission to reproduce interviews, photos, texts, and other materials. We have listed all the credits at the end of this book. We are also grateful to Ron Pullins, Amanda Pepper, Tom Walker and Allen Cooper at Focus Publishing for their patience and help in the preparation of this book.

Finally, we sincerely acknowledge Anne Christine Rice's book, *Cinema for French Conversation*, which provided us with ideas for the structure of this book.

Introduction

This textbook serves not only as a stimulus for advanced conversation in French courses but also as an introduction to the francophone world. The result is an engaging content-based approach to conversation that highlights the richness of francophone cultures around the world, including their cinema.

This textbook is designed to meet the needs of instructors who want to teach francophone films and cultures. Cinema is one of the most important mediums that can be used to access history and culture. The late Sembène Ousmane, pioneer of African cinema, has noted that "the filmmaker is the modern griot.[1]" Her/his role is to represent her/his culture through local lenses and to make it accessible to everyone. In addition, students will learn how to analyze these films—not just see them—to ultimately broaden and deepen their understanding and knowledge of the Francophone world.

Instructors can also use this textbook in their intermediate courses to supplement their syllabi. The interviews and the texts are particularly interesting for classroom activities. Some chapters are longer than others due to the length of the film and the themes covered, so instructors may choose to spend more time on a particular chapter. They may also teach a film along with a novel or a play. For example, the feature film *Lumumba* can be taught along with *Une Saison au Congo* by Aimé Césaire.

For the sake of chronological order, we have started this book with the chapter on the colonial experience, but instructors can start with any chapter or film. They may also eliminate some films or chapters to better fit their course material. Furthermore, as this book is mostly intended for advanced classes, we have left out activities such as grammar and translation. Students will therefore have more exposure to conversation, reading and writing activities.

We acknowledge the issue of availability of films, but our selection includes films that are so popular in the United States that instructors and students can easily purchase, rent or borrow them. The main sources remain obviously Netflix (Netflix.com), California Newsreel (Newsreel.com), and Amazon (Amazon.com). For links to these and other sources, visit the publisher's website, Focusbookstore.com. A list of other sources is also included at the end of the book.

These films represent accurately the reality of the francophone world. Some of them are of a very sensitive nature, but we have done our best to leave out the most sensitive aspects in these chapters. In *The Battle of Algiers*, for instance, there are some scenes containing extreme violence and torture, but we have focused on the cultural and socio-historical components of the film.

---

1 West African historian, storyteller, poet and/or musician, who passes on oral traditions.

Last but not least, our selection of films covers five distinct regions (North and Sub-Saharan Africa, The Caribbean, Southeast Asia, Québec and Europe). We realize that this textbook does not include other French-speaking areas such as New Caledonia, French Guyana, Lebanon, Switzerland and Luxembourg, but we hope that other colleagues will take on this task.

Thematic organization

Francophone Cultures Through Film is organized through a thematic approach while consideration is also given to geographical balance. Each chapter includes three films which are tied together by a common theme. We tried to focus on the important issues that characterize the French-speaking world such as colonialism, independence, diversity, immigration, co-existence, and women's issues, among others.

However, instructors can start from any part that suits their course plan. They may also combine films from the different parts or eliminate chapters or even parts as they deem it appropriate. For information on licensing individual chapters for course packs or classroom use, visit Focusbookstore.com.

Each chapter includes pre- and post-viewing activities, a glossary of important terms used in the film, a country sheet, a short biography of the director and of the main actor(s), an interview or a related reading, and a suggested bibliography.

To the instructor

While we believe that instructors are free to use this textbook as they please, we would like to share some suggestions on how to make better use of it.

- Ask the students to take notes while watching the films. In note taking, the use of abbreviations saves time.

- It is better to screen these films outside of class if possible. For example, organize a film festival in conjunction with the course.

- Encourage students to use Netflix, so they can watch these films again at home to better prepare for class discussions and assignments.

- One of the most interesting writing activities is film review. In the first week of class, teach the students how to write a film review and ask them to write one for each film studied.

- Ask the students to keep a film journal. The journal may include thoughts, questions and ideas that come up while watching the film. These can be references to other films, significant scenes or roles of particular characters. The film journal will help the students to study for exams and generate ideas for papers and presentations.

Additional notes

- Most of these films have either a French version or French subtitles. You may choose according to the level and interest of your students.

- The list of websites is up-to-date as of this printing but please verify each website before use.

- We kept the quotations in the "Analyse de citations" exactly as they are used in the film (without any editing) in order to keep the specific accents and styles in each culture.

- Students are encouraged to use the internet sources listed at the end of this book to find more information about the films. The IMDB (International Movie Data Base), in particular, is a great source of information about actors and directors.

- The bibliography at the end of each chapter is simply a suggestion of some texts that can be used in class in combination with the films.

Vocabulaire du Cinéma

"le septième art" — le cinéma

Les films

un film	a movie
une comédie	a comedy
un drame	a drama
un (film) policier	a detective movie
un film d'aventures	an adventure film
un film de cape et d'épée	a cloak-and-dagger film
un film d'action	an action movie
un film à suspense	a thriller
un film d'épouvante	a horror movie
un western	a Western
un film de science fiction	a science fiction movie
un documentaire	a documentary
un dessin animé	a cartoon
un film muet	a silent film
un film à succès	a box office hit
un échec	a flop

L'équipe

un(e) réalisateur(-trice)	a director
un metteur en scène	a director
un(e) producteur(-trice)	a producer
un(e) scénariste	a screenwriter
un distributeur	a distributor
tourner un film	to shoot a film
produire un film	to produce a film
un scénario	a screenplay

Les acteurs

un(e) acteur(-trice)	an actor/actress
une vedette	a star
un rôle	a role
un rôle principal	a starring role
un second rôle	a supporting actor
un personnage	a character
un héros	a hero
une héroïne	a heroine

La technique

la caméra	the camera
un zoom	a zoom lens
une scène	a scene
un gros plan	a close-up
un plan d'ensemble	a long shot
un travelling	a tracking shot
un costume	a costume
le maquillage	make-up
les accessoires	props
une bobine	a reel
le son	the sound
le bruitage	the sound effects
la voix off	the voice over
une musique de film	a score
une bande sonore	a soundtrack
les effets spéciaux	special effects
le générique	the credits
le montage	editing
les sous-titres	the subtitles
doubler	to dub
en version originale = en v.o.	in the original language
la bande-annonce	the trailer

Le cinéma

un cinéma	a movie theater
aller au cinéma	to go to the movies
passer un film	to show a movie
l'écran	the screen
un siège	a seat
regarder un film	to watch a movie
un cinéphile	a movie buff

Les festivals de cinéma

la première	the opening night
une récompense	an award
un(e) nominé(e)	a nominee

La vidéo

un magasin de location vidéo	a video store
une cassette vidéo	a video (cassette)
louer	to rent

rapporter	to return
un magnétoscope	a VCR
une télécommande	a remote control
réembobiner	to rewind
accélérer	to fast-forward

Festivals

Le Festival de Cannes: Il a lieu tous les ans en mai depuis 1939. Le prix principal est la Palme d'or.

FESPACO ou Festival Panafricain du Cinéma et de la Télévision de Ouagadougou est un festival qui a été créé au Burkina Faso en 1969. C'est l'un des plus grands festivals du cinéma africain. Il a lieu tous les deux ans et commence le dernier samedi de février. On y décerne de nombreux prix (voir ci-dessous).

Le Festival International de Carthage: connu aussi sous le nom des Journées Cinématographiques de Carthage, est un festival qui a lieu à Tunis tous les deux ans en octobre ou novembre. Créé en 1966, c'est le plus ancien festival de cinéma sur le continent africain.

Festival Vues d'Afrique: C'est un festival qui a lieu à Montréal en avril. Fondé en 1984, son but principal est de présenter au public les cultures africaines et créoles. Il décerne de nombreux prix, y compris le prix Ban Zil Kreyol.

Cinéma du Réel est un festival international de films documentaires organisé par la Bibliothèque d'Information Publique (BIP) à Paris.

Festival de Venise: La Mostra internazionale d'arte cinematografica di Venezia ou le Festival International d'Art Cinématographique de Venise est le premier festival cinématographique mondial, qui a débuté en 1932. C'est un festival annuel qui a lieu entre la fin du mois d'août et le début du mois de septembre.

Festival du Cinéma Africain, d'Asie et d'Amérique Latine à Milan en Italie: Connu sous le nom du Festival des Cinémas Africano, Asia, America Latino, c'est un festival annuel qui a lieu en mars et qui présente des films de ces trois continents.

Festival International du Film Francophone de Namur (en Belgique): fondé en 1986, le festival est un lieu de rencontre pour les réalisateurs, producteurs, scénaristes, comédiens et distributeurs du monde cinématographique francophone.

Le Festival International du Film de Berlin: connu aussi sous le nom de La Berlinale, il a été créé en 1951 et a lieu chaque année en février. Avec les festivals de Cannes et de Venise, il est considéré comme l'un des trois festivals les plus importants en Europe

Festival International de Film de Fribourg: fondé en 1987, son objectif est de créer des liens entre les cultures du nord et du sud.

Prix

Le Lion d'or (Mostra de Venise): Prix décerné au Festival International de Venise

Golden Bayard: Prix décerné au Festival International du Film Francophone de Namur.

Prix de la Procirep (Prix du Producteur Français de Télévision): Prix décerné au Festival International de Films et de Documentaires à Paris.

Tanit d'or: Prix décerné au Festival International de Carthage

Prix Ban Zil Kreyol: Prix décerné lors du Festival Vues d'Afrique.

Prix *L'étalon de Yennenga*: Prix décerné lors du FESPACO

Prix Paul Robeson: un des prix décerné lors du FESPACO. Créé en 1987, son but est de se souvenir de l'héritage de Paul Robeson et est donné à un film de la diaspora africaine.

Prix de la ville de Ouagadougou: Prix décerné lors du FESPACO

Les César: L'Académie des arts et techniques du cinéma décerne les César chaque année depuis 1976. Cette distinction est comparable, en France, aux Oscars américains. Le nom de ce prix vient du sculpteur César qui a réalisé les statuettes remises aux vainqueurs (c'est la raison pour laquelle le mot ne se met jamais au pluriel).

Le Prix Lumière: Ce prix est décerné par 200 correspondants de la presse étrangère. Les frères Lumière étaient des pionniers du cinéma à la fin du XIXème siècle.

Le Prix Méliès: Il est décerné par le Syndicat français de la critique de cinéma et récompense le meilleur film français de l'année. Georges Méliès était un cinéaste au début du siècle.

Le Prix Louis-Delluc: Ce prix (décerné tous les ans depuis 1937) couronne le meilleur film français de l'année. Louis Delluc (1890-1924) était un cinéaste et est considéré comme le fondateur de la critique cinématographique.

List of Acronyms

ANCS	Alliance Nationale Contre le Sida
AUF	Agence Universitaire de la Francophonie
BM	Banque Mondiale (World Bank)
CICIBA	Centre International des Civilisations Bantu
CNG	Conseil National de Gouvernement (Haïti)
CODESRIA	Council for the Development of Social Science Research in Africa
DEA	Diplôme d'Etudes Approfondies
DFFB	Académie du Film et de la Télévision Allemande
DOM	Département (français) d'Outre-Mer
ENA	Ecole Nationale d'Administration
FANM	Fanm Ayisyen Nan Miyami
FCFA	Franc de la Communauté Financière Africaine
FEPACI	Fédération Panafricaine des Cinéastes
FESPACO	Festival Panafricain du Cinéma de Ouagadougou (Burkina Faso)
FLN	Front de Libération Nationale
FMI	Fond Monétaire International
FNPEF	Fonds National pour la Promotion de l'Entreprenariat Féminin
IAD	Institut des Arts et de la Diffusion
IBP	International Broadcasting Convention
IDHEC	Institut des Hautes Etudes Cinématographiques (Paris)
INA	Institut National des Arts
INSEE	Institut National de la Statistique et des Etudes Economiques Français
ISTI	Institut des Sciences et Techniques de l'Information
J.C.	Jésus Christ
JCC	Journées Cinématographiques de Carthage
MCFDF	Ministre à la Condition Féminine et aux Droits de la Femme
MENFP	Ministre de l'Education Nationale et de la Formation Professionnelle
MNC	Mouvement National Congolais
MUDHA	Movimiento De Mujeres Dominico Haitiana
OCIC	Organisation Catholique Internationale du Cinéma
OGM	Organisme Génétiquement Modifié
OIF	Organisation Internationale de la Francophonie

ONG	Organisation Non Gouvernementale
ONU	Organisation des Nations Unies (New York)
OUA	Organisation de l'Unité Africaine
PCI	Parti Communiste Italien
PQ	Parti Québécois
RCD	Rassemblement Constitutionnel Démocratique (Tunisie)
RDC	République Démocratique du Congo
RDV	République Démocratique du Viêt Nam au nord
SEVOZA	Studio-Ecole de la Voix du Zaïre
SIDA	Syndrome d'Immunodéficience Acquise
SONACIB	Société Nationale d'Exploitation Cinématographique du Burkina Faso
TGM	Tunis-Goulette-Marsa
TGV	Train à Grande Vitesse
TOM	Territoires (français) d'Outre-mer
TSF	Télégraphe Sans Fil
UE	Union Européenne
UNESCO	Organisation des Nations Unies pour l'Education, la Science et la Culture
UNFPA	Fonds des Nations Unies pour la Population
USAID	United States Agency for International Development
VIH	Virus de l'Immunodéficience Humaine
WSWS	World Socialist Web Site

Part 1
The Colonial Experience

4. Rue Cases-Nègres

La Martinique

Superficie: 1 128 km^2
Population: 400 000 habitants (recensement de 2010)
Capitale: Fort-de-France
Religion: Catholicisme
Langues: français et créole
Gouvernement: Département (français) d'Outre-Mer
Taux d'alphabétisation: 97.7%
Espérance de vie: 76 ans
Industrie: sucreries, distilleries de rhum, tourisme, produits pétroliers
Exportation: agriculture, tourisme, petite industrie agro-alimentaire
Cultures vivrières: cannes à sucre, bananes, ananas, café, melons, avocats, citrons verts, épices.

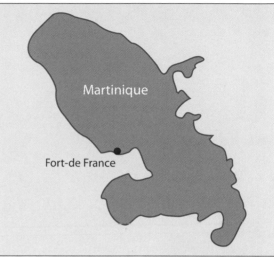

Le nom amérindien de la Martinique est *Madinina,* qui signifie "l'île aux fleurs". La Martinique, l'île la plus méridionale des Antilles françaises, est une île volcanique. On y trouve la fameuse montagne Pelée, un des volcans les plus actifs du monde. Il y a eu plusieurs vagues de migration des Indiens Arawak venus du Venezuela entre 2000 ans avant Jésus Christ et le début de notre ère. Au dixième siècle, des Indiens Caraïbes, de grands guerriers, sont venus de la Guyane, et c'est ainsi que le monde Arawak s'est effondré.

L'arrivée de Christophe Colomb au Carbet en Martinique, le 15 juin 1502, a marqué le début de la violence entre les Européens, les Indiens et les Africains. En 1635, la Martinique est devenue une colonie française et, trente ans plus tard, elle est soumise au Code Noir, un code de lois qui a officialisé et règlementé l'esclavage dans cette colonie. Son développement est dû au commerce triangulaire d'esclaves entre l'Afrique, l'Europe et l'Amérique.

En 1945, Aimé Césaire, un des fondateurs du mouvement de la Négritude, est élu maire de Fort-de-France ainsi que député à l'Assemblée Nationale. Il a été un des responsables ayant rédigé les lois pour la départementalisation des anciennes colonies. En 1946, la Martinique est devenue un Département français d'Outre-Mer (DOM). Elle est administrée par un Préfet, un Conseil Régional et un Conseil Général. Elle est divisée administrativement en 3 arrondissements (Fort-de-France, Trinité, le Marin), 45 cantons et 34 communes. Comme les autres départements d'Outre-Mer, la Martinique fait partie de l'Union Européenne.

Rue Cases-Nègres

Réalisé par Euzhan Palcy en 1984.
Martinique/ France. 101 minutes
Drame. D'après le roman de Joseph Zobel, *La Rue Cases-Nègres* (1950).
Acteurs: Garry Cadenat, Darling Légitimus, Douta Seck, Joël Palcy, Laurent Saint-Cyr, Henri Melon, Lucette Salibur

Synopsis

José est un jeune garçon orphelin qui vit avec sa grand-mère, M'Man Tine, dans un petit village de Martinique dans les années 1930. Le film raconte les difficultés de ces villageois ouvriers à survivre dans les plantations, en coupant la canne à sucre de leurs patrons, les békés. Man Tine est cependant déterminée à faire sortir son petit-fils de ce cercle infernal en misant tout sur son instruction scolaire. La réalisatrice nous fait un portrait très réaliste des Antilles de l'entre-deux guerres.

Prix

César pour la Meilleure Première Œuvre, 1984
Lion d'Argent pour le Meilleur Premier Film au Mostra de Venise, 1983
Meilleure Actrice pour Darling Légitimus au Festival de Venise, 1983

Le saviez-vous?

1. Ce film est basé sur le roman du même titre de Joseph Zobel, publié en 1950 à Paris par Présence Africaine. Les éditeurs auxquels il avait présenté son manuscrit auparavant l'ont rejeté sous prétexte "que c'était un ouvrage trop progressiste, avec un style entaché de créolismes….et qu'il n'y avait pas de public pour un tel ouvrage."
2. Le célèbre réalisateur français, François Truffaut, a participé à l'écriture du scénario de ce film.
3. Joseph Zobel a joué le rôle du prêtre dans le film.

Profil de la réalisatrice

Euzhan Palcy est née en Martinique en 1957. Après avoir obtenu son diplôme en littérature française à la Sorbonne en 1983, elle a suivi des cours de cinéma à l'Ecole Vaugirard et à l'Ecole Louis Lumière. En 1989, elle a réalisé un film sur l'apartheid en Afrique du Sud, intitulé *A Dry White Season*, devenant ainsi la première femme noire à réaliser un long métrage pour Hollywood. Parmi ses autres films, on trouve *La messagère* (1975), *L'atelier du diable* (1982), *Hassane* (1990), *Wings against the Wind* (2000). En 1994, elle a réalisé un excellent documentaire en trois parties sur le grand poète martiniquais, Aimé Césaire, intitulé *Aimé Césaire: une voix pour l'histoire*.

Profil d'une actrice

Darling Légitimus est née en 1907 au Carbet (Martinique). Après avoir été élevée à Caracas au Venezuela, Darling est allée à Paris à l'âge de seize ans pour devenir danseuse. Elle y a rencontré son futur mari, Étienne Légitimus, et ils ont eu cinq enfants. Darling a interprété au théâtre et au cinéma une centaine de rôles, avant d'obtenir en 1983 à l'âge de 76 ans, le *Lion d'or d'interprétation féminine* de la Mostra de Venise, pour son rôle dans *Rue Cases-Nègres*. Elle a joué aussi dans *Les Sorcières de Salem* (aux côtés de Simone Signoret et d'Yves Montand) et dans *Le Salaire de la peur* de Henri-Georges Clouzot avec Sacha Guitry, Jean-Claude Brialy et Bernardo Bertolucci. Darling Légitimus est décédée en France en décembre 1999.

Expressions et vocabulaire du film

Noms

La Brousse	la forêt
La Grande eau	l'océan
Les Nègres marron	les esclaves fugitifs
Les Mornes	les petites montagnes
Les Antilles	les Caraïbes
La Case	une habitation simple
Les Békés	les Blancs planteurs qui habitent en Martinique
La Devinette	une charade, une énigme, une question à rébus
Le Créole	la langue parlée dans plusieurs îles des Caraïbes y compris la Martinique, la Guadeloupe, Sainte-Lucie et Haïti; c'est une langue issue du contact entre les langues européennes et les langues indigènes ou africaines. Il existe différents types de créole
Les Frais de scolarité	le coût des études
Le Métis	une personne dont les parents sont de deux races différentes.
Le Mulâtre	une personne dont le père est noir et la mère est blanche ou dont la mère est noire et le père est blanc.
La Métropole	la France, l'Hexagone
Le Patron	quelqu'un qui embauche des ouvriers
Le Rhum	une boisson obtenue par fermentation et par distillation de la mélasse.
La Traite des esclaves	le trafic qui consistait à échanger des marchandises contre des Africains; ou à acheter des Africains pour les revendre à un prix plus élevé.
La Veillée funèbre	une soirée pendant laquelle la famille et les amis se réunissent autour d'un mort pour lui dire leur dernier adieu. Aux Antilles, pendant cette soirée, on raconte souvent des histoires se rapportant au défunt, et on fait des devinettes et des blagues. Parfois, on joue aux cartes et on boit du thé et du rhum.

Verbes

Fouetter	frapper quelqu'un avec un bâton souple et léger
Opprimer	abaisser, asservir, assujettir
Tricher	ne pas respecter les règles du jeu
Lutter	affronter, se battre, militer, se défendre
Faire le repassage	utiliser un fer chaud pour donner une forme convenable au linge
Faire la lessive	laver les vêtements
Faire la vaisselle	laver les assiettes
Cirer	faire briller, lustrer, nettoyer
Parier	gager, miser, jouer

Adjectifs

Obstiné	ferme, opiniâtre, persistant, têtu
Tenace	dur, farouche, inébranlable
Travailleur	bosseur, consciencieux, appliqué
Fainéant	qui préfère ne pas travailler, paresseux

Activités

1. **Vocabulaire**

   Complétez le texte suivant avec les mots appropriés de la liste ci-dessous:

   Mulâtres, opprimés, les békés, fouettés, les nègres marron, cases, mornes, brousse

   La population de la Martinique est composée de plusieurs groupes eth-niques dont les _____, les _____ et les Noirs, descendants d'esclaves. Dans le passé, ces derniers ont toujours été _____ par les autres groupes. Ils étaient souvent _____ et maltraités. Certains d'entre eux, appelés _____ ont abandonné leurs _____ et ont fui les plantations pour se réfugier dans les _____ ou dans la _____.

2. **Contexte**

   1. A quoi pensez-vous quand vous entendez le mot "Caraïbes" ou "Antilles?"
   2. Que savez-vous de la culture antillaise (musique, cuisine, etc.)?
   3. Quelles sont les différentes langues parlées dans toutes les Caraïbes?
   4. Qu'est-ce que l'exotisme?

3. **Les personnages**

Acteurs/Actrices	**Personnages**
Garry Cadenat	José: le jeune garçon
Darling Légitimus	M'man Tine: la grand-mère de José
Douta Seck	Médouze: le vieil homme et père spirituel de José
Joël Palcy	Carmen: le jeune séducteur, conducteur de bateau

Laurent Saint-Cyr	Léopold: le jeune mulâtre, ami de José
Henri Melon	Monsieur Roc: l'instituteur à Rivière Salée
Lucette Salibur	Madame Léonce: la femme qui exploite José
Marie-Jo Descas	La mère de Léopold
Joby Bernabé	Monsieur St-Louis
Francisco Charles	Le gérant

4. Questions après le visionnement du film

1. Que signifie le titre *Rue Cases-Nègres?*

2. Pourquoi la dédicace au début du film: "pour toutes les Rue Cases-Nègres du monde?"

3. Commentez l'utilisation des cartes postales au début du film. Selon vous, quel est leur rôle?

4. Quelles sont les langues utilisées dans le film? Dans quels cadres sont-elles utilisées?

5. Selon Médouze, l'abolition de l'esclavage a-t-elle beaucoup changé la situation des noirs en Martinique? Expliquez.

6. Comment Euzhan Palcy montre-t-elle l'aliénation et le déracinement dans le film?

7. Quelle est l'importance de l'oralité, des soirées dansantes, des chants, et de la veillée pour la survie culturelle des Martiniquais?

8. Décrivez la nature dans le film.

9. Quel est le rôle de la religion dans le film?

10. Pourquoi José dit-il à la fin du film qu'il prendra sa "rue cases-nègres" avec lui en France?

11. Que représentent M'Man Tine et Mr. Roc (l'instituteur) pour José?

12. Pourquoi le bol est-il important pour la vieille Amantine?

13. Pourquoi M'Man Tine ne veut-elle pas laisser José travailler dans les champs?

14. Comparez Médouze à M'Man Tine. Peut-on dire qu'ils sont les deux faces de la même pièce? Pourquoi?

15. En quoi Médouze joue-t-il un rôle primordial dans la vie de José?

16. Le premier jour de classe, M. Roc écrit sur le tableau: "L'instruction est la clé qui ouvre la deuxième porte de notre liberté." A votre avis, quelle est la première porte de la liberté?

17. En quoi la scène où les enfants cherchent du sucre dans la case de M'Man Tine est-elle ironique?

18. Y a-t-il un héros (ou des héros) dans ce film? Si oui, lequel ou lesquels?

19. Comparez José et Léopold.

20. Etudiez le personnage de Carmen. Pensez-vous qu'il comprend le système colonial ou est-il naïf? Justifiez votre réponse.

21. Que représente le personnage de Madame Léonce?

22. Que représente l'Afrique pour Médouze et José?
23. Quels sont les autres moments clés du film?
24. Que pensez-vous de la fin du film?
25. Commentez la critique de José sur la représentation des noirs dans les films de Hollywood.
26. Expliquez comment les champs de canne à sucre peuvent symboliser l'exploitation et l'oppression économique.

5. **Analyse de scènes**

Regardez les scènes suivantes et commentez-les.

Scène 1: La hiérarchie des classes
(minutes de 10:06 à 11:40)

Le gérant mulâtre s'adresse aux colons en français, mais quand il s'adresse aux Noirs, il parle en créole. Puis, on voit le Béké qui réprimande le mulâtre, et celui-ci réprimande à son tour les Noirs en plein travail dans le champ de canne à sucre.

Commentez le pouvoir et le système pyramidal dans cette scène.

Scène 2: Médouze et l'histoire
(minutes de 18:22 à 22:55)

Médouze raconte à José l'histoire (non-officielle) de leurs ancêtres.

Que dit-il d'important? En quoi cette histoire est-elle différente de l'Histoire (officielle)?

Scène 3: Médouze et la nature
(minutes de 38:19 à 40:40)

Monsieur Médouze initie José à une appréhension de son milieu naturel et culturel.

Scène 4: L'aliénation de la femme martiniquaise
(minutes de 1:28:57 à 1:30:24)

Dans le hall du cinéma, Mademoiselle Flora déçoit José en insultant tous les Noirs après le vol commis par un garçon noir devant elle.

Commentez ce court dialogue entre José et Mademoiselle Flora.

6. **Activité de conversation en groupes**

   En petits groupes, choisissez et discutez sur l'un des thèmes suivants (ou un autre que vous pourriez remarquer dans ce film), puis présentez-le en classe!

L'injustice	La révolte
Le colonialisme	La soumission
L'aliénation	La plantation
Le métissage	La tradition orale
Le déracinement	L'enfance
L'esclavage	La nature

7. **Analyse de citations dans le film**

Analysez les citations suivantes en les replaçant dans leur contexte:

1. _____: "C'était les vacances. Tous les enfants de la Rue Cases-Nègres attendaient avec impatience que leurs parents partent travailler dans la canne pour être seuls et libres toute la journée."

2. _____: "L'instruction est la clé qui ouvre la deuxième porte de notre liberté."

3. _____: "Et ça n'a pas changé, mon fils, les békés gardent toutes les terres du pays."

4. _____: "La ville [Fort-de-France] qui fait rêver tous les enfants du village."

5. _____: "Chaque fois que tu la vois, elle est toujours enceinte, mais n'a jamais accouché."

6. _____: "M'man Tine est allée dans l'Afrique de Monsieur Médouze. Demain, je vais partir pour Fort-de-France en emportant avec moi ma Rue Cases-Nègres."

7. _____: "Nous retournerons tous un jour en Afrique. Ne t'en fais pas."

8. _____: "Fainéant! ta grand-mère croit peut être qu'un jour tu seras fonctionnaire!"

9. _____: "Petit nègre, habillé de blanc dans un château vert."

10. _____: "Encore un pauvre diable qui a échappé à la canne des békés."

11. _____: "Le certificat d'études est le diplôme le plus indispensable à l'homme le plus humble."

12. _____: "Tout ce que je peux te dire, c'est que personne ne doit toucher à la vie, parce que c'est la seule chose que l'homme peut défaire et qu'il ne peut pas refaire….il faut laisser la création régler ses affaires elle-même. Et quand ça arrive il faut savoir accepter ces mouvements de la création, sans pleurs, sans cris, puisque, de toute façon, c'est une bonne chose..."

13. _____: "Je te dis que je déteste cette race-là. Comment veux-tu que je sois fière de ma couleur lorsque je vois ces gens-là faire des dégâts tous les jours? Ça me dégoûte. D'ailleurs, sauf ma couleur, je ne suis pas nègre. J'ai un caractère de Blanc."

14. _____: "Ah non ! pourquoi aller en ville enrichir des gens qui ne savent même pas coudre?"

15. _____: "Ce n'est pas un nom de mulâtre, c'est un nom de Blanc."

16. _____: "Ils ne savent pas quelle femme de combat je suis!"

17. _____: "Monsieur Médouze est en route pour l'Afrique!"

8. **Sujets de discussion**

    1. Dans *Rue Cases-Nègres*, vous avez remarqué la veillée funèbre à la mort de Médouze. Comparez cette pratique aux autres manières dont on honore les morts dans le monde.

    2. José a reçu deux éducations distinctes: une éducation occidentale avec l'école et une éducation traditionnelle avec le vieux Médouze. Comparez ces deux formes de connaissance.

    3. Quels sont les différents éléments qui forment l'identité de José?

    4. Quel lien peut-on faire entre les Antilles et l'Afrique?

    5. Discutez du brassage culturel qui existe aux Antilles.

9. **Activités de rédaction**

    Choisissez un des thèmes suivants:

    1. *La Rue Cases-Nègres* partage de nombreuses affinités avec des récits d'esclaves issus du contexte africain-américain. Faites-en une étude comparative.

    2. Prenez un ou deux chapitres du livre *La Rue Cases-Nègres* et comparez-les au film.

    3. Faites une recherche sur l'histoire du marronnage.

    4. En vous basant sur l'aliénation et le problème identitaire de Mademoiselle Flora, faites une recherche sur ce phénomène dans les autres cultures. Les écrits de Frantz Fanon et d'Albert Memmi en particulier vous serviront de sources.

    5. Faites une recherche sur les différents mouvements littéraires dans les Antilles francophones (Indigénisme, Négritude, Antillanité, Créolité).

    6. Le mythe du retour: Pourquoi Médouze dit-il qu'il repartirait en Afrique après la mort?

    7. Faites une recherche sur l'abolition de l'esclavage aux Antilles.

Lecture

Lisez l'entretien suivant et répondez aux questions!

Rencontre avec Joseph Zobel (l'auteur du livre)

Vous écrivez surtout sur la Martinique (nouvelles, romans, poésies...) Pourquoi? C'est mon pays, il y a des milliers de choses à dire, mais dans "La rue cases nègres", la première partie est un infime morceau de mon enfance, j'ai beaucoup élagué le récit, je me suis astreint à simplifier pour maintenir l'intérêt du lecteur et susciter en permanence son attention et son émotion.

A travers la description de l'univers de votre enfance, vouliez-vous faire passer un message particulier? Je me suis attaché à décrire la situation originale et singulière, le regard sur ma grand-mère, de façon esthétique et artistique, j'ai voulu dire tout l'amour que j'ai pour elle [...]. Rendre hommage à cette femme illettrée mais **Extraordinaire** dans sa simplicité, son humilité, son courage, son honnêteté, sa force de caractère. [...]

Mais j'ai tenu ma promesse: quand elle est partie, j'avais mon baccalauréat et je l'avais sortie de sa condition misérable.

La condition des Noirs est soulignée avec insistance à la fin du livre, pourquoi? De plus la notion de tolérance zéro à l'égard des Noirs est un point sur lequel vous insistez, pouvez-vous expliquer? Qu'en est-il aujourd'hui? Dans la seconde partie du livre je m'attache à décrire la condition des Noirs car j'ai vécu dans mon enfance une position d'infériorité permanente par rapport aux Blancs, bien que je sois, comme eux, citoyen français. Les Noirs ont toujours été des subalternes, les Blancs avaient par rapport à eux une exigence maximale et ne toléraient aucune défaillance. Il y avait 2 sortes de Blancs en Martinique lorsque j'étais enfant: les fonctionnaires qui avaient choisi les Antilles pour gagner de l'argent et vivre aisément, ils se sentaient supérieurs aux noirs, puis les Békés, descendants des anciens colons, les gros propriétaires des terres où travaillaient les esclaves même après qu'ils aient été affranchis, avec eux c'était des rapports de force permanents, soit ils nous ignoraient, soit ils nous écrasaient de leur supériorité, le Noir n'était pas un Français comme les autres. C'était dur d'être noir en Martinique... J'ai voulu que l'on sente cela [...].

Comment est née l'idée du film? Est-ce que cela vous tenait à cœur ou bien Mademoiselle Palcy en a pris l'initiative? Je n'y avais pas du tout pensé car je n'en sentais pas le besoin. C'est Mademoiselle Euzhan Palcy qui a voulu pendant des années adapter le livre au cinéma, mais elle ne trouvait pas le financement. [...] Elle a quand-même réussi parce qu'elle est tenace à mettre en image le livre, c'est elle qui a écrit le scénario, en accord avec moi. On s'est souvent rencontrés à l'époque, elle justifiait sans cesse ses libertés par rapport au texte, elle m'expliquait ses exigences techniques. [...]

Le livre et le film ont-ils eu le même impact sur le public? Beaucoup de gens ont vu le film et beaucoup m'ont dit l'avoir vu plusieurs fois, mon livre a été moins lu.

Avez-vous aimé le film? Je ne regrette pas l'adaptation qu'en a fait mademoiselle Palcy, c'est autre chose que mon livre, peu m'importe la manière dont les deux ont été reçus par le public...

On dirait que votre plume trempe dans la vérité, vous parlez avec justesse et lucidité, quelle importance donnez-vous aux mots? Nous perdons souvent de vue que par des mots nous pouvons faire le **bien** et le **mal**, il faut être vigilant.

Pourquoi avez-vous choisi de vivre dans le sud de la France? Parce que je suis venu un été en vacances à Anduze et que j'ai retrouvé la lumière des Antilles.

Ecrire pour vous c'est: un besoin vital, un passe-temps, une vocation, une envie incoercible...? Ce n'est pas facile d'écrire, c'est même parfois difficile et angoissant, mais j'ai le désir très fort de faire partager des émotions, des sentiments, des sensations qui m'ont touché à un moment de ma vie.

Où situez-vous l'homme dans l'univers? L'homme est au centre d'une sphère soumise en permanence à des forces supérieures qui prennent le dessus. On agit, on pense selon ces forces supérieures, restons lucides et vigilants car elles nous tirent vers le bien ou le mal.

Propos recueillis
le mercredi 15 novembre 2000
par Simone Dumas

Questions

1. Qu'est-ce que l'auteur a voulu montrer?
2. Quelle a été la situation d'une personne noire en Martinique?
3. Comment Zobel a-t-il rendu hommage à sa grand-mère?
4. Quelle est l'importance des mots, selon Zobel?
5. Que pense-t-il de l'adaptation du livre en film?
6. Quelle comparaison fait-il entre Anduze et les Antilles?
7. Pourquoi écrit-il?
8. Peut-on dire que Zobel est philosophique? Justifiez votre réponse.

Bibliographie

Livres

La rue cases nègres de Joseph Zobel, Présence africaine, Paris, 1950.

Une enfance créole (Tome I) de Patrick Chamoiseau, Editions Hatier, Paris, 1990.

Une enfance créole (Tome II) de Patrick Chamoiseau, Editions Gallimard, Paris, 1993

Traversée de la mangrove de Maryse Condé, Editions Mercure, Paris, 1989.

Pluie et vent sur Télumée Miracle de Simone Schwarz-Bart, Seuil, Paris, 1972.

Eloge de la créolité de Jean Bernabé, Patrick Chamoiseau et Raphaël Confiant, Editions Gallimard, Paris, 1989.

Le discours antillais d'Edouard Glissant, Gallimard, Paris, 1981

L'odeur de café de Dany Laferriere, Editions VLB, Québec, 1991.

L'enfant noir de Camara Laye, Plon, Paris, 1954.

Aurore, d'Ernest Moutoussamy, L'Harmattan, Paris, 1987

Sapotille et le serin d'argile de Michèle Lacrosil, Désormeaux, Martinique, 1982.

Les nègres de Jean Genet, L'Arbalète, Paris, 1958

Le fils du pauvre de Mouloud Feraoun, Seuil, Paris, 1954

Le gone du Chaâba d'Azouz Begag, Seuil, Paris, 1986.

Sites intéressants

Outremer, le Web des Antilles françaises (Outremer.com)

2. Indigènes

Algérie

Superficie: 2 381 741 km²
Population: 37 100 000 (estimation de janvier 2012)
Capitale: Alger
Religion: 99% Islam (Sunni)
Langues: arabe (officielle), berbère, français
Gouvernement: République
Taux d'alphabétisation: 72,6 %
Espérance de vie: 73 ans
Industrie: Pétrole, gaz naturel, industries légères, mines
Exportation: Pétrole et gaz naturel, produits pétroliers
Cultures vivrières: du blé, des fruits comme des olives, des dattes, des raisins, des citrons, des vignes et des figues

L'Algérie est le plus grand pays en Afrique et le dixième dans le monde. Sa superficie est de 2 381 741 km² dont 2 000 000 km² de désert (Sahara). Elle a un climat méditerranéen dans le nord et saharien (sec et chaud) dans le sud. L'Algérie est bordée au nord par la mer Méditerranée, sur une distance de 1 280 km. Elle partage des frontières terrestres au nord-est avec la Tunisie, à l'est avec la Libye, au sud avec le Niger et le Mali, au sud-ouest avec la Mauritanie et le territoire contesté du Sahara occidental, et à l'ouest avec le Maroc.

La civilisation berbère de l'Algérie antique a vu venir plusieurs conquérants successifs dont les Phéniciens, les Romains, les Vandales, les Byzantins, les Arabes, les Espagnols, les Turcs et, finalement, les Français.

Le premier novembre 1954, le Front de Libération Nationale a déclaré la guerre à la France, qui a duré sept ans et demi. A la suite des négociations de paix à Evian entre le gouvernement français (sous le général De Gaulle) et les chefs du FLN, l'indépendance de l'Algérie a été proclamée le 5 juillet 1962.

Depuis le premier président, Ahmed Ben Bella, l'Algérie a suivi le modèle socialiste avec un régime militaire assez rigide.

Les élections de 1992 ont été un mauvais tournant dans l'histoire contemporaine de l'Algérie, puisqu'elles ont marqué le début d'une guerre civile, qui, elle aussi, a duré plus de sept ans. Après l'assassinat du président Boudiaf en 1992, l'Algérie a été entraînée dans une vague de violence et de terrorisme qui a fait plusieurs milliers de victimes. Les intellectuels ont été particulièrement visés.

En 1994, le gouvernement algérien est soumis à des pressions diplomatiques internationales, suite au contrat de Rome, signé par les leaders politiques de l'opposition dénonçant l'hégémonie militaire. Des élections présidentielles ont donc été organisées en novembre 1995. Le général Liamine Zéroual est élu président. En 1999, celui-ci a mis fin à son mandat présidentiel et des élections présidentielles anticipées ont tout de suite été organisées. Abdelaziz Bouteflika est élu président, puis réélu en 2004. En 2008, il a fait changer la constitution algérienne pour se permettre un troisième mandat.

Indigènes

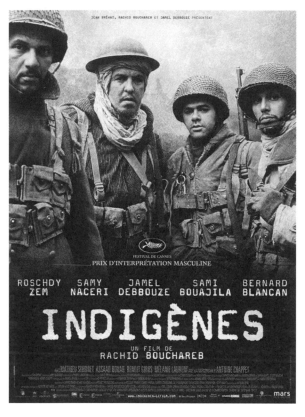

Réalisé par Rachid Bouchareb en 2006
Algérie/Maroc/Belgique/France. 128 minutes
Drame/film historique
Scénario: Rachid Bouchareb, Olivier Lorelle
Acteurs: Sami Bouajila, Jamel Debbouze, Roschdy Zem,
Samy Nacéri, Bernard Blancan
Musique: Khaled & Armand Amar

Synopsis

En 1943, en pleine guerre mondiale, plusieurs milliers de nord-Africains ("indigènes") dont Saïd, Abdelkader, Messaoud et Yassir, vont s'engager dans l'armée française pour libérer la France de l'occupation Nazie. Après plusieurs victoires en Italie, en Provence et dans les Vosges, ils se retrouveront seuls à défendre un petit village d'Alsace...

Prix et récompenses

Prix d'interprétation masculine (pour les cinq acteurs
   principaux), Festival de Cannes, 2006
César du meilleur scénario original, Paris, 2007
Etoile d'Or du Film, Paris, 2007

Nominations

Oscar du Meilleur Film Etranger, Los Angeles, 2007
Meilleur Scénario, Lumières de la Presse Etrangère,
   Paris, 2007
César du Meilleur Film Français de l'Année, Paris, 2007

Le saviez-vous?

1. Ce film n'est pas seulement basé sur l'histoire, il a aussi créé l'histoire. Après une projection privée pour le président Jacques Chirac, celui-ci a pris l'initiative de régler le problème d'injustice et d'inégalité dans le traitement réservée par la France à ses anciens combattants. Il a donc décidé de revaloriser les pensions militaires, gelées depuis 1959.

2. Pour l'écriture du scénario, le réalisateur s'est beaucoup appuyé sur l'histoire orale, c'est-à-dire sur les témoignages des anciens combattants qui sont toujours en vie. Même le titre du film s'est imposé à lui suite à ses rencontres avec ces survivants. Voici ce qu'a dit Rachid Bouchareb lors de la conférence de presse de Cannes: "Durant la phase de recherche et de documentation, le film ne disposait pas de titre. En rencontrant ces gens qui avaient participé à cette guerre, je me suis rendu compte qu'une citation revenait souvent dans leurs paroles, celle de "soldat indigène." Ce titre, je ne l'ai pas choisi, il s'est imposé à moi."

Profil du réalisateur

Rachid Bouchareb est né à Paris en 1953 de parents algériens qui venaient juste d'immigrer en France. Après avoir obtenu son diplôme du Centre d'Etude et de Recherche de l'Image et du Son, il commence à travailler en tant qu'assistant réalisateur, puis réalisateur de films pour différentes chaînes de télévision, comme Antenne 2, TF1 et SFP de 1977 à 1984. Au même moment, il réalise des courts métrages, dont *Peut être la Mer,* qui lui a valu une sélection au festival de Cannes en 1983.

Deux ans après, il réalise son premier long métrage, *Bâton Rouge,* qui est l'histoire de trois amis qui déménagent aux Etats-Unis pour trouver du travail. Dans ce film, on retrouve des thèmes chers à Bouchareb tels que l'identité, l'immigration et le retour aux sources, pour n'en citer que quelques-uns. En même temps, il réalise des films pour la télévision, en particulier *Les Années Déchirées* (1992) qui raconte l'angoisse de deux anciens combattants du Front de Libération Nationale (FLN) en Algérie.

Avec son troisième film, *Poussière de vie,* Bouchareb connaît un grand succès. Ce film raconte l'histoire de Son, fils d'un officier noir américain et d'une vietnamienne, qui est délaissé par son père après le départ des Américains du Vietnam en 1975. En 1995, ce film a été nominé pour l'Oscar du meilleur film étranger. Le thème de la transculturalité est important dans l'œuvre de Bouchareb. En 2001, il a produit *Little Senegal,* qui dépeint les interactions complexes entre les Africains et la communauté afro-américaine à Harlem.

Bouchareb est aussi producteur. Avec Jean Bréhart, il a créé 3B Productions en 1989 et Tadrat Films en 1997. Avec ces deux maisons de production, il arrive à produire des films de différents pays. En 2009, il sort *London River,* un film très émouvant sur la fraternité entre les peuples ayant pour cadre l'acte terroriste du métro de Londres en 2005. En 2010, il collabore encore une fois avec les acteurs d'*Indigènes* dans son dernier film, *Hors-la-Loi,* qui retrace les évènements qui ont eu lieu avant et pendant la guerre d'Algérie. Ce film a été nominé aux Oscars dans la catégorie *Academy Award for Best Foreign Language Film* en 2011.

Profil d'un acteur

Sami Bouajila est un acteur français d'origine tunisienne, né en 1966 à Grenoble (France). Comme Sami a été attiré par le métier d'acteur dès son jeune âge, il intègre le Conservatoire Régional de Grenoble, puis le Centre Dramatique de Saint-Etienne. Karim Dridi le révèle au public en 1995 grâce à son film *Bye, Bye,* mais son succès ne vient qu'avec *Indigènes* en 2006, pour lequel il reçoit le prix d'interprétation masculine au Festival de Cannes. En 2008, il reçoit le César du meilleur second rôle masculin pour *Les Témoins* d'André Téchiné. En 2010, il incarne le personnage d'Abdelkader dans *Hors-la-loi* de Bouchareb, et en 2011, il joue le rôle d'Omar Raddad dans *Omar m'a tuer,* un film qui s'inspire de faits réels, réalisé par Roschdy Zem.

Expressions et vocabulaire du film

Noms

Les Indigènes	mot d'origine latine, qui signifie "celui qui est né là. Pendant la colonisation, il devient péjoratif et désigne les colonisés (donc les dominés) par opposition aux colons (les dominateurs).
Les Goumiers	soldats marocains engagés dans l'armée française pour une période limitée.
Le Goum	groupe de goumiers
Les Tirailleurs	soldats d'infantcrie légère détachés pour tirer sur l'ennemi
Le Tabor	groupe de goums
Le Bled	campagne, pays d'origine
Le Gourbi	habitation des pauvres en Afrique du Nord. Mot d'origine algérienne.
La Pacification	nom par lequel l'Armée française désigne la conquête de l'Afrique du Nord
La Permission	congé des militaires
Les Maghrébins	citoyens d'Algérie, de Tunisie ou du Maroc
Les Pieds noirs	Français d'Algérie
Le Bougnoule	terme péjoratif pour désigner un Maghrébin
Le Raton	terme péjoratif pour désigner un Maghrébin
Le Boche	terme péjoratif utilisé par les Français pour désigner un Allemand, surtout pendant les guerres franco-allemandes
Les Voltigeurs	soldats d'élite, chargés de mener des missions de combat
La Troupe	unité de soldats
La Goupille	broche métallique que l'on utilise pour immobiliser quelque chose tel qu'une grenade

Verbes

Dégoupiller	Retirer la goupille de quelque chose
Ratatiner	démolir
Saper le moral des troupes	affaiblir le moral des soldats
Mission périlleuse	mission dangereuse

Adjectif

Planqués	cachés

Adverbe

Incessamment	sans délai, bientôt

Activités

1. **Vocabulaire**

   Complétez le texte suivant avec les mots appropriés de la liste ci-dessous:

   Maghrébins, pieds noirs, bougnoules, tirailleurs, indigènes, ratons

Au temps du colonialisme, la France a recruté beaucoup de _____ en tant que _____ Ils étaient connus sous l'appellation péjorative de _____.

Ces Maghrébins avaient aussi connu d'autres appellations plus péjoratives telles que _____ et même _____

A l'aube de l'indépendance des trois pays du Maghreb, les _____ étaient contraints de quitter leur pays pour s'installer dans d'autres régions du monde, surtout dans le sud de la France.

2. **Contexte**

   1. Quand les Forces Alliées ont-elles débarqué en Afrique du Nord?
   2. Quand les Etats-Unis ont-ils pris part à la Deuxième Guerre Mondiale?
   3. Par où s'est effectué le débarquement des forces alliées pour la libération de la France en 1944?
   4. Par où s'est effectué le débarquement des tirailleurs maghrébins et noir africains pour la libération de la France en 1943?

3. **Les Personnages**

Acteurs/Actrices	Personnages
Sami Bouajila	Abdelkader: le caporal
Jamel Debbouze	Saïd: le "bon petit soldat" naïf des colonies
Roschdy Zem	Messaoud: le tireur d'élite
Samy Nacéri	Yassir: goumier marocain
Bernard Blancan	Martinez: le sergent et pied noir d'Algérie
Assaad Bouab	Larbi: frère de Yassir
Antoine Chappey	Le Colonel
Benoit Giros	Capitaine Durieux
Aurélie Eltvedt	Irène
Mathieu Simonet	Caporal Leroux

4. **Questions après le visionnement du film**

   1. Pourquoi le film commence-t-il en 1943?
   2. Pourquoi la mère de Saïd ne veut-elle pas que son fils parte à la guerre?
   3. Quelles sont les valeurs qui sont souvent évoquées dans le film et pour lesquelles les soldats nord-africains se sont battus?
   4. En vous servant d'exemples tirés du film, montrez comment les indigènes ne sont pas traités de la même façon que les soldats français.
   5. Pourquoi Larbi (le frère de Yassir) veut-il voler l'argent dans l'église?
   6. Pendant le voyage en bateau entre l'Italie et la France, le colonel a du mal à désigner les soldats. Quels noms utilise-t-il et que lui a proposé le sergent Martinez? Quelle est la signification de cette scène?
   7. Pourquoi Messaoud ne reçoit-il pas les lettres de son amante, Irène?
   8. Pourquoi le Sergent Martinez a-t-il agressé Saïd quand celui-ci lui a parlé de la photo?

9.   Pourquoi le Caporal Abdelkader s'est-il battu avec le Sergent Martinez?

10.   Qu'insinuait le Colonel à Rambert quand il lui a demandé quel poste il avait à Vichy?

11.   Quel est le dilemme du Caporal Abdelkader quand il a repris les commandes du Sergent-chef Martinez?

12.   Qu'avez-vous compris de la réaction du Sergent Martinez quand il a dit au Caporal Abdelkader "J'aurais fait comme toi, Caporal." Celui-ci est venu lui annoncer qu'ils allaient défendre la position.

13.   Expliquez comment les cinq personnages ont été dépourvus de leur victoire à la fin du film.

14.   Comparez ces cinq personnages: Abdelkader, Saïd, Messaoud, Yassir et Martinez. Qu'ont-ils en commun? Quelles sont leurs différences? Quels sont leurs objectifs?

15.   Quel est votre personnage préféré et pourquoi?

5.   **Analyse de scènes**

Regardez les scènes suivantes et commentez-les.

Scène 1: Le décalage culturel
(minute 38:00 à 40:24)

Messaoud dans la chambre de la jeune femme:

A votre avis, pourquoi Messaoud se sentait-il mal à l'aise? Pourquoi touche-t-il les oreillers, les sent et se vante par la suite d'avoir dormi dans des draps? Quel décalage culturel pouvez-vous remarquer?

Scène 2: La ségrégation
(minutes de 1:02:38 à 1:03:00)

Le Capitaine appelle le Sergent Martinez et le Caporal Leroux pour leur annoncer leurs promotions respectives. Le Caporal Abdelkader les contemple.

Scène 3: Le discours politique
(minutes de 1:10:49 à 1:13:06)

Le discours du Caporal Abdelkader aux soldats indigènes à leur sortie du ballet.

Scène 4: Le désarroi
(minutes de 1:59:10 à 2:00:11)

A la fin du film, Abdelkader se retrouve seul, anonyme et en exil dans un foyer quelque part en France. Expliquez comment ceci représente l'injustice et le manque de reconnaissance de la part de la France! Puis, faites un lien entre cette situation et celle des immigrés maghrébins en France aujourd'hui.

6. **Activité de conversation en groupes**

En petits groupes, choisissez et discutez de l'un des thèmes suivants (ou un autre que vous pourriez remarquer dans ce film), puis présentez-le en classe.

Le colonialisme	L'assimilation
Le racisme	Le patriotisme
La ségrégation	L'immigration
La guerre	L'injustice
La citoyenneté	Les quotas
L'intégration	

7. **Analyse de citations dans le film**

Analysez les citations suivantes en les replaçant dans leur contexte:

1. _____: "Venez! Il faut qu'on lave le drapeau français avec notre sang!"

2. _____: "Mes enfants, mes chers enfants, le rêve pour lequel tant des nôtres sont morts se matérialise enfin…Bientôt, nous verrons la France, la mère-patrie. Nous rentrons chez nous."

3. _____: "Ton grand-père n'est jamais revenu…je préfère la plus grande misère que de te perdre."

4. _____: "Yassir, ils nous font marcher comme des mules. Rentrons chez nous!"

5. _____: "J'ai le droit de vie et de mort sur vous tous."

6. _____: "C'est une magnifique victoire. Ici, depuis la défaite de 1940, notre armée a vaincu les troupes allemandes. La France a reconquis sa place et la confiance des alliés. Ecrivez cela!"

7. _____: "C'est vous qui amenez les hommes. Si ça ne va pas, tu allumes une cigarette. Le temps de sortir le briquet ça passe."

8. _____: "Avec nos frères de combat français, nous combattons sous le même drapeau, sur le même terrain, face au même ennemi. Il faut partager les tomates aussi. Les balles allemandes ne font pas de différence, mon Capitaine."

9. _____: "Je libère un pays, c'est mon pays même si je ne l'ai jamais vu avant. C'est mon pays!"

10. _____: "Les Allemands ne vont pas revenir. Vous les avez ratatinés."

11. _____: "Nous, on rentre à Paris. Toi, il faut te ramener en Afrique chez les bougnoules!"

12. _____: "Laissez- moi vous lire un passage: 'En principe, aucun soldat ne doit rentrer illettré dans son foyer à l'expiration de son service. Les cours sont obligatoires pour tous les hommes au moment de l'incorporation.' Pourtant ici aucun des tirailleurs ne sait lire ni écrire."

13. _____: "De Gaulle a dit qu'on se battait pour le culte de la liberté. Moi, je me bats au côté de la France contre le Nazisme."

14. _____: "On est en train de changer le destin de la France. Il est temps que les choses changent pour nous aussi."

15. _____: "Caporal, je vous donne ma parole d'honneur que les récompenses pour vous-mêmes et tous les braves qui auront contribué à ce fait historique seront à la hauteur de leur exploit. Vous serez les premiers d'entre nous à mettre le pied en Alsace. Toute la France vous regardera et se rappellera de vous."

16. _____: "Je ne veux pas devenir Sergent. Certains y ont droit, d'autres non. En ce moment, le bon Dieu m'a oublié."

8. **Sujets de discussion**

1. La chanson suivante, très émouvante et célèbre, et qui date de la Première Guerre Mondiale, a été chantée par tous les soldats indigènes des colonies (Maghreb et Afrique Noire) sur les champs de bataille pendant les deux guerres mondiales. On l'entend à plusieurs reprises dans le film *Indigènes*.

   Complétez d'abord les paroles de cette chanson avec les mots suivants, puis commentez-là: *drapeau, colonies, empire, africain, patrie, gourbis.*

C'est nous les Africains

C'est nous les Africains
Qui revenons de loin
Nous venons des _____
Pour sauver la Patrie
Nous avons tout quitté
Parents, gourbis, foyers
Et nous avons au cœur
Une invincible ardeur
Car nous voulons porter haut et fier
Le beau   de notre France entière
Et si quelqu'un venait à y toucher
Nous serions là pour mourir à ses pieds
Battez tambours, à nos amours
Pour le pays, pour la _____
Mourir au loin
C'est nous les Africains.

I

Nous étions au fond de l'Afrique
Gardiens jaloux de nos couleurs,
Quand sous un soleil magnifique
A retenti ce cri vainqueur
En avant! En avant! En avant!

II

Pour le salut de notre _____
Nous combattons tous les vautours
La faim, la mort nous font sourire
Quand nous luttons pour nos amours
En avant! En avant! En avant!

III

De tous les horizons de France
Groupés sur le sol _____
Nous venons pour la délivrance
Qui par nous se fera demain
En avant! En avant! En avant!

IV

Et lorsque finira la guerre
Nous reviendrons dans nos _____ ;
Le cœur joyeux et l'âme fière
D'avoir libéré le pays
En criant, en chantant: en avant !

2. Regardez le court-métrage d'animation de Rachid Bouchareb (inclus dans le même DVD), intitulé *l'Ami Yabon* (France, 2004, 9 minutes). Il s'agit du massacre du camp de Thiaroye. Juste après le déclenchement de la Seconde Guerre Mondiale, la France a mobilisé des tirailleurs sénégalais, dont Aby, pour aller défendre la France. Aby se retrouve plus tard dans un camp de prisonniers en Allemagne, puis sera libéré à la fin de la Guerre. En rentrant au pays, le gouvernement français refuse non seulement de payer la pension militaire à ces soldats africains, mais les tue dans un massacre collectif.

Faites un parallèle entre ce court-métrage et le film *Indigènes*.

3. Des avions allemands larguent au-dessus des Vosges des tracts de propagande en arabe, (lu par le caporal Abdelkader en français pour le Sergent Martinez) contenant le message suivant: "Soldat musulman, tu dois savoir que tu peux passer dans le camp allemand où tu seras accueilli à bras ouverts pour avoir la vie sauve. Tes chefs préfèrent t'envoyer à la mort plutôt que les Français. Soldat musulman, tu n'es pas né pour être esclave. L'Allemagne te donnera ta liberté. L'heure de l'indépendance a sonné pour l'Afrique." Discutez-en.

4. Le film se termine par le texte suivant. Qu'en pensez-vous?

En 1959, une loi a été votée pour geler les pensions des tirailleurs des pays de l'empire colonial français qui accédaient à l'indépendance.

En janvier 2002, après de longs procès, le conseil d'Etat a sommé le gouvernement français de payer ces pensions intégralement.

Mais les gouvernements successifs ont repoussé cette échéance.

9. **Activités de rédaction**

1. Comparez ce film à *la Bataille d'Alger*. Quelles sont les similarités et les différences?

2. Faites une comparaison entre *Indigènes* et un autre film hollywoodien sur la Deuxième Guerre Mondiale tels que *Saving Private Ryan, The Longest Day* ou même *A Bridge Too Far*.

3. Il y a un parallèle intéressant à faire entre *Indigènes* et *Glory* (un film américain sur la participation des soldats noirs-américains dans la Guerre de Sécession). Regardez ce film et faites une comparaison avec *Indigènes*.

4. Dans le film *Rue Cases-Nègres,* il y a une hiérarchie de classes et de races. Y a-t-il le même phénomène dans *Indigènes*? Expliquez.

Lecture

Lisez l'entretien avec Rachid Bouchareb et répondez aux questions!

Qu'est-ce qui vous a amené à vous intéresser à cette partie de l'histoire? L'histoire du film, c'est l'histoire de nos parents, cela concerne des milliers, voire des millions, de personnes. C'est plutôt cet aspect de la mémoire qui m'a intéressé, et aussi de révéler ce chapitre de l'Histoire de France qui est méconnu en France, et même méconnu dans les pays du Maghreb et d'Afrique.

C'est un sujet d'actualité en ce moment, avec le débat issu de la loi de février 2005 demandant qu'on mette en avant "les aspects positifs" de la colonisation, mais j'imagine que vous aviez commencé à travailler sur le film bien avant. On constate une terrible méconnaissance de ces choses-là par l'ensemble de la population. Oui, absolument. Ce film, je l'ai démarré il y a quatre ans, et aujourd'hui, on arrive au carrefour du débat sur la colonisation, avec les frictions qui existent aujourd'hui entre les anciennes colonies et la France, et avec la propre histoire coloniale de la France, pour laquelle la société française essaie de trouver une issue pour évacuer une fois pour toutes son passé colonial, afin de sortir du débat définitivement.

Un des quatre personnages, le seul qui va pouvoir vivre, se retrouve finalement à 60 ans dans une petite chambre d'immigré. On a le sentiment que, d'une certaine façon, il s'est fait piéger par l'idéologie qu'il a défendue. Oui, ça a été la situation d'une centaine d'hommes encore en France, qui sont dans des foyers à Bordeaux, Nantes, Paris, Mulhouse,… Il y en a un peu partout en France et en Afrique qui attendent, à 90 ans, une reconnaissance. Certains étaient avec moi hier soir et ils étaient très émus. Ils ont pleuré, et le plus étonnant, c'est qu'ils m'ont toujours dit que malgré ça, si c'était à refaire, ils le referaient, parce qu'ils ont vécu une rencontre humaine fantastique avec le peuple français. Quand ils sont arrivés ici, ils ont été accueillis formidablement, ils ont partagé leur nourriture avec les Français, ils ont dormi chez eux, ils se sont mariés à des Françaises, ça a été pour eux un moment incroyable, une rencontre formidable. Et malgré le fait qu'ils soient dans l'attente de cette reconnaissance qui passe par l'indemnisation, par des pensions, ils ont quand même pleuré d'émotion.

Parmi les quatre acteurs principaux, certains ont-ils, dans leur histoire personnelle, un rapport aux faits dont vous parlez? On a tous, et c'est ce qui nous unit, la même histoire, celle de l'immigration de nos parents, qui reste dans la mémoire familiale — pas très claire — et puis aussi parce que chacun ou presque a un arrière-grand-père qui est mort en 14–18 et que certains, comme mon oncle, ont fait l'Indochine. On a toujours été étroitement liés à l'Histoire de France, on est intégrés dans l'Histoire de France, c'est pour cela que c'était important pour nous de dire "ouvrons notre propre chapitre à l'intérieur de l'Histoire de France." Ce chapitre, qui fait partie de l'Histoire de France, racontons-le avec notre vision à nous.

Comment avez-vous travaillé avec chacun d'entre eux, est-ce que c'était très en amont ou au contraire dans l'immédiateté du tournage? Le travail que l'on a fait avec les acteurs en permanence, c'était parler du film, chaque jour, et au-delà du cinéma. On a dépassé le cinéma, il n'était plus qu'un moyen. Notre discours c'était: on fait ce film, on apprend aussi au travers du déroulement du tournage et des rencontres. Dans toute la France, les gens sont venus nous voir, non pas pour voir un film qui se tourne, mais pour parler de l'Histoire. Et hier soir, quand on est arrivés ici avec les tirailleurs et qu'on a monté les marches, ce n'était pas pour présenter un film, mais pour présenter un chapitre de l'Histoire de France. C'est pour ça qu'on s'est mis totalement, émotionnellement et intellectuellement, hors de la compétition. Je ne suis pas venu pour gagner un prix, notre prix à nous, c'était les hommes qui étaient avec nous hier, eux qui avaient fait la guerre, qui avaient combattu sur toute la côte ici.

Peut-on faire un parallèle entre Abdelkader qui, dans le film, mène les hommes vers un combat, et vous-même, qui avez formé un commando cinématographique pour libérer l'Histoire? Ensuite, vous avez dit lors de la conférence de presse que vous n'aviez pas fait un travail d'historien. Vous avez cependant fait des choix, et notamment évacué un événement important qui s'est déroulé quelques jours après la libération, le 8 mai 1945. Pourquoi ce choix? Le choix, c'est le choix du travail d'un scénario. Le choix de ne pas se laisser envahir uniquement par les faits historiques, certes importants et qui ont marqué la mémoire algérienne. J'avais écrit un scénario qui se finit à Sétif, mais ça allait trop loin, ça fera partie du prochain film. C'est un événement qui m'emmenait beaucoup trop loin, je me suis donc arrêté avant Sétif, même si j'ai écrit toutes les scènes ultérieures du retour en Algérie. Je trouvais que là, on ouvrait un autre chapitre qui allait détourner le propos du film. Le propos du film, c'est ce vieil homme qui finit dans une chambre et qui attend. La fin de sa vie est là et je voulais l'inscrire totalement dans l'Histoire de France.

Pour en revenir à Abdelkader, personnage dense dont le nom fait référence à une figure de la résistance algérienne, dans le film, c'est lui qui mène les hommes qui ne croyaient pas beaucoup au combat qu'ils menaient. Vous-même, vous êtes-vous senti symboliquement l'Abdelkader qui mène également ses troupes, ses comédiens? Absolument, jusqu'à hier soir (projection à Cannes). Ce n'était pas par envie mais j'avais l'obligation d'être le leader du mouvement, porté par eux tous. Il y a eu du partage, mais j'étais le chef de file. Par moment il fallait cadrer: dans une aventure comme celle-là il faut mettre un cadre, il faut imprimer une direction et ne jamais en sortir. Pendant quatre mois avec 200 personnes sur le plateau, il a fallu rester sur la ligne, et je le leur ai imposé d'une façon chaleureuse et ils se le sont imposés eux-mêmes pour qu'on soit tous au même endroit.

Concernant les choix esthétiques du film, par rapport à votre film précédent par exemple, vous avez choisi quelque chose de beaucoup plus épique, avec une musique très enveloppante, c'est véritablement une volonté? Absolument. Je ne voulais pas traiter ce film-là comme j'ai pu faire les autres, comme *Little Sénégal*, plus sobre cinématographiquement, plus strict. Là, pour cette histoire, je voulais absolument la rencontre avec le public français, en Afrique du Nord, en Afrique et dans le reste de l'Europe et du monde si c'est possible, mais d'abord avec les différents partenaires qui ont fait l'Histoire commune. Je me suis dit que j'allais faire un film où il y aurait des scènes de guerre, des personnages un peu héroïques, et je voulais plutôt aller dans cette direction d'un cinéma populaire, cela dit sans mépris aucun. J'adore le cinéma populaire, il a produit de grands films. C'est ce genre-là que je voulais, je ne voulais pas m'enfermer dans un cinéma trop naturaliste, réaliste, je voulais lui donner une autre ambition. Et puis il faut pouvoir affronter le cinéma·américain qui a fait des films de guerre comme *Le Soldat Ryan* il y a quelques années. On ne peut pas aller dans ce cinéma si l'on ne se donne pas aussi une ambition cinématographique pour pouvoir s'inscrire dans le grand public et, je l'espère, pour faire avancer l'Histoire, si l'on n'utilise pas les moyens que nous donne le cinéma et sa narration dans ce type de film épique. J'ai beaucoup aimé *Le Soldat Ryan, Un pont trop loin, Le Jour le plus long*, etc. Je veux que ce film soit un film qui, dans cinq ans, passe à la télévision française, dans dix ans aussi. Je voulais m'attaquer à ce type de narration cinématographique.

Pouvez-vous nous parler de la façon dont vous avez filmé, quelques semaines après, la dernière scène en Alsace, la scène du cimetière? J'avais écrit plusieurs scènes pour la fin située en 2006, aujourd'hui, soixantième anniversaire, mais je me suis dit: "je ne tourne pas tout de suite, je monte le film et je réfléchis à la fin". J'ai gardé quelques scènes, mais pas la totalité, et j'ai tourné la fin après avoir fini tout le film, six mois après. Parce que j'avais des possibilités aussi de construire la narration avec cet homme inclus dans des chapitres du film, comme les dates et les cartons. J'aurais pu mettre sa vie à lui, de vieil homme, dans le présent, et ça c'était important pour moi. C'était pour dire aussi que le passé, cette histoire, nous fait réfléchir sur aujourd'hui et sur notre futur.

Chacun des personnages est assez emblématique, un icône des films de guerre. Sauf un personnage qui est beaucoup plus ambigu, celui du sergent et sergent-chef plus tard. Pouvez-vous nous parler de cette ambiguïté autour du personnage de Martinez? Je ne voulais mettre dans mon film que des personnages positifs, parce que dans l'histoire il y en a eu beaucoup, et dans la guerre surtout. Parce que j'ai rencontré des soldats comme lui, des pieds-noirs, des soldats français, nord-africains, africains, qui m'ont raconté toute leur histoire commune. Le pied-noir Martinez a vécu dans la boue avec eux, il a aussi vécu le froid, la peur. Il y avait une hiérarchie, le soldat français, le soldat pied-noir, c'est-à-dire celui qui a vécu dans les pays colonisés et le soldat indigène. Donc il y a une première, une seconde et une troisième classe. Mais malgré tout, à un moment, il fallait aller au combat, vivre les mêmes choses, et c'est ça qui les unissait profondément malgré la hiérarchie, parce qu'au combat, la hiérarchie n'existe plus, la peur est la même, et c'est comme ça qu'ils l'ont vécu, en se regardant dans les yeux en permanence. Pendant la libération et dans les scènes difficiles, dans les yeux de chacun, il y avait une égalité.

Olivier Barlet, *Africultures*
mai 2006

Questions

1. Qu'est-ce qui est personnel dans le rapport entre ce réalisateur et son film?
2. Quelles sont les autres raisons qui ont emmené Bouchareb à faire ce film?
3. Expliquez ce débat controversé entre la France et ses anciennes colonies, qui est tombé à pic avec ce film?
4. Pourquoi Bouchareb dit-il que ces anciens combattants n'ont pas regretté leur participation héroïque à la Deuxième Guerre Mondiale malgré l'absence de la reconnaissance officielle?
5. Pourquoi Bouchareb dit-il qu'*Indigènes* n'est pas seulement un film?
6. Que représente le personnage d'Abdelkader?
7. Qu'est-ce qui distingue *Indigènes* des autres films de Bouchareb?
8. Que pensez-vous du commentaire de Bouchareb sur la manière dont il a filmé la dernière scène au cimetière en Alsace?
9. Selon Bouchareb, quels sont les liens entre les quatre acteurs principaux?
10. Le sergent Martinez est plus complexe que les autres personnages. Pourquoi à votre avis?

Bibliographie

Livres

Le racisme expliqué à ma fille, de Tahar Ben Jelloun. Seuil 1997.

La colline oubliée, de Mouloud Mammeri, Plon, 1952.

Le fils du pauvre, de Mouloud Feraoun, Seuil, 1954.

Histoire de l'Algérie coloniale (1830-1954), de Benjamin Stora, La Découverte, 2004.

Questions sur la Seconde Guerre mondiale, de Marc Ferro, Complexe, 2007.

Le Village de l'Allemand ou Le journal des frères Schiller, de Boualem Sensal, Gallimard, 2008.

Sites intéressants

Indigènes: Tadrart.com

Histoire et mémoires des deux guerres mondiales: Centre national de documentation pédagogique, CNDP.fr

3. Lumumba: La Mort du Prophète

République Démocratique du Congo

Superficie: 905 568 km²

Population: 73 599 190 (estimation en 2012)

Capitale: Kinshasa (population: 8 401 – estimation de 2012)

Religions: Catholicisme (50%), Protestantisme (30%), Islam (10%), animisme traditionnel (10%)

Langues: Plus de 250 langues africaines y compris le lingala, le kikongo, le tshiluba, et le kingwana (un dialecte du kiswahili) les quatre langues nationales ou régionales; le français (la langue officielle) est parlée par seulement 10% de la population

Gouvernement: République

Taux d'alphabétisation: 67% (estimation de 2012)

Espérance de vie: 48 ans (estimation de 2011)

Industrie: Cuivre, pétrole, diamant, or, argent, zinc, étain, uranium, bauxite, fer, charbon, bois, textile, ciment, industrie agro-alimentaire

Exportation agricole: Café, cacao, huile de palme, caoutchouc, thé, coton

Cultures vivrières: Manioc, riz, maïs et banane.

La République Démocratique du Congo, aussi appelée RD Congo ou Congo-Kinshasa (pour la différencier de la République du Congo ou Congo-Brazzaville), est le deuxième plus grand pays d'Afrique après l'Algérie. Les Pygmées, premiers habitants du Congo, sont venus par le Nord depuis l'âge de la pierre taillée. Les Bantus sont arrivés par l'ouest environ 150 ans avant J.C. en apportant leur savoir en agriculture. Le royaume du Kongo est né dans les premières décennies du 14ème siècle. Selon la légende, un jeune chef Bantu Nimi Lukeni est le roi fondateur du royaume du Kongo, le premier Manikongo. De 1840 à 1872, le missionnaire écossais David Livingstone s'engage dans une série d'explorations qui a attiré l'attention du monde occidental sur le Congo et particulièrement celle du roi belge, Léopold II, qui voulait un empire belge d'outre-mer. En 1884, à la Conférence Internationale de Berlin, qui avait pour objectif de répartir l'Afrique en 13 pays européens, on a reconnu l'Etat Indépendant du Congo (qui est 80 fois plus grand que la Belgique) comme la propriété personnelle du Roi Léopold II. Les frontières définitives ont été établies, par la suite, par des traités signés avec les autres puissances coloniales. En 1908, le Congo est devenu une colonie belge. Il y a une longue histoire de résistance congolaise pendant la colonisation belge.

En 1956, une organisation ethnique et culturelle connue sous le nom d'Abako, dirigée par Joseph Kasavubu, s'est transformée en véhicule de protestation anticoloniale et a demandé l'indépendance immédiate de la Belgique. Patrice Lumumba, appelé "le prophète," est le chef du Mouvement National Congolais (MNC), la seule organisation politique non-ethnique. Lors des élections de mai 1960, Lumumba est devenu premier ministre et Joseph Kasavubu, leader du parti opposé, est devenu chef d'Etat. Le 14 septembre 1960, Mobutu s'est allié avec Kasavubu pour monter un coup contre Lumumba. Le 27 novembre de la même année, les troupes de Mobutu ont capturé Lumumba, et le 17 janvier 1961, il est emmené à Elisabethville, dans la région du

Katanga, où est assassiné avec la complicité des Belges. En novembre 1965, Mobutu a monté un deuxième coup, cette fois-ci pour avoir le contrôle complet du Congo. Il a aboli tous les partis politiques et a établi une autorité non disputée. En 1971, il a baptisé le Congo "Zaïre," une déformation portugaise du nom de la rivière Congo (*nzere*). Il s'est aussi renommé Mobutu Sese Seko Kuku Ngbendu waza Banga. En 1990, sous la pression internationale, il a enlevé l'interdiction d'avoir différents partis politiques et a été forcé de nommer son rival, Etienne Tshisekedi, comme premier ministre. En 1994, les guerres du Rwanda se sont déversées au Zaïre. Les milices Tutsi se sont alliées avec les forces rebelles sous la direction de Laurent Kabila, et les troupes sont entrées dans les villes. En mai 1997, Kabila est rentré à Kinshasa et a été accueilli par le peuple. Mobutu est en exil et meurt d'un cancer de la prostate. Pendant les quatre années de Kabila au pouvoir, la République Démocratique du Congo est devenue un des plus grands champs de bataille de l'histoire d'Afrique, ce qui a déstabilisé l'Afrique Centrale. Le 16 janvier 2001, le président Laurent Kabila est tué par son garde du corps. Quelques jours après, le 23 janvier 2001, Joseph Kabila, âgé de 29 ans, remplace son père et devient président. Un gouvernement transitoire a été mis en place en juillet 2003 avec Joseph Kabila comme président, et en décembre 2005, des élections ont eu lieu et ce dernier a été élu président. Lors des dernières élections présidentielles de 2011, qui ont été contestés, Joseph Kabila a de nouveau été élu président. Les révoltes et la violence continuent au Congo et l'Organisation des Nations Unies (ONU) maintient une présence militaire actuellement.

Lumumba: La Mort d'un Prophète

Réalisé par Raoul Peck en 1992
France/Suisse/Allemagne. 69 minutes
Drame historique
Scénario: Raoul Peck
Acteurs: Patrice Lumumba (photos et discours d'archives)

Synopsis

Ce documentaire n'est pas un documentaire classique. Il contient des commentaires en voix off. Le présent et le passé s'entremêlent. Peck n'a pas pu filmer au Congo, alors il utilise des vidéos amateurs, des archives, des entretiens avec différents personnages, y compris des fonctionnaires de l'administration coloniale belge, des membres de sa famille, ainsi que des proches et sympathisants de Lumumba. L'objectif de Peck est de dépeindre les événements tragiques qui ont amené à la trahison et à la mort de Patrice Lumumba.

Prix

Prix du meilleur documentaire, Festival de Fribourg, 1992
Prix de la Procirep, Festival du Réel, Paris, 1992
Prix du meilleur documentaire, Festival Vues d'Afrique, Montréal, 1992
Prix Ban Zil Kreyol, Festival Vues d'Afrique, Montréal, 1992
Prix du meilleur documentaire, Festival Image Caraïbes, Martinique, 1992
Prix Paul Robeson, FESPACO, Burkina Faso, 1993

Profil du réalisateur

Raoul Peck est né à Port-au-Prince, Haïti, en 1953. En 1961, ses parents ont trouvé l'asile au Congo qui venait juste d'obtenir son indépendance. Il a fait ses études à Léopoldville, au Congo, puis à Brooklyn, New York et à Orléans, en France. Pendant ses études à l'Académie du Film et de la Télévision Allemande (DFFB) à Berlin, il a fait son premier long métrage, *Haïtian Corner*, tourné à Brooklyn et en Haïti pour une somme de 150,000 dollars. Entre 1982 et 1990, Peck a travaillé sur de nombreux projets de développement en Afrique et en Europe. Il a enseigné à l'Académie du Film et de la Télévision Allemande (DFFB) à Berlin, à la FEMIS, la prestigieuse école cinématographique française où il a travaillé avec Krzysztof Kieslowski et Agnieska Holland, et au Tisch School of the Arts à New York University (NYU). En 1992, il a réalisé le documentaire *Lumumba: La mort du prophète* et *L'homme sur les quais* (1993), le premier film caribéen à être sélectionné au Festival de Cannes. En 1994, il a réalisé deux documentaires, *Le silence des chiens* et *Desounen: Dialogue with Death*. Son long métrage, *Lumumba* (2000) a été présenté à la Quinzaine des Réalisateurs au Festival de Cannes. En 2001, il a réalisé le documentaire *Profit & nothing but! Or Impolite Thoughts on the Class Struggle*. En 2005, il est retourné en Afrique avec *Sometimes in April* pour documenter le génocide au Rwanda, qui a fait plus d'un million de victimes en l'espace de 100 jours en 1994. En 2006, il a réalisé une série pour la télévision belge, intitulée *L'affaire Villemin*. En 2009, il réalise *Moloch Tropical* et *Karl Marx*. En 2012, il fait partie du membre du jury au Festival de Cannes.

Raoul Peck a reçu plusieurs prix pour son travail, tels que le *Human Rights Watch Nestor Almendros' Prize* en 1994, le *Human Rights Lifetime Achievement Award* et le *Procirep Prize* au Festival du Réel en 2002. Il a été membre du jury à la Berlinale de 2002 en Allemagne, et il est le créateur de la Fondation Forum Eldorado qui a pour objectif de soutenir le développement culturel en Haïti. Pour faciliter ce projet, il a acheté une salle de cinéma à Port-au-Prince, Ciné Eldorado, une ancienne salle de théâtre colonial, pour permettre aux artistes et aux écoles d'avoir accès au cinéma. Peck passe son temps entre le New Jersey (Etats-Unis), Paris (France) et Port-à-Piment (Haïti).

Profil de Patrice Lumumba

Patrice Emery Lumumba est né le 2 juillet 1925 dans le territoire de Katakokombe dans la province de Kasai. Considéré comme un héros national de la République Démocratique du Congo, Lumumba était le chef de file du Mouvement National Congolais. Une des figures principales de l'indépendance congolaise, il a été emprisonné, maltraité et torturé pendant sa lutte pour l'indépendance. Après la proclamation de l'indépendance congolaise en juin 1960, il est devenu Premier Ministre sous la présidence de Joseph Kasavubu. Avec ses deux frères de combat, Maurice Mpolo et Joseph Okito, Lumumba a été torturé et assassiné le 17 janvier 1961 au Katanga. Le 17 janvier est un jour férié au Congo.

Expressions et vocabulaire du film

Noms

Le Pari	l'engagement entre des personnes qui soutiennent des opinions différentes de payer une somme d'argent à la personne qui aura raison
Le Chemin de fer	la voie ferrée constituée de rails sur laquelle roulent les trains
Le Vin de palme	la boisson blanchâtre obtenue de la sève du palmier qui devient alcoolisée après fermentation
Le Mundele	un Blanc

Verbes

Se saouler	s'enivrer; boire excessivement d'alcool
Neutraliser	empêcher d'agir, rendre inoffensif en contrecarrant les efforts de quelqu'un

Activités

1. **Vocabulaire**

   Complétez le texte suivant avec les mots appropriés de la liste ci-dessous:
   Torturé, le sort, célébré, les défis, libérer, emprisonné, tribus, part entière

   Patrice Lumumba avait une vision qui consistait à _____ tout le Congo. Pour lui, l'Afrique ce n'est pas un groupe de _____ mais des pays à _____ avec des cultures différentes. En tant que chef du Mouvement National Congolais (MNC), il a été _____ et _____ plusieurs fois. Malgré _____ auxquels il a fait face, il a gardé son rêve d'un Congo libre et indépendant. Aujourd'hui il est _____ dans l'histoire comme un des leaders les plus importants qui a changé _____ du continent africain.

2. **Contexte**

   1. Ce documentaire est un collage de la vie de Lumumba et de l'histoire du Congo belge. La République Démocratique du Congo s'appelait Congo belge au temps de la colonisation, puis Congo Kinshasa âpres l'indépendance, et ce jusqu'en 1971, quand le président Mobutu a changé le nom en Zaïre. C'est un des pays les plus riches d'Afrique. Le réalisateur-narrateur Raoul Peck insère sa propre biographie dans ce documentaire. Ce faisant, il devient à la fois témoin historique, griot et historien. Il montre des morceaux de l'histoire du Congo pour dépeindre sa complexité.

   2. Trouvez une carte de la République Démocratique du Congo. Où se situe-t-elle? Quels sont les pays avoisinants?

   3. Consultez le site du département d'état (http://www.state.gov/p/af/ci/cg/) pour trouver des informations récentes sur la République Démocratique du Congo. Quelle est la situation politique actuelle du pays?

3. **Les personnages**

Il y a plusieurs narrateurs dans le film qui sont des témoins oculaires.

Louis Willems	journaliste
Jacques Brassine	ambassadeur belge au Congo en 1960
Pierre Devos et Jean Kestergat	journalistes de l'époque
Jean Van Lierde	ami belge de Patrice Lumumba
François Vanderstraeten	major de la Force Publique
Serge Michel	militant du Front de Libération Nationale (FLN) algérien et attaché de presse de Lumumba
Juliana Lumumba	la fille de Patrice Lumumba
Anicet Kashamura	Ministre de l'information dans le gouvernement de Lumumba

4. **Questions après le visionnement du film**

1. Pourquoi, à votre avis, le réalisateur a-t-il choisi ce titre: *Lumumba, la mort d'un prophète?*

2. Quelle est la fonction du prélude dans le film?

3. Comment les Belges ont-ils obtenu le Congo?

4. Quand Peck dit qu'il y a plusieurs façons de tuer, qu'est-ce qu'il entend par là? Expliquez cette idée.

5. Peck intègre sa propre biographie dans ce documentaire. Est-ce que cela produit un effet particulier? Pourquoi pensez-vous qu'il a fait cela?

6. Peck se demande si: "L'holocauste [est] la seule unité de mesure de la race humaine." Que veut-il dire par là? Pourquoi fait-il référence à l'holocauste?

7. Expliquez l'importance de la province de Katanga. Comment cette importance est-elle soulignée au début de l'histoire?

8. La presse était-elle objective dans l'affaire Lumumba? Justifiez votre réponse.

9. Le réalisateur/narrateur répète constamment: "ma mère raconte." Quel effet cela a-t-il? A quel moment répète-t-il ces paroles?

10. Comment Peck juxtapose-t-il l'idéologie politique de Lumumba et celle de Mobutu? Pensez précisément à la scène où Mobutu fait un discours offrant l'amnistie à ses compatriotes congolais vivant à l'étranger, et à celle où Lumumba parle de son éducation chrétienne.

11. Quel est le rapport entre l'uranium du Congo et la bombe d'Hiroshima?

12. Peck fait des découpages pour former un puzzle quand il raconte l'histoire congolaise. Comment fait-il cela?

13. Quelle était la fonction des Haïtiens qui sont allés au Congo?

14. Quelle image les Belges ont-ils eue de Lumumba?

15. Commentez l'utilisation des photos dans le film. Quelles sont leurs fonctions? Donnez au moins deux exemples.

16. Comparez le discours de Lumumba et celui du roi Léopold.

17. Comment comprenez-vous le pari belge?

18. Décrivez la narration du film. Quels sont les avantages et/ou les inconvénients de ce style?

19. Le destin des Congolais est lié à celui des Belges. Comment voit-on cela?

20. Qu'arrivait-il aux Congolais qui refusaient de payer les impôts obligatoires?

5. **Analyse de scènes**

Regardez les scènes suivantes et commentez-les.

Scène 1: Lumumba prédit l'avenir
(minutes de 1:53 à 2:50)

Le narrateur note en voix-off: Un prophète prédit l'avenir, mais le prophète est mort et l'avenir avec lui […] Aujourd'hui ses fils et ses filles pleurent sans même le savoir, sans même le connaître. Son message s'est perdu. Son nom est resté. Faut-il ressusciter le prophète? Faut-il lui redonner la parole une dernière fois?

Commentez les paroles du narrateur. Comment sont-elles liées au titre du film?

Scène 2: L'objectivité
(minutes de 10:23 à 11:5)

Pierre Devos (reporter) dit "D'abord, l'objectivité, moi je n'y crois pas, première chose…La presse est libre mais les journalistes ne le sont pas…Il n'était pas question que les journalistes défendent quelqu'un qui voulait chasser les Belges." Que pensez-vous de cela?

Scène 3: Discours de Patrice Lumumba le 30 juin 1960

(minutes de 13:42 à 16:4)

Le roi parle de l'indépendance, il demande de ne rien changer au Congo si on ne peut pas faire mieux. Lumumba à son tour donne son discours. Comparez et analysez les deux discours. Sont-ils prémonitoires?

Scène 4: Les pensées de Juliana, fille de Patrice Lumumba

(minutes de 18:5 à 19:2)

Juliana, fille de Lumumba et journaliste, explique: "C'était un homme, à partir d'un certain moment, on ne pouvait pas composer avec lui sur l'indépendance de son pays et sur certains principes qu'il a érigés…Je pense que c'est pour cela qu'on a vu toute cette coalition…qui a été aussi très pugnace et très dure vis-à-vis de Patrice Lumumba."

Pensez-vous qu'elle a raison? Justifiez votre position.

6. **Activité de conversation en groupes**

En petits groupes, choisissez et discutez sur un des thèmes suivants (ou un autre que vous pourriez remarquer dans ce film), puis présentez-le en classe !

L'indépendance	La conférence de Berlin
Le colonialisme	La conquête du Congo
Le pouvoir	L'exposition universelle de 1897
La presse	L'histoire
La politique	Le communisme et la culture africaine
La révolte	

7. **Analyse de citations dans le film**

Analysez les citations suivantes en les replaçant dans leur contexte:

1. _____: "Un prophète prédit l'avenir, mais le prophète est mort et l'avenir avec lui…Faut-il ressusciter le prophète? Faut-il lui redonner la parole une dernière fois?"

2. _____: "[L'indépendance] marque une heure décisive dans les destinées non seulement du Congo lui-même, mais, je n'hésite pas à l'affirmer, de l'Afrique toute entière."

3. _____: "Tel un Christ, il est entouré, mais il est seul."

4. _____: "On venait aider nos frères de couleur, nous avait-on dit. Mais 200 ans de destins différents nous séparaient. Nous étions noirs mais nous étions blancs. Nous étions différents. Nous étions des Mundele. Avec mes camarades, j'exploitais les ambivalences du moment. J'étais congolais quand cela m'arrangeait, et mundele quand cela me dispensait d'une corvée dans le groupe."

5. _____: "On nous a donné l'indépendance par la main droite pour la reprendre par la main gauche."

6. _____: "Je ne dirais pas qu'il était communiste convaincu. J'ai toujours pensé qu'un Congolais, enfin, un Bantou, un Africain, ne peut pas être communiste parce qu'il est social…C'est la famille qui prime, c'est le clan. Ils sont communistes avant la lettre…Peut-être qu'il était marxiste."

7. _____: "L'ironie de l'histoire? L'histoire n'a pas d'ironie. Elle règle ses comptes."

8. _____: "Bonsoir mes frères Zao, Sambo, Mpeia, Ekia, Pemba et Kitouka qu'on a oubliés ici. Je vous dis 'honneur,' vous me dites 'respect.' Vous non plus vous n'avez pas trouvé le chemin du pays. On vous a fait venir ici lors de l'exposition universelle de 1897 pour montrer les bienfaits de la colonie."

9. _____: "Ma mère raconte: 'Il était une fois, un roi qui rêvait d'un royaume 80 fois plus grand que le sien. Il fit tellement de tapage à la conférence de Berlin que ses collègues lui firent cadeau du Congo en espérant que le gâteau, trop lourd à digérer, l'étouffe. 75 ans plus tard, son arrière-petit-fils Baudouin 1er doit rendre ce territoire à ses propriétaires.'"

10. _____: "C'était un homme intelligent, très vif d'esprit…Il avait une influence considérable sur les foules. Mais c'était un passionné, et dans son intelligence, il est évident que la pondération, le jugement, la modération, faisaient beaucoup défaut."

11. _____: "Malgré l'opposition du gouvernement légitime congolais, les troupes belges débarquent…Avec l'aide des Belges, Moïse Tchombe proclame l'indépendance du Katanga, la plus riche province du Congo."

12. _____: "Lumumba a gagné des élections. Ça ennuie les Belges. Même le palais n'est pas content. Tous les politiciens belges ne sont pas contents…L'image pour beaucoup de Belges est celle de quelqu'un de douteux, c'est un communiste."

13. _____: "Ma mère raconte: 'La règle de domination des Belges est simple: Il faut bien traiter les nègres, mais il faut les garder sots.'"

14. _____: "Lumumba, sans argent, sans cadre, sans administration, sans armée, fait appel à l'ONU. Ils viendront et il le regrettera."

15. _____: "Les documents authentiques que nous avons pu déceler prouvent bien qu'il est communiste. Il ne peut pas le nier. C'est impossible."

8. **Sujets de discussion**

   1. Quel héritage Patrice Lumumba a-t-il laissé à l'Afrique d'aujourd'hui?

   2. Il y a des moments dans le film où on entend les paroles sans voir les images. Quels effets cela produit sur vous?

   3. La narration de la mort de Lumumba précède certaines scènes sur les circonstances de son transfert à Katanga. Quel effet cela donne-t-il?

   4. Comment la fonction des narrateurs de l'histoire, qui sont des témoins oculaires et parfois acteurs des événements de la vie et la mort de Patrice Lumumba, renforcent la véracité et la crédibilité du documentaire?

   5. Quels sont les 16 pays africains qui sont devenus indépendants en 1960? Lesquels sont des pays francophones?

   6. Mobutu a été félicité pour avoir pu contrôler les Congolais et arrêter le massacre après la chute du gouvernement de Kassavubu. Quelles sont les tactiques qu'il a utilisées? Faites le portrait de Mobutu.

   7. Quel rapport historique existe-t-il entre Haïti et le Congo?

   8. En quoi consiste la Conférence de Berlin? Quels étaient les pays participants?

9. **Activités de rédaction**

   1. Visitez le site du Musée Royal de l'Afrique Centrale à Tervuren (www.africanmuseum.be). Regardez les expositions permanentes de "l'ethnographie de l'Afrique centrale," "H.M. Stanley" et "Congo, le temps colonial." Comment le Congo est-il représenté? Comparez cette représentation au film.

   2. Comparez ce documentaire, *Lumumba: La mort du prophète* au long-métrage *Lumumba*. Comment ces deux films se complémentent-ils?

   3. Dans le documentaire *Frantz Fanon: Black Skin, White Mask* (Isaac Julien, 1996), le frère de Fanon Joby lit la lettre de Fanon et lui prête sa voix: "Il sait qu'il va mourir. Il était seul à Washington, et il est mort seul." De la même manière, plusieurs personnages (y compris Juliana, la fille de Lumumba) témoignent dans *Lumumba: La mort du prophète*. Comment les deux personnages, Fanon et Lumumba, participent-ils à leur construction identitaire? Comparez ces deux documentaires.

Lisez la dernière lettre de Patrice Lumumba et répondez aux questions.

Ma compagne chérie,

Je t'écris ces mots sans savoir s'ils te parviendront, quand ils te parviendront, et si je serai en vie lorsque tu les liras. Tout au long de ma lutte pour l'indépendance de mon pays, je n'ai jamais douté un seul instant du triomphe final de la cause sacrée à laquelle mes compagnons et moi avons consacré toute notre vie. Mais ce que nous voulions pour notre pays, son droit à une vie honorable, à une dignité sans tache, à une indépendance sans restrictions, le colonialisme belge et ses alliés occidentaux — qui ont trouvé des soutiens directs et indirects, délibérés et non délibérés, parmi certains hauts fonctionnaires des Nations-Unies, cet organisme en qui nous avons placé toute notre confiance lorsque nous avons fait appel à son assistance — ne l'ont jamais voulu.

Ils ont corrompu certains de nos compatriotes, ils ont contribué à déformer la vérité et à souiller notre indépendance. Que pourrais-je dire d'autre?

Que mort, vivant, libre ou en prison sur ordre des colonialistes, ce n'est pas ma personne qui compte. C'est le Congo, c'est notre pauvre peuple dont on a transformé l'indépendance en une cage d'où l'on nous regarde du dehors, tantôt avec cette compassion bénévole, tantôt avec joie et plaisir. Mais ma foi restera inébranlable. Je sais et je sens au fond de moi même que tôt ou tard mon peuple se débarrassera de tous ses ennemis intérieurs et extérieurs, qu'il se lèvera comme un seul homme pour dire non au capitalisme dégradant et honteux, et pour reprendre sa dignité sous un soleil pur.

Nous ne sommes pas seuls. L'Afrique, l'Asie et les peuples libres et libérés de tous les coins du monde se trouveront toujours aux côtés de millions de Congolais qui n'abandonneront la lutte que le jour où il n'y aura plus de colonisateurs ni de mercenaires dans notre pays. A mes enfants que je laisse, et que peut-être je ne reverrai plus, je veux que l'on dise que l'avenir du Congo est beau et qu'il attend d'eux, comme il attend de chaque Congolais, d'accomplir la tâche sacrée de la reconstruction de notre indépendance et de notre souveraineté, car sans dignité il n'y a pas de liberté, sans justice il n'y a pas de dignité, et sans indépendance il n'y a pas d'hommes libres.

Ni brutalités, ni sévices, ni tortures ne m'ont jamais amené à demander la grâce, car je préfère mourir la tête haute, la foi inébranlable et la confiance profonde dans la destinée de mon pays, plutôt que vivre dans la soumission et le mépris des principes sacrés. L'histoire dira un jour son mot, mais ce ne sera pas l'histoire qu'on enseignera à Bruxelles,

Washington, Paris ou aux Nations Unies, mais celle qu'on enseignera dans les pays affranchis du colonialisme et de ses fantoches. L'Afrique écrira sa propre histoire et elle sera au nord et au sud du Sahara une histoire de gloire et de dignité.

Ne me pleure pas, ma compagne. Moi je sais que mon pays, qui souffre tant, saura défendre son indépendance et sa liberté.

Vive le Congo! Vive l'Afrique!

Patrice Lumumba

Questions

1. A qui Lumumba écrit-il cette lettre?
2. Que représente cette lettre?
3. Que voulait Lumumba pour le Congo?
4. Que reproche-t-il aux Nations-Unies?
5. Quel est le ton de cette lettre? Justifiez votre réponse.
6. Que dit-t-il à ses enfants?
7. Que dit-il de l'histoire? Qui racontera l'histoire?

Bibliographie

Livres

Une saison au Congo d'Aimé Césaire, Seuil, Paris, 1966

Discours sur le colonialisme d'Aimé Césaire, Présence Africaine, Paris, 1955.

Congo-Zaïre, 1874-1981: La perception du Lointain de Bernard Piniau, L'Harmattan, Paris, 1992.

Une vie de boy de Ferdinand Oyono, Julliard, Paris, 1956

Les cancrelats de Tchicaya U Tam'si, Albin Michel, Paris, 1980

Ces fruits si doux de l'arbre à pain de Tchicaya U Tam'si, Seghers, Paris, 1980.

Tarentelle noire et diable blanc de Sylvain Ntari-Bemba, L'Harmattan, Paris, 1976.

Sites intéressants

"République démocratique du Congo" in Wikipedia (fr.wikipedia.org) Africultures (Africultures.com)

Part 2
Struggles for Independence

4. La Bataille d'Alger

Algérie

Superficie: 2 381 741 km²
Population: 37 100 000 (estimation de janvier 2012)
Capitale: Alger
Religion: 99% Islam (Sunni)
Langues: arabe (officielle), berbère, français
Gouvernement: République
Taux d'alphabétisation: 72,6 %
Espérance de vie: 73 ans
Industrie: Pétrole, gaz naturel, industries légères, mines
Exportation: Pétrole et gaz naturel, produits pétroliers
Cultures vivrières: du blé, des fruits comme des olives, des dattes, des raisins, des citrons, des vignes et des figues

L'Algérie est le plus grand pays d'Afrique et le dixième dans le monde. Sa superficie est de 2 381 741 km², dont 2 000 000 km² de désert (Sahara). Elle a un climat méditerranéen dans le nord et saharien (sec et chaud) dans le sud. L'Algérie est bordée au nord par la mer Méditerranée sur une distance de 1 280 km. Elle partage des frontières terrestres au nordest avec la Tunisie, à l'est avec la Libye, au sud avec le Niger et le Mali, au sud-ouest avec la Mauritanie et le territoire contesté du Sahara occidental, et à l'ouest avec le Maroc.

La civilisation berbère de l'Algérie antique a vu venir plusieurs conquérants successifs dont les Phéniciens, les Romains, les Vandales, les Byzantins, les Arabes, les Espagnols, les Turcs et, finalement, les Français.

Le premier novembre 1954, le Front de Libération Nationale a déclaré la guerre à la France, qui a duré sept ans et demi. A la suite des négociations de paix à Evian entre le gouvernement français (sous le général De Gaulle) et les chefs du FLN, l'indépendance de l'Algérie a été proclamée le 5 juillet 1962.

Depuis le premier président, Ahmed Ben Bella, l'Algérie a suivi le modèle socialiste avec un régime militaire assez rigide.

Les élections de 1992 ont pris un mauvais tournant dans l'histoire contemporaine de l'Algérie puisqu'elles ont marqué le début d'une guerre civile, qui, elle aussi, a duré plus de sept ans. Après l'assassinat du président Boudiaf en 1992, l'Algérie est entraînée dans une vague de violence et de terrorisme qui a fait plusieurs milliers de victimes. Les intellectuels ont été particulièrement visés.

En 1994, le gouvernement algérien est soumis à des pressions diplomatiques internationales, suite au contrat de Rome, signé par les leaders politiques de l'opposition dénonçant l'hégémonie militaire. Des élections présidentielles ont donc été organisées en novembre 1995. Le général Liamine Zéroual est élu président. En 1999, celui-ci a mis fin à son mandat présidentiel et des élections présidentielles anticipées ont tout de suite été organisées. Abdelaziz Bouteflika est élu président, puis réélu en 2004. Il vient à présent de faire changer la constitution algérienne pour se permettre un troisième mandat.

La Bataille d'Alger

Réalisé par Gillo Pontecorvo en 1965
Italie/Algérie. 121 minutes.
Drame historique/Guerre
Scénario: Franco Solinas, d'après un livre de Saadi Yacef
Acteurs: Brahim Haggiag, Jean Martin, Saadi Yacef, Samia Kerbash, Fusia El Kader, Ugo Paletti
Musique: Ennio Morricone, Gillo Pontecorvo

Synopsis

La Bataille d'Alger traite de la lutte pour le contrôle de la Casbah d'Alger durant la Guerre d'Algérie en 1957. Le scénario, inspiré du récit de Saadi Yacef, l'un des chefs de la résistance urbaine, raconte la violence quotidienne dans les rues d'Alger des deux côtés du conflit.

Prix

Le Lion d'or à la Mostra de Venise, 1966
Le Prix de la Critique à Cannes

Nominations

Oscar du Meilleur Film Etranger, Los Angeles, 1967
Oscar du Meilleur Scénario, Los Angeles, 1969
Oscar du Meilleur Réalisateur, Los Angeles, 1969

Le saviez-vous?

1. Ce film est tourné avec des acteurs non professionnels, excepté Jean Martin qui a joué le rôle du colonel Mathieu à la tête des parachutistes français. Par ailleurs, Yacef Saadi joue son propre rôle (El Hadi Djafar).

2. Ce film est basé sur une histoire vraie, qui a eu lieu à Alger en 1957. Il faut savoir que la Guerre d'Algérie avait commencé bien avant (précisément le 1er novembre 1954) et s'est terminée bien après (c'est-à-dire le 5 juillet 1962). Ce film ne relate donc qu'une seule bataille de cette guerre qui a eu lieu un peu partout en Algérie et pas seulement à Alger.

3. A sa sortie, ce film a immédiatement eu un grand succès, mais il n'obtiendra son visa d'exploitation en France qu'en 1971. Le cinéma Saint-Séverin, qui a affiché le film à Paris, est dévasté par une bombe. Dans d'autres coins, l'audience a été attaquée par des partisans d'extrême droite. Un commando a déchiré l'écran et a même détruit la copie du film à l'acide sulfurique.

4. En août 2003, le gouvernement américain a organisé une projection spéciale de ce film dans un auditorium du Pentagone, à laquelle ont assisté des officiers d'état-major et des civils, dont le but est de mieux comprendre la situation en Irak.

Profil du réalisateur

Gillo Pontecorvo est né à Pise en Italie, en 1919. Tout en suivant des études de chimie, pendant la seconde guerre mondiale, il travaille comme journaliste et messager pour le parti communiste italien. Une fois la paix signée, il devient correspondant à Paris de plusieurs journaux italiens. C'est alors qu'il voit le film *Paisa* de Rossellini et, aussitôt, abandonne son métier de journaliste, achète une caméra et commence à tourner des courts métrages et documentaires. En 1956, *Giovanna* relate la grève des femmes dans une usine de tissus. L'année suivante, il tourne son premier long métrage, *La Grande route bleue*. En 1971, il a réalisé *Queimada* qui est de nouveau un regard sur le colonialisme, cette fois-ci dans les Antilles du 19ème siècle. En 1979, *Ogro* traite du terrorisme, à travers le meurtre du successeur du général Franco, et de la fin d'une dictature. Il est décédé le 12 octobre 2006 à Rome, à l'âge de 86 ans.

Profil d'un acteur

Jean Martin, le seul acteur professionnel du film, qui joue le rôle du Colonel Mathieu, est né en France en 1922. Il a commencé sa carrière dans le théâtre. A partir de 1956, il a joué dans plusieurs films dont *Fortunat, La Religieuse, Je t'aime je t'aime, Manon 70, La Promesse de l'aube, L'Héritier, Chacal, Mon nom est personne, Glissements progressifs du plaisir, La Moutarde me monte au nez, Rosebud, Peur sur la ville, L'Aile ou la cuisse, Inspecteur la Bavure* et, plus récemment, *Lucie Aubrac*. Il a aussi joué dans de nombreux téléfilms et séries télévisées.

Expressions et vocabulaire du film

Noms

Le Gendarme	sorte de policier militaire
Le Maquis	le lieu où les résistants s'organisent pour livrer bataille
Le Raton	mot très péjoratif employé pour désigner un indigène
Le Parachutiste	militaire des forces aéroportées
L'Intégration	adaptation à la culture d'accueil
Les Zouaves	un corps de l'armée française au temps de la colonisation, qui était réputé pour être exagérément discipliné
Les Insoumis	personne qui refuse d'obéir à une autorité
L'Indicateur de police	personne qui renseigne la police
Le Fléau	désastre, catastrophe
Le Concours	action d'aider, de participer
Le Contrevenant	personne qui viole une loi
L'Abrutissement	le fait de rendre une personne inapte à réfléchir
Le Récidiviste	celui ou celle qui commet la même faute
Le Proxénétisme	le fait de tirer des profits de la prostitution des autres personnes
La Perquisition	recherche de preuves que fait la police pendant une investigation
Les Fellagas	nom donné aux combattants algériens
Le Ténia	le ver parasite dans l'intestin aussi appelé le ver solitaire

Les Lambeaux	morceaux de tissu en mauvais état
Le Couffin	panier en osier
Les Barrages	barrières dans les rues de la ville où s'effectuent les contrôles de la police
Les Denrées alimentaires	produits dont se nourrissent les humains
La Patrouille	mission de surveillance

Verbes

Piger	comprendre
Bousiller	détruire, abimer
Quadriller	contrôler une zone géographique délimitée
Boucler	fermer
Fouiller	chercher minutieusement
Extirper	déraciner
Cracher	rejeter hors de la bouche une substance provenant de la gorge ou des poumons

Expressions

Cracher le morceau	révéler le secret
Ne te fais pas de bile	ne te fais pas de souci; ne t'inquiète pas
Ne fais pas le zouave	ne fais pas l'idiot

Adverbe

Sans relâche	sans arrêt

Activités

1. **Vocabulaire**

   Complétez le texte suivant avec les mots appropriés de la liste ci-dessous:

   L'Administration coloniale, l'abrutissement, fléaux, extirper, proxénétisme, contrevenants, récidivistes

   Communiqué numéro 24 du Front de Libération Nationale:

   Peuple Algérien! _____ n'est pas seulement responsable de la misère de notre peuple et de son esclavage, mais aussi de _____, de la corruption, et des vies dégradantes de nos frères et sœurs qui ont oublié leur propre dignité. Le Front de Libération Nationale engage une action pour _____ tous ces _____ et appelle toute la population à l'aider par son concours car c'est une condition première pour obtenir l'indépendance. A partir de ce jour, les autorités clandestines du FLN assument la responsabilité de la santé physique et morale du peuple algérien et décident en conséquence: sont interdits la consommation et vente de tous types de drogue et de boissons alcoolisées, la prostitution et le _____ Les _____ seront punis. Les _____ seront punis de la peine de mort.

2. **Contexte**

    1. Quand est-ce que la France a colonisé l'Algérie?
    2. Quand la Guerre d'Algérie a-t-elle commencé? Et quand s'est-elle terminée?
    3. Que savez-vous de la vraie bataille d'Alger?

3. **Les personnages**

Acteurs/Actrices	Personnages
Brahim Haggiag	Ali La Pointe: personnage principal qui incarne le FLN
Yacef Saadi	Hédi Djaafar: le chef du FLN pour la région d'Alger
Jean Martin	Colonel Mathieu: chef des parachutistes français
Samia Kerbach	Fatiha: combattante du FLN
Fusia El Kader	Hassiba: combattante du FLN
Mohammed Ben Kassen	Petit Omar
Ugo Paletti	Le Capitaine de l'Armée française

4. **Questions après le visionnement du film**

    1. Discutez du rôle du flashback dans ce film à travers les souvenirs d'Ali La Pointe.
    2. Commentez la déclaration du FLN au début du film.
    3. Comment Ali La Pointe a-t-il changé pendant son emprisonnement? Y a-t-il un événement particulier qui a déclenché ce changement?
    4. Pourquoi, à votre avis, la femme voilée a remis un pistolet vide à Ali La Pointe au moment de tirer sur le policier?
    5. Qu'a fait le FLN avant de s'attaquer aux Français?
    6. Que pensez-vous du mariage officialisé par le FLN?
    7. Quelle a été la réponse du colonel Mathieu à la question sur la torture?
    8. Selon le colonel Mathieu, quelles sont les instructions du FLN contre la torture?
    9. En quoi consiste l'opération champagne?
    10. Quel a été le but de la grève générale?
    11. Que redoutait Ben M'Hidi de la grève générale?
    12. Le colonel Mathieu et les journalistes ont fait un parallèle entre Dien Bien Phu et l'insurrection algérienne. Expliquez.
    13. Quelle a été la résolution de l'ONU au lendemain de la grève générale menée par FLN?
    14. Pourquoi le colonel Mathieu dit que le FLN est organisé de la même façon que le ténia?

15. Quelle a été la réponse de Ben M'Hidi à la question du journaliste français quand celui-ci lui a demandé s'il ne trouvait pas que c'était lâche de s'attaquer aux civils en se servant de couffins pour dissimuler les bombes?

16. Pourquoi le préfet d'Alger a pris la décision de boucler tous les quartiers arabes?

17. A votre avis, où se situent les barrages?

18. Quand est-ce que les parachutistes sont arrivés?

19. Pourquoi le colonel Mathieu a dit à la fin du film qu'Alger n'est pas toute l'Algérie?

20. Que comprenez-vous de toutes les manifestations du peuple vers la fin du film?

21. Quel est le rôle du FLN dans la Bataille d'Alger et dans la guerre d'Algérie en général?

22. A la fin du film, il y a un zoom sur une femme avec un drapeau algérien. Que signifie cette scène?

5. **Analyse de scènes**

Regardez les scènes suivantes et commentez-les.

Scène 1: La prise de conscience
(*minutes de 10:20 à 12:39*)

Ali la Pointe, qui est arrêté pour avoir frappé un gendarme, est en prison où il a assisté à une exécution. Que représente cet épisode dans sa vie et dans son rôle dans la bataille d'Alger?

Scène 2: Les deux faces de la même médaille
(*minutes de 1:06:07 à 1:07:32*)

Ali la Pointe et Larbi Ben M'Hidi se retrouvent sur le toit d'un bâtiment et discutent de la grève, de la bataille, et surtout de la guerre et de l'après-guerre.

Commentez cette discussion entre l'intellectuel Ben M'Hidi et le militaire illettré Ali la Pointe. Puis, comparez ces deux personnages. En quoi sont-ils diamétralement opposés? Sont-ils complémentaires? Que disent-ils en particulier? Que pensez-vous de leurs arguments?

Scène 3: L'humanité
(minutes de 1:06:07 à 1:07:32)

Un policier a sauvé un jeune garçon de l'agression de quelques adultes suite à l'explosion dans le stade. Que représente cette scène?

Scène 4: L'idéologie
(minutes de 1:17:50 à 1:19:14)

La distribution des denrées alimentaires aux habitants de la Casbah le lendemain de la grève générale.

6. **Activité de conversation en groupes**

En petits groupes, choisissez et discutez d'un des thèmes suivants (ou un autre que vous pourriez remarquer dans ce film), puis présentez-le en classe.

La violence	La guerre
La torture	Le racisme
Le colonialisme	L'identité
Le nationalisme	La guérilla
La décolonisation	La résistance
L'indépendance	Le rôle des femmes dans la guerre

7. **Analyse de citations dans le film**

Analysez les citations suivantes en les replaçant dans leur contexte:

1. _____: "Qui peut me dire pourquoi les Sartre naissent tous dans le même côté? …Non, il [Jean-Paul Sartre] ne me plaît pas, mais il me plaît encore moins de l'avoir comme adversaire."

2. _____: "Selon moi, le FLN a beaucoup plus de chances de vaincre l'armée française que celle-ci n'en a d'arrêter le cours de l'Histoire."

3. _____: "Tu n'es pas censé toucher à l'une de leurs femmes."

4. _____: "Oui, je sais très bien qu'Alger n'est pas toute l'Algérie. Mais pour le moment, contentons-nous d'Alger. Les choses dans les montagnes sont plus faciles."

5. _____: "La France doit-elle rester en Algérie? Si vous répondez encore 'oui,' vous devez en accepter toutes les conséquences nécessaires."

6. _____: "Il est difficile pour un peuple de commencer une révolution, et il est encore plus difficile de la maintenir, et de la gagner, mais ce n'est qu'après l'indépendance que les vraies difficultés commencent."

7. _____: "Allez, ne fais pas le zouave. Un peu de courage!"

8. _____: "Pour Paris, la solution c'est de quadriller Alger, renforcer les postes de police, boucler les rues. Tout ça, je n'y crois pas."

9. _____: "Nous disons qu'il y a une minorité qui s'impose par la terreur et la violence. Nous devons agir sur cette minorité dans le but de l'isoler et de la détruire."

10. _____: "l'ONU [l'Organisation des Nations Unies] est lointaine, cher Monsieur. Comment peut-elle juger de l'importance d'une grève? Pour le FLN, il serait plus facile de se faire entendre avec les bombes. C'est ce que je ferais à leur place."

11. _____: "Cette question, vous devriez la poser au porte-parole du Ministre. Ce n'est pas moi qui ai fait de telle déclaration. Pour ma part, je peux seulement vous dire que j'ai eu la possibilité d'apprécier la force morale, le courage, et la fidélité de Ben M'Hidi en ses propres idéaux. Pour cela, sans oublier l'immense danger qu'il représentait, je me sens le devoir de rendre hommage à sa mémoire."

12. _____: "Le ténia n'a plus de tête. Content Mathieu? …Le FLN est décapité à Alger."

13. _____: "Oh! au fond, ce sont de braves gens. Nous nous sommes bien entendus avec eux pendant 130 ans. Je ne vois pas pourquoi ça ne continuerait pas."

8. **Sujets de discussion**

1. L'une des caractéristiques de ce film est qu'il n'y a qu'un seul acteur professionnel, qui est Jean Martin dans le rôle du Colonel Mathieu. La plupart des acteurs sont des gens de la rue, qui n'ont jamais fait de cinéma. Le réalisateur a, bien entendu, fait un choix délibéré. Que pensez-vous d'abord de leurs performances? Ensuite, que pensez-vous de son choix? Quels avantages ou inconvénients peut-on avoir dans un tel choix?

2. Après avoir regardé et étudié ce film, pourquoi, à votre avis, le Pentagone a-t-il organisé une projection spéciale de ce film?

3. La musique joue un grand rôle dans ce film. Elle est composée spécialement pour ce film par Gillo Pontecorvo et le célèbre Ennio Morricone. Que pensez-vous de cette musique?

4. Comparez le personnage d'Ali La Pointe et celui de Larbi Ben M'Hidi.

5. Commentez le Communiqué suivant du Front de Libération Nationale, annoncé dans le film:

   Peuple Algérien: l'administration coloniale n'est pas seulement responsable de la misère de notre peuple et de son esclavage, mais aussi de l'abrutissement, de la corruption, et des vies dégradantes de nos frères et sœurs qui ont oublié leur propre dignité. Le Front de Libération Nationale engage une action pour extirper tous ces fléaux et appelle toute la population à l'aider par son concours car c'est une condition première pour obtenir l'indépendance. A partir de ce jour, les autorités clandestines du FLN assument la responsabilité de la santé physique et morale du peuple algérien et décident en conséquence: sont interdits la consommation et vente de tous types de drogue et de boissons alcoolisées, la prostitution et le proxénétisme. Les contrevenants seront punis. Les récidivistes seront punis de la peine de mort.

9. **Activités de rédaction**

    1. Faites une recherche sur la contribution des femmes à la guerre d'Algérie dans sa totalité.

    2. Faites une recherche sur le voile blanc que certaines femmes dans le film portent (appelé *haik* en arabe). De quel type est-il? religieux? traditionnel?

    3. Ce film montre très bien le contraste entre la ville européenne et la Casbah d'Alger. Faites une comparaison sur ces deux parties de la ville d'Alger.

    4. Ce film traite de l'indépendance de l'Algérie, mais symbolise aussi tous les mouvements de décolonisation des années 1950. Comparez ce film aux autres films sur la décolonisation que vous avez déjà vus.

    5. Comparez ce film au film *Lumumba* de Raoul Peck.

    6. L'assimilation coloniale est une politique française qui consiste à nier l'existence des autres groupes ethniques qu'il souhaite amener à la civilisation de la Métropole. Faites une recherche sur cette politique et démontrez comment elle est différente de la politique coloniale britannique.

Casbah of Algiers

Lisez l'entretien avec le réalisateur Gillo Pontecorvo et répondez aux questions.

"Rester près de la réalité"

Maria Esposito: Avant de parler de *La Bataille d'Alger*, pourriez-vous me dire pourquoi vous êtes devenu cinéaste et qui vous a influencé le plus dans les domaines cinématographique et littéraire?

Gillo Pontecorvo: D'abord, c'était [le cinéaste italien Roberto] Rossellini. Je crois qu'il est le cinéaste le plus talentueux de l'histoire du septième art parce qu'il a apporté un regard neuf sur la réalité — un amour de la réalité qui n'existait pas auparavant. Alors, Rossellini est la personne que j'aime le plus. Nous étions de très bons amis et je l'ai beaucoup admiré.

Les écrivains qui m'ont beaucoup marqué sont des gens comme [Isaac Bashevis] Singer, par exemple. A part celui d'Italie, le monde juif européen ne m'était pas familier. J'ai aussi été passionné par toute une série de romans, non seulement ceux de Singer mais aussi ceux d'autres écrivains semblables. Ce n'est pas que je pense qu'il soit le plus important, mais il est celui dont je me souviens le plus.

Je dois avouer que Rossellini reste celui qui m'a le plus influencé. J'étais aussi ami du [cinéaste Frederico] Fellini qui était extrêmement intelligent, créatif et plein d'esprit. Mais le cinéma que j'aimais et voulais créer était très loin du monde de Fellini. Rossellini, je répète, était mon modèle. Nous partagions le même amour de la réalité.

Il y a environ trois ans, le BBC a défini mon travail comme "la dictature de la vérité." Dans mon cinéma, quand je dois choisir entre m'écarter de la réalité ou produire un effet quelconque dans le but de m'attirer la sympathie du public, je renonce toujours à ces possibilités et reste proche de la réalité.

ME: Est-ce que c'est pour cela que vous avez décidé de faire *La Bataille d'Alger* dans un style documentaire?

Gillo Pontecorvo: Oui. Laissez-moi expliquer comment cet amour de la réalité, cette réalité qui nous entoure, m'a tourmenté. J'ai passé seulement quatre jours à tourner les bouts d'essais dans *La Bataille d'Alger,* mais un mois à chercher le genre de photographie qui traduirait mieux ce sens de la vérité. La difficulté était de trouver le juste regard qui donnerait l'illusion des images qui ont du grain et qui offrent beaucoup de contrastes, comme celles des actualités filmées. Puisque ce film devrait être montré dans des salles de cinéma où les gens paieraient pour aller le voir, il devait conserver une certaine formalité, une certaine esthétique. Donc, nous avons mis un mois pour atteindre la technique qu'il fallait.

La méthode qui nous a finalement guidés était de prendre le cliché originel et d'en faire une copie pour le photographier une deuxième fois.

ME: Combien de temps vous a-t-il fallu pour préparer la production et est-ce que c'était difficile de trouver les fonds?

Gillo Pontecorvo: Même si le temps passé à écrire le scénario a été court — seulement deux mois — la phase de recherche était extrêmement longue. Le scénariste Franco Solinas et moi avons passé plusieurs semaines à l'intérieur de la Casbah [quartier historique d'Alger] pour avoir une idée de la réalité de l'horreur qui s'est passée. Ensuite nous sommes allés en France où nous avons eu de longues discussions avec des fonctionnaires haut placés qui étaient des parachutistes. Alors, on a mis beaucoup de temps pour obtenir cette information. En revanche, on a mis très peu de temps pour écrire le scénario.

C'était très difficile de réunir les fonds pour le film. Quoique j'aie eu une bonne relation avec les producteurs à cause de mon film précédent *Kapo* qui a été choisi pour un Oscar, ils voulaient que je fasse des films qui avaient peu d'intérêt pour moi. Quand j'ai proposé de faire *La Bataille d'Alger* ils m'ont répondu: "Non, tu es fou. Penses-tu que les Italiens se soucient de l'histoire des Noirs?" J'ai répondu qu'ils n'étaient pas des "noirs" et "ce n'était pas vrai que les Italiens n'étaient pas intéressés par cela — c'est très proche de nous." Finalement, personne ne voulait le réaliser. Les producteurs disaient: "Je vous laisse faire ce que vous voulez, mais pas ce film."

Un d'entre eux m'a même demandé si je croyais que le mot "idiot" était écrit sur son front pour que je puisse proposer un film que "personne n'irait jamais voir." J'ai demandé le minimum à ce producteur — une somme insignifiante — et quelque chose que le film rapporterait dans moins de 20 jours après sa sortie. A la fin, on a décidé de former une sorte de coopérative, où chacun de nous mettrait de l'argent — le directeur, le scénariste, etc. — et on a fini par réunir les fonds.

Pour vous donner une idée de la somme dont il s'agissait, on est allés en Algérie sans superviseur de scénario, même si c'est un travail essentiel pour la continuité et les reprises. Nous nous sommes dit que nous trouverions un superviseur de scénario sur place et nous lui montrerions comment faire. Mais après 15 jours, il y a eu un tel chaos, une telle agitation, que nous avons été obligés de trouver un superviseur de scénario professionnel provenant d'Italie, en dépit du fait que nous n'avions pas un centime.

Nous avons eu aussi beaucoup d'aide des Algériens. Par exemple, c'était très facile d'obtenir des permis pour circuler dans la rue. Quelques tarifs, par ailleurs, étaient moins élevés que d'ordinaire.

ME: A part Jean Martin, qui joue le rôle du Colonel Mathieu, il n'y avait pas d'autres acteurs professionnels dans le film. Pourriez-vous expliquer comment vous avez choisi les Algériens pour le film et les qualités que vous cherchiez?

Gillo Pontecorvo: Même Jean Martin était un petit acteur provincial en France. Je l'ai choisi parce que j'aime beaucoup son apparence, son visage. C'est ce que je fais toujours dans les films.

Pour moi, la ressemblance physique de la personne qu'on choisit est plus importante que sa capacité ou intelligence. Bien sûr, si je trouve un acteur qui est très bon et ressemble à ce qu'on cherche, je suis heureux. Cependant, je préfère perdre des heures et des heures, parce qu'avec un acteur non-professionnel on perd beaucoup de temps, s'il a le visage approprié. Pour moi, c'est comme un peintre qui doit avoir les couleurs imaginées. C'est décisif.

Pour la préparation de *La Bataille d'Alger* nous avons voyagé en Italie et en France jusqu'au moment où on a pu trouver des visages qui correspondaient à ce qu'on voulait.

ME: Combien de temps avez-vous mis pour tourner le film?

Gillo Pontecorvo: Quatre mois, moins trois jours parce qu'on était tous dans une coopérative et que nous savions exactement combien nous coûtaient les heures.

ME: Pourriez-vous expliquer comment la bande-son musicale a été développée?

Gillo Pontecorvo: Ceci est une histoire très longue mais très amusante. Je veux vous dire que j'aime la musique encore plus que le cinéma. En fait, c'est une tristesse dans ma vie que mes circonstances économiques familiales m'aient empêché d'étudier au conservatoire de musique classique, chose que je voulais faire.

Ceci dit, j'aime la musique. C'est un élément majeur dans la genèse d'un film. Ennio Morricone était un jeune homme; semaine après semaine, il m'apportait des thèmes que je n'aimais pas et je lui apportais des thèmes que j'avais composés, ou que je sifflais ou jouais au piano, et lui ne les aimait pas non plus.

Finalement, après des semaines où on ne pouvait pas se mettre d'accord quant à la musique à adopter, trois thèmes majeurs me sont venus une nuit. Je les ai enregistrés dans un petit enregistreur et, joyeusement, le lendemain matin à sept heures trente, j'ai réveillé Ennio et je lui ai dit que j'avais trouvé quelque chose que "même vous, vous allez aimer." Il m'a dit de venir. En attendant, j'ai sifflé les thèmes pour pouvoir m'en rappeler et je les sifflais en montant les escaliers pour arriver au cinquième étage chez Ennio.

Quand je suis rentré, Ennio m'a dit: "Avant de jouer ce que vous avez enregistré, je vais vous faire écouter trois thèmes de base qui me sont venus ce matin." Il s'est assis au piano et s'est mis à jouer exactement ce que j'avais enregistré.

Il n'y avait aucun signe sur lui qui le trahissait. Il m'a dit: "c'est normal qu'après un mois d'échange d'idées, on soit sur la même longueur d'ondes." Je lui ai demandé: "longueur d'ondes? Il s'agit de la même note, pas de longueur d'ondes." Il n'a rien dit.

Puis, quand on a eu le prix du Lion d'Or pour ce film à Venise, on a demandé à Morricone pourquoi même la musique est attribuée au réalisateur. C'est là qu'il a expliqué: "Ce matin Gillo sifflait ses motifs, ses thèmes, tout en montant les escaliers. Quand il est arrivé, je lui ai dit "écoute" et je lui ai joué ses thèmes. Gillo était étonné et n'avait pas compris comment cela pouvait arriver. Mais je ne lui ai rien dit. J'ai appelé sa femme et je lui ai raconté ce qui s'est passé et lui ai dit que je le lui dirai uniquement si on gagne un prix à Venise."

Ennio a expliqué ceci lors de la conférence de presse pour le Lion d'Or. Ça a fait un grand impact et tout le monde a ri.

ME: Vous étiez dans la résistance antifasciste. Est-ce que cette expérience a aidé à la production de ce film?

Gillo Pontecorvo: Oui, bien sûr. Pour certains détails, toutes les luttes clandestines sont les mêmes. La résistance contre le fascisme, que ce soit à Paris ou à Rome, et la lutte contre l'occupation coloniale française en Algérie faisaient face aux mêmes problèmes et ont eu recours aux mêmes techniques. Donc, mon expérience a beaucoup aidé. C'était naturel et plus facile pour moi d'imaginer ce que j'aurais fait dans ces conditions.

J'ai aussi eu beaucoup d'aide des gens de la Casbah - un quartier extrêmement pauvre d'Alger et qui est construit autour de petites allées-parce qu'ils pouvaient relater les détails de ce qu'il leur est arrivé.

ME: en ce moment même, les militaires américains et leurs alliés font la même chose en Irak — regroupement de masses, torture, assassinats — que vous montrez dans le film. Pourriez-vous me dire ce que vous pensez de l'occupation?

Gillo Pontecorvo: Je suis très hostile à toute présence étrangère dans un autre pays. L'Irak doit être entièrement autonome.

Il y a une scène dans la Bataille d'Alger qui est très appropriée à la situation en Irak. A un certain moment, quelques journalistes ont demandé à Ben M'Hidi, l'un des chefs de la résistance: "pensez-vous que le FLN, l'organisation algérienne, sera capable de battre la grande armée française?" et il a répondu: "Non, mais je pense qu'il serait plus difficile pour la France de contrôler le cours de l'histoire."

Même s'il y a des différences entre l'Algérie et l'Irak, ces commentaires sont valables pour la situation en Irak. Au final, l'Irak, ainsi que tous les autres pays où il y a de la peine, du sacrifice et des batailles contre l'occupation, vont réussir à défendre leur indépendance. Donc à long terme, je pense que l'Irak sera tôt ou tard un pays libre. J'espère que ça va arriver car ce n'est pas automatiquement garanti.

Les informations récentes sur la torture américaine des prisonniers irakiens fournissent un argument encore plus fort à tous ceux qui voient cette occupation comme injuste et illégale. Et rappelez-vous, nous ne discutons là que des tortures qui ont été divulguées.

ME: Et votre attitude vis-à-vis de la participation militaire italienne en Irak?

Gillo Pontecorvo: Je suis extrêmement contre.

ME: Après *La Bataille d'Alger*, vous avez fait *Burn*. Qu'est-ce que ça fait de travailler avec Marlon Brando?

Gillo Pontecorvo: Je considère Brando comme un vrai génie du cinéma et probablement comme un des acteurs les plus extraordinaires, mais il est aussi lunatique et très difficile. Il est comme un cheval de course avec une sensibilité extrême. Même s'il est difficile de travailler avec lui, il est tout de même très professionnel et finit toujours par faire ce qu'on lui demande de faire.

C'était très difficile pendant la production de *Burn*. C'était une lutte sans fin. C'était tellement intense pendant le dernier mois du tournage qu'on ne se parlait même pas. Je lui faisais passer les instructions par le biais de mon assistant. On ne s'est même pas serré la main, ni dit au revoir à la fin du film tellement c'était tendu.

Par contre, on a renoué contact plus tard. En effet, un an et demi après *Burn* il a voulu faire un film sur les droits des Indiens d'Amérique et il m'a demandé si je pouvais le faire.

Quand je l'ai vu, je lui ai dit: "apparemment, vous êtes plus fou que je le pensais. Pour moi, c'est clair que votre caractère n'a pas changé, le mien non plus. Donc, si on essaie de faire un film on va se bagarrer en moins de trois jours." Et il a dit: "Non, non, non. Je tiens vraiment à ça pour des raisons politiques et morales. Je pense que vous convenez très bien à ce film, et je vous supplie de le faire." Donc, j'ai dit voyons ce qui va se passer mais j'ai exigé de passer au moins 20 jours, ou un mois, dans une réserve indienne pour savoir comment ils parlaient, vivaient, etc.

Il a accepté et j'ai pu passer presqu'un mois dans la réserve, qui était désespérément pauvre. C'était une expérience très intéressante. Malheureusement, le film n'a jamais été fait pour des raisons qui étaient au-delà de notre contrôle. Je suis par contre très content d'avoir passé un mois avec les Sioux dans le Dakota du Sud.

ME: Quand vous avez fait *La Bataille d'Alger* et *Burn*, il y avait un certain nombre de réalisateurs de gauche qui faisaient des films à message anti-impérialiste. Pensez-vous qu'il y a moins de réalisateurs aujourd'hui qui traitent de ces thèmes?

Gillo Pontecorvo: Malheureusement, il y a une baisse au niveau de la réalisation depuis 15, 20 ou 30 ans. Les réalisateurs s'intéressent moins à la politique. Autrement dit, il y a moins d'intérêt dans les problèmes des autres. Les producteurs qui, à une époque antérieure, auraient accepté certains thèmes, ne sont plus intéressés maintenant parce qu'ils pensent que le public ne les aimerait pas.

Pour les réalisateurs, c'est un peu différent car leurs intérêts ne sont pas entièrement économiques, mais politiques et moraux. Il y a des gens qui veulent faire des films sérieux, mais ils ont du mal à trouver des producteurs. Le niveau de l'intérêt politique dans les médias et parmi le public européen a malheureusement baissé.

ME: Vous étiez membre du PCI [Parti Communiste Italien] jusqu'en 1956. Pourquoi l'avez-vous quitté?

Gillo Pontecorvo: Je n'ai pas quitté ce parti simplement à cause de la Hongrie, mais parce que je n'étais pas d'accord avec le centralisme démocratique — du moins, les formes d'organisation qu'ils avaient étaient très rigides. A part ça, je suis resté une personne de gauche, et pas son ennemi.

ME: Vous sentez-vous comme un socialiste?

Gillo Pontecorvo: Certainement. Je suis très attaché au socialisme et aux idées progressistes.

ME: Quel conseil pourriez-vous donner aux jeunes réalisateurs d'aujourd'hui?

Gillo Pontecorvo: Je leur dirai de garder courage, *même* si c'est difficile, parce qu'à long terme ça vaut toute la peine. Quand vous accomplissez ce que vous avez entrepris de faire, c'est toujours payé 10 fois plus et c'est aussi plus satisfaisant que de faire un film pour lequel vous n'êtes pas passionné. Je dirais tenez bon et vous serez récompensés.

Par Maria Esposito, *World Socialist Web Site* (www.wsws.org),
le 9 juin 2004

(Traduit de l'anglais par les auteurs)

Questions

1. Pourquoi Gillo Pontecorvo a-t-il fait son film *La Bataille d'Alger* dans un style documentaire?

2. Pourquoi Gillo Pontecorvo a-t-il préféré les acteurs non-professionnels pour ce film?

3. Que s'est-il passé au sujet de la musique du film? Pourquoi la musique est-elle si importante pour ce film?

4. Expliquez comment l'expérience de Pontecorvo dans sa résistance anti-fasciste l'a aidé dans sa réalisation du film *La Bataille d'Alger?*

5. Discutez de l'engagement personnel du réalisateur et le rapport avec ses films.

6. Comment était Marlon Brando aux yeux de Pontecorvo?

7. Pourquoi dit-il que le niveau du cinéma a baissé?

8. La BBC a caractérisé le travail de Pontecorvo comme "la dictature de la vérité." Qu'est-ce que cela veut dire? Etes-vous d'accord?

9. Quelle est son opinion sur la participation militaire italienne en Irak? Pourquoi pensez-vous qu'il a cette opinion?

10. Sur quel autre projet Marlon Brando et Pontecorvo ont-ils travaillé après *Burn*?

Bibliographie

Livres

Portrait du colonisé suivi de Portrait du colonisateur d'Albert Memmi, Gallimard, Paris, 2002.

La mère du printemps de Driss Chraibi, Seuil, Paris, 1995.

Femmes d'Alger dans leur appartement d'Assia Djebar, Editions des Femmes, Paris, 1980.

Le fleuve détourné de Rachid Mimouni, Pocket, Paris, 1990.

La grande maison de Mohammed Dib, Seuil, Paris, 1952.

Nedjma de Kateb Yacine, Seuil, Paris, 1956

Histoire de la guerre d'Algérie de Benjamin Stora, La Découverte, Paris, 2004

La guerre d'Algérie expliqué à tous de Benjamin Stora, Seuil, Paris, 2012

Sites intéressants

Le Guide de l'Algérie à l'Affiche: Algeriades.com

Algerieinfo.com

5. Frantz Fanon: Black Skin, White Mask

La Martinique

Superficie: 1 128 km^2
Population: 400 000 habitants (recensement de 2010)
Capitale: Fort-de-France
Religion: Catholicisme
Langues: français et créole
Gouvernement: Département (français) d'Outre-Mer
Taux d'alphabétisation: 97.7%
Espérance de vie: 76 ans
Industrie: sucreries, distilleries de rhum, tourisme, produits pétroliers
Exportation: agriculture, tourisme, petite industrie agro-alimentaire
Cultures vivrières: cannes à sucre, bananes, ananas, café, melons, avocats, citrons verts, épices.

Le nom amérindien de la Martinique est *Madinina,* qui signifie "l'île aux fleurs." La Martinique, l'île la plus méridionale des Antilles françaises, est une île volcanique. On y trouve la fameuse montagne Pelée, un des volcans les plus actifs du monde. Il y a eu plusieurs vagues de migration des Indiens Arawak venus du Venezuela entre 2000 ans avant Jésus Christ et le début de notre ère. Au dixième siècle, des Indiens Caraïbes, de grands guerriers, sont venus de la Guyane, et c'est ainsi que le monde Arawak s'est effondré.

L'arrivée de Christophe Colomb au Carbet en Martinique, le 15 juin 1502, a marqué le début de la violence entre les Européens, les Indiens et les Africains. En 1635, la Martinique est devenue une colonie française et, trente ans plus tard, elle est soumise au Code Noir, un code de lois qui a officialisé et règlementé l'esclavage dans cette colonie. Son développement est dû au commerce triangulaire d'esclaves entre l'Afrique, l'Europe et l'Amérique.

En 1945, Aimé Césaire, un des fondateurs du mouvement de la Négritude, est élu maire de Fort-de-France ainsi que député à l'Assemblée Nationale. Il a été un des responsables ayant rédigé les lois pour la départementalisation des anciennes colonies. En 1946, la Martinique est devenue un Département français d'Outre-Mer (DOM). Elle est administrée par un Préfet, un Conseil Régional et un Conseil Général. Elle est divisée administrativement en 3 arrondissements (Fort-de-France, Trinité, le Marin), 45 cantons et 34 communes. Comme les autres départements d'Outre-Mer, la Martinique fait partie de l'Union Européenne.

Frantz Fanon: Black Skin, White Mask

Réalisé par: Isaac Julien en 1995.
Grande Bretagne. 52 minutes
Documentaire.
Scénario: Isaac Julien et Mark Nash
Producteur: Mark Nash
Interprétation: Colin Salmon (dans le rôle de Frantz Fanon).
Musique: Paul Gladstone-Reid et Tunde Jegede

Avec la participation de

Jacques Azoulay: Psychanalyste et ancien élève de Fanon
Mohammed Harbi: Historien algérien et ancien membre du FLN
Alice Cherki: Psychanalyste et ancienne collègue de Fanon
Raphaël Confiant: Ecrivain et enseignant martiniquais
Stuart Hall: Sociologue jamaïcain et enseignant en Grande Bretagne
Françoise Vergès: écrivaine française et professeure à l'université de Sussex (Grande Bretagne)
Joby Fanon: Frère aîné de Frantz Fanon
Olivier Fanon: Fils de Frantz Fanon
Kléber Gamess: Ami d'enfance de Frantz Fanon
Daniel Boukman: Ecrivain et enseignant martiniquais

Avant de visionner ce documentaire

Ce chapitre est une exception par rapport aux chapitres précédents à plusieurs égards. D'abord, ce film est réalisé en Angleterre, donc dans un pays non-francophone. Il faut préciser que Frantz Fanon est beaucoup plus étudié en Angleterre et aux Etats-Unis que dans le monde francophone, y compris en France. Ce chapitre est aussi exceptionnel car il résume presque toutes les idées présentées dans les parties précédentes. On y voit même des scènes tirées du film *La Bataille d'Alger*. Plusieurs recoupements thématiques peuvent donc être faits avec quelques-uns de ces films. On peut citer, par exemple, le thème du racisme et de la xénophobie dans *Salut Cousin!*, la ségrégation dans *Indigènes*, l'aliénation dans *Rue Cases-Nègres*, la violence dans *La Bataille d'Alger* et la vague de décolonisation dans *Lumumba,* entre autres.

Par ailleurs, même si la langue de narration est l'anglais, les témoignages et les textes d'archives sont en français. Nous nous servirons donc dans ce chapitre de la version française du scénario.

Ce documentaire peut aussi très bien être combiné avec le texte de Fanon, *Peau noire, masques blancs*, ou même avec la préface de Jean-Paul Sartre du deuxième livre de Fanon, *Les damnés de la terre.* Il faut également préciser qu'il existe une version plus longue de ce documentaire chez Normal Films, qui inclut des témoignages supplémentaires avec la célèbre écrivaine martiniquaise, Maryse Condé, et le critique littéraire, Homi Bhabha, parmi d'autres.

Synopsis

Le documentaire dresse un portrait complexe de Frantz Fanon, montrant plusieurs facettes de ce personnage emblématique. Ce film ne nous raconte pas la vie de Fanon d'une manière linéaire, mais combine des éléments biographiques avec quelques aspects saillants de l'œuvre fanonienne. En mêlant documents d'archives, interviews et scènes reconstituées, le cinéaste Isaac Julien nous présente un Fanon révolutionnaire, prophétique, et surtout plus que jamais pertinent.

Profil du réalisateur

Isaac Julien est né en 1960 à Londres, où il vit actuellement. En 1984, après ses études artistiques à la Saint Martin's School of Art, il a fondé *Sankofa*, qui est le premier atelier de cinéma et de vidéo "noir" en Grande Bretagne, avec le soutien financier de *Channel Four*. En 1988, il a réalisé *Looking for Langston*, un film sur Langston Hughes, le grand poète et écrivain noir-américain de la "Harlem Renaissance." Deux ans plus tard, il a fondé, avec Mark Nash, la maison de production *Normal Films*, et en 1991 il obtient le prix de la Semaine de la Critique à Cannes pour *Young Soul Rebels*. Parmi ses autres travaux, on peut citer: *Who killed Colin Roach?* (1983), *Territories* (1984) *The Passion of Remembrance* (1986), *This Is Not an AIDS Advertisement* (1987), *Black and White in Colour* (1992), *The Attendant* (1992), *The Darker Side of Black* (1994), *The Question of Equality* (1995), *Williams on Limbaugh* (1995).

Profil d'un acteur

Colin Salmon est né en Grande Bretagne en 1962. Il figure actuellement parmi les acteurs les plus connus d'Angleterre. Il s'est fait connaître par son rôle du Sergent Robert Oswald dans la série *Prime Suspect 2*, sortie en 1992. Il a ensuite joué dans les films de James Bond en prenant le rôle de Charles Robinson. Il a par ailleurs fait d'autres films tels que *Captives* (1994), *The Wisdom of Crocodiles* (1998), *Fanny and Elvis* (1999), *Mind Games* (2000), et *My Kingdom* (2001).

Biographie succincte de Frantz Fanon (1925-1961)

Ecrivain et psychiatre martiniquais Frantz Fanon est né le 20 juillet 1925 à Fort-de-France, en Martinique. Il a été l'élève du grand poète martiniquais Aimé Césaire au Lycée Schœlcher de Fort-de-France. A la sortie du lycée, en 1943, il a rejoint les Forces Françaises Libres et a donc participé à la libération de la France. En 1947, il s'est inscrit à la faculté de médecine de Lyon et s'est spécialisé en psychiatrie. En 1949, il a rencontré Josie Dubié, qu'il a épousée en 1950 et avec laquelle il a eu un fils, Olivier, quelques années plus tard. En 1952, il a publié *Peau noire, masques blancs,* qui était son mémoire de thèse d'études. Après quelques mois à l'hôpital de Saint-Alban en tant que psychiatre, il est nommé médecin-chef à l'hôpital psychiatrique de Blida (Algérie) en juin 1953. Dès son arrivée, il a changé toute la structure de l'hôpital, qu'il avait trouvée très archaïque. En s'inspirant de son maître, le psychiatre catalan Tosquelles, et de la social-thérapie, il y a installé une nouvelle organisation. En 1956, Fanon a démissionné de son poste de médecin-chef pour se rendre à Tunis et s'engager dans la résistance algérienne auprès du Front de Libération Nationale, pour lequel il a dirigé l'organe de presse *El Moudjahid* . En 1959, il a fait partie de la délégation algérienne au Congrès panafricain d'Accra, et en 1960, il est devenu ambassadeur du Gouvernement Provisoire de la République algérienne (GPRA) au Ghana. La même année, en terminant son second livre *Les Damnés de la terre*, Fanon est atteint d'une leucémie. Après quelques mois de soins à Washington, il est décédé le 6 décembre 1961 à l'âge de 36 ans, juste quelques mois avant l'indépendance algérienne. Selon son vœu, Fanon est inhumé au cimetière des "Chouhadas" (martyrs de la guerre) en Algérie. Il faut savoir que Fanon a exercé depuis ses premiers écrits une influence considérable au sein de la communauté noire des Etats-Unis, surtout parmi les intellectuels.

Les principaux ouvrages écrits par Frantz Fanon

- *Peau noire, masques blancs*, Paris, Seuil, 1952.
- *Les damnés de la terre*, Paris, Maspéro, 1961.
- *Pour la révolution africaine*, Paris, Maspéro, 1964.
- *L'an V de la révolution algérienne*, Paris, Maspéro, 1959 (réédité en 1966 sous le titre "*Sociologie d'une révolution*").

Expressions et vocabulaire du film

Noms

Les Comptines	chansons enfantines
Le Désarroi	désordre, angoisse, trouble
L'Affranchissement	délivrance, émancipation
Les Feux d'artifices	explosifs qui produisent des lumières multicolores et utilisés lors des occasions telles que les fêtes nationales
La Lunule des ongles	tache blanchâtre sur les ongles qui rappelle un croissant de lune
La Salpêtrière	nom d'un hôpital parisien
La Camisole	vêtement utilisé pour mieux contrôler les personnes agitées comme les malades mentaux
La Botte de foin	un tas d'herbe sèche que l'on donne comme aliments aux animaux
L'Intégration	adaptation au pays d'accueil
Le Maquis	le lieu où les résistants s'organisent pour livrer bataille
La Dissidence	état de non-reconnaissance d'une autorité ou d'un pouvoir
Les Tenants et aboutissants de quelque chose	origines et conséquences, d'une chose; tout ce qui y est impliqué
L'Hémorragie	effusion du sang
L'Insurrection	révolte, soulèvement
Le Chahid	mot arabe qui désigne un martyre de la guerre d'Algérie
El Moujahid	Journal francophone algérien (lancé par le Front de Libération Nationale)
Les Métropolitaines	Qui appartiennent à l'Hexagone, à la mère patrie (la France)

Verbes

Hasarder	risquer, oser
Piétiner	enfreindre, violer, transgresser
Se dresser	se mettre dans une position verticale ; surgir s'élever contre quelqu'un/quelque chose
Abdiquer	renoncer à l'autorité souveraine ; à à une fonction, à un pouvoir

Adjectifs

Eclectique	varié, pluriel
Cataclysmique	catastrophique
Nébuleux(se)	qui n'est pas clair; qui est imprécis ou flou
Reluisant	brillant, fameux
Dupe	personne naïve, facile à tromper
Indemne	intact ; qui n'a pas subi de dommage physique
Stupéfait	très étonné

Activités

1. **Vocabulaire**

   Complétez le texte suivant avec les mots appropriés de la liste ci-dessous:

   Camisoles, l'affranchissement, désarroi, l'intégration, cataclysmiques, stupéfait

   Dès son arrivée à l'hôpital psychiatrique de Blida, Frantz Fanon a été _____ par les conditions _____ qui régnaient dans cet établissement. Face à son _____, Fanon a décidé de lutter pour _____ des malades, qui étaient jusque-là immobilisés par des _____ Il a fait ceci par _____ d'une méthode révolutionnaire, appelée la social-thérapie.

2. **Contexte**

   1. Avant de voir le documentaire ou de lire l'œuvre de Fanon, que comprenez-vous du titre *Peau noire, masques blancs*?

   2. Qu'est-ce qu'une aliénation dans le contexte colonial? Comment s'effectue-t-elle?

   3. A votre avis, quelles sont les conséquences psychologiques qui en découlent?

3. **Personnages historiques mentionnés dans le documentaire**

   Victor Schœlcher, né à Paris en 1804, est un homme politique français qui est surtout connu pour avoir définitivement aboli l'esclavage en France le 27 avril 1848. Il est mort le 25 décembre 1893.

   Philippe Pinel, né en 1745, est un aliéniste français. Il a permis non seulement l'abolition des chaînes qui liaient les malades mentaux, mais aussi l'humanisation de leur traitement. Il a exercé une grande influence sur la psychiatrie et le traitement des aliénés en Europe et aux États-Unis. Il est mort à Paris en 1826.

François Tosquelles, né le 22 août 1912, est un psychiatre catalan qui est un des inventeurs de la psychothérapie institutionnelle. Juste après la victoire de Franco en 1939, il a quitté l'Espagne pour se réfugier en France à l'hôpital psychiatrique de Saint-Alban. Il est mort en France le 25 septembre 1994.

Abane Ramdane, né en 1920, est un homme politique algérien qui a joué un rôle très important dans la révolution algérienne. Il a été l'organisateur principal des événements majeurs pendant la guerre d'Algérie, tels que le Congrès de la Soummam en 1956 et la grève civile en 1957 (comme on a vu dans le film *La Bataille d'Alger*), ce qui lui a valu le titre d'architecte de la révolution. Il est assassiné au Maroc par ses propres compagnons de lutte en 1957.

Houari Boumédiène, né en 1932, était un colonel dans l'Armée de Libération Nationale et ancien président algérien. Il a pris le pouvoir par un coup d'état en 1965, en chassant Ahmed Ben Bella de la présidence. Il est mort le 27 décembre 1978.

4. **Questions après le visionnement du film**

   1. Pourquoi Alice Cherki compare-t-elle Fanon à Pinel?

   2. Selon Jacques Azoulay, comment Fanon a-t-il pu libérer les patients d'un regard ethnocentrique?

   3. Que fait la statue de l'impératrice Joséphine (femme de Napoléon) en Martinique? Et pourquoi a-t-on coupé la tête de cette statue?

   4. De quoi s'aperçoit Fanon à son arrivée en France pour participer à la guerre contre l'occupation nazie? Et que découvre-t-il plus tard lorsqu'il revient pour faire ses études de médecine?

   5. En quoi cette expérience de Fanon en France ressemble à celle du personnage d'Alilo dans le film *Salut Cousin!*?

   6. Que veut dire Frantz Fanon par cette phrase: "Alentour, le Blanc. En haut, le ciel s'arrache le nombril, la terre crisse sous mes pieds. Et un chant blanc, blanc. Toute cette blancheur qui me calcine."

   7. Quelle était son expérience en France en tant que jeune psychiatre?

   8. A son arrivée à l'hôpital de Blida, Fanon a complètement changé l'organisation sociale selon le contexte socioculturel du pays. Commentez.

   9. A la fin du documentaire, le fils de Frantz Fanon, Olivier Fanon, a dit que son père n'aurait jamais accepté la situation de l'Algérie. De quelle situation s'agit-il? Pourquoi Fanon ne l'aurait-il pas accepté?

   10. Pourquoi Stuart Hall a-t-il dit que Fanon a des vues assez romantiques sur la construction d'un homme nouveau en parlant de la société algérienne?

   11. Fanon a été l'inspiration pour les dissidents, c'est-à-dire les soldats français qui refusaient de participer dans la guerre. Expliquez.

   12. Frantz Fanon a dit que le racisme dépersonnalise. Expliquez.

   13. Commentez la sexualisation du regard telle qu'elle est expliquée par Stuart Hall.

5. **Analyse de scènes**

Regardez les scènes suivantes et commentez-les.

Scène 1: L'aliénation
(minutes de 4 à 5)

Le jeune garçon (qui représente l'enfant Fanon) est en train d'écouter des chansons créoles. Sa mère, mécontente, l'interrompt.

Note: On voit une scène similaire dans le film *Rue Cases-Nègres* avec Léopold et sa mère. Commentez.

Scène 2: L'histoire
(minutes de 5:40 à 6:50)

On voit la statue de Victor Schœlcher avec une narration sur l'abolition de l'esclavage aux Antilles. Expliquez.

Scène 3: Le voile
(minutes de 39:50 à 43:05)

Cette scène, qui est empruntée au film *La Bataille d'Alger*, montre une femme voilée qui refuse de se faire contrôler par les soldats français. Un d'entre eux a dit à son collègue qu'il ne fallait "jamais toucher à une de leurs femmes." Evidemment, dans ce cas, elle s'approprie le voile pour transporter des armes aux révolutionnaires algériens. Mais pourquoi Stuart Hall, en commentant cette scène, a dit que ces femmes voilées comptaient sur la vision réactionnaire des Français.

6. **Activité de conversation en groupes**

    En petits groupes, choisissez et discutez de l'un des thèmes suivants (ou un autre que vous pourriez remarquer dans ce film), puis présentez-le en classe!

Le colonialisme	La révolte
L'aliénation	Le racisme
Le métissage	La torture
Le déracinement	La violence
L'esclavage	La liberté

7. **Analyse de citations dans le film**

    Analysez les citations suivantes en les replaçant dans leur contexte:

    1. _____: "Un aspect qui reste tout à fait important pour comprendre quelque chose de la violence du sujet, pour les psychanalystes, c'est que, dans des situations justement où il n'y a plus de mots pour faire contrat, pour que les choses puissent changer, il est nécessaire qu'aussi bien individuellement que collectivement, les gens se retrouvent dans une situation où la violence sert à ré-ouvrir cet espace de négociation."

    2. _____: "En un sens, il [Fanon] était opposé à la 'décolonisation,' …Il voulait l'indépendance, la libération du peuple opprimé, par lui-même. Ce qui était libérateur, c'était la lutte armée, la victoire sur l'ennemi, et la fierté que donnait cette lutte."

    3. _____: "Je crois que le texte de Fanon a été une rationalisation défensive du conservatisme algérien. Et beaucoup parmi nous n'ont pas du tout apprécié ce texte. D'autant plus que nous voyions, nous savions que les femmes dans des maquis avaient un statut qui n'était pas toujours très reluisant… Donc, il y avait une société …avec des valeurs patriarcales, qui a trouvé un porte-parole [Fanon] pour présenter ses comportements d'une manière progressiste."

    4. _____: "Je me suis trompé. Rien qui justifie cette subite décision de me faire le défenseur des intérêts du fermier quand lui-même s'en fout."

    5. _____: "La réaction raciste entre Noirs et Blancs intervient quand le Blanc qui regarde prend conscience de son attirance pour le Noir. Le racisme, c'est le déni du désir contenu dans le regard."

    6. _____: "Je me désintègre, maintenant. Les morceaux sont rassemblés par un autre 'moi.'"

    7. _____: "'*Peau noire, masques blancs,*' n'était pas le véritable nom qui avait été trouvé. Ca s'appelait '*Essai pour la désaliénation du noir.*' Mais en réalité Frantz a été trop modeste. C'est un essai pour la désaliénation du Noir et du Blanc."

8. **Sujets de discussion**

    1. Commentez la critique que fait Fanon du roman de Mayotte Capécia, *Je suis Martiniquaise.*

    2. La dernière phrase du documentaire (et du livre *Peau noire, masques blancs*) est une ultime prière de Fanon: "ô mon corps, fais de moi toujours un homme qui interroge." Qu'en pensez-vous?

    3. Faites des rapprochements entre ce documentaire et le film *Rue Cases Nègres.*

    4. Faites des rapprochements avec le film *La Bataille d'Alger.*

    5. Appliquez cette notion d'aliénation aux autres personnages qu'on a vus dans les chapitres précédents, tels que Mok (dans *Salut Cousin!*), mademoiselle Flora (dans *Rue Cases-Nègres*).

9. **Activités de rédaction**

    1. Frantz Fanon a adopté la pratique de la thérapie institutionnelle, qui est une critique de la psychiatrie traditionnelle (qui voyait dans le patient un aliéné que l'on doit exclure de la société). Faites une recherche sur cette pratique.

    2. Comparez le rôle de la femme dans le combat de libération algérienne à celui de la femme qui se bat contre le poids de la tradition dans le film *Faat Kiné.*

    3. Comparez ce documentaire sur Fanon au documentaire précédent sur Lumumba. Quelles sont les similarités et les différences?

    4. Lisez cet extrait, tiré de la préface de Jean-Paul Sartre du deuxième livre de Fanon *Les Damnés de la Terre*, puis appliquez-en les idées principales au documentaire que vous venez de voir.

        (…) La violence coloniale ne se donne pas seulement le but de tenir en respect ces hommes asservis, elle cherche à les déshumaniser. Rien ne sera ménagé pour liquider leurs traditions, pour substituer nos langues aux leurs, pour détruire leur culture sans leur donner la nôtre; on les abrutira de fatigue. Dénourris, malades, s'ils résistent encore, la peur terminera le *job:* on braque sur le paysan des fusils; viennent des civils qui s'installent sur sa terre et le contraignent par la cravache à la cultiver pour eux. S'il résiste, les soldats tirent, c'est un homme mort; s'il cède, il se dégrade, ce n'est plus un homme; la honte et la crainte vont fissurer son caractère, désintégrer sa personne. L'affaire est menée tambour battant, par des experts: ce n'est pas d'aujourd'hui que datent les "services psychologiques." Ni le lavage de cerveau. Et pourtant, malgré tant d'efforts, le but n'est atteint nulle part: au Congo, où l'on coupait les mains des nègres, pas plus qu'en Angola où, tout récemment, on trouait les lèvres des mécontents pour les fermer par des cadenas. Et je ne prétends pas qu'il soit impossible de changer un homme en bête: je dis qu'on n'y parvient pas sans l'affaiblir considérablement; les coups ne suffisent jamais, il faut forcer sur la dénutrition. C'est l'ennui, avec la servitude: quand on domestique un membre de notre espèce, on diminue son rendement et, si peu qu'on lui donne, un homme de basse-cour finit par coûter plus qu'il ne rapporte. Par cette raison les colons sont obligés d'arrêter le dressage à la mi-temps: le résultat, ni homme ni bête, c'est l'indigène. Battu, sous-alimenté, malade, apeuré, mais jusqu'à un certain point seulement, il a, jaune, noir ou blanc, toujours les mêmes traits de caractère: c'est un paresseux, sournois et voleur, qui vit de rien et ne connaît que la force.

Lecture

Lisez l'entretien avec Isaac Julien, et répondez aux questions.

Pourquoi un film sur Fanon maintenant? Fanon est une inspiration pour le sujet postcolonial. Son livre Peau noire, masques blancs est complexe, contradictoire et c'est par ailleurs un texte qui offre de grandes possibilités visuelles. Son travail a un aspect contemporain. Fanon pose en 1952 des questions qui sont toujours actuelles sur cette "nouvelle" Europe: qui est européen, qui ne l'est pas?

Fanon n'est pas un "Black Nationalist." Il appartient à une tradition française, laïque et républicaine. Quand il débat avec les grands penseurs européens, il ne cherche pas à parler d'un "nous." Il nous montre comment dialoguer avec ces penseurs, comment penser cette "absence" (de l'Afrique, des Noirs) chez Hegel, Marx ou Lacan.

Mais c'est aussi un homme de son temps et il ne s'agit pas de revenir à Fanon mais d'actualiser ses idées. Comprendre ce passé afin de donner un sens au futur.

Comment le film a-t-il commencé? Mark (Mark Nash, le producteur du film) avait déjà écrit un script en 1994 quand nous étions à New York. Mais il fallait encore faire des recherches. L'année suivante, nous étions à l'Université de Santa Cruz en Californie. A San Francisco, grâce à Victor Burgin, nous l'avons rencontrée [Françoise Vergès] et nous avons pris contact avec des gens comme Lucien Taylor, qui faisait sa thèse sur les intellectuels antillais et vivait en Martinique. Ces rencontres furent décisives. C'était des gens "déplacés" et en même temps "européens" comme moi, comme Fanon.

Nous avons tourné en Martinique, en Tunisie, à Londres, à New York et à Paris. Le film a été terminé en 1997 et nous l'avons montré dans de nombreux festivals à New York, à Sundance, à Hong Kong, à Paris, à Ouagadougou, à Montréal où il a reçu un prix et à San Francisco ou il a aussi reçu un prix. On a aussi montré le film en Afrique du Sud. Le film a été très bien reçu et il est devenu un "classique" dans les universités américaines.

Est-ce que tu étais "intimidé" par ton personnage? J'ai parfois ressenti cela comme un fardeau. Il y a le Fanon de la psychanalyse, celui de la psychiatrie, des cultural studies, des Africains Américains, du monde francophone, plusieurs Fanons, et chaque groupe pense posséder la légitimité de le représenter.

Il fallait représenter différentes époques, différents moments de sa vie, c'était parfois très angoissant. Trop grand, trop impressionnant. Il fallait être très créatif visuellement, mêler interviews, archives, reconstitutions... essayer de rendre à l'écran la dimension poétique du texte fanonien.

As-tu appris quelque chose sur Fanon en faisant ce film? Fanon est à la fois si extraordinaire et si limité dans ses analyses! Limité quand il affirme par exemple que le complexe d'Œdipe n'existe pas aux Antilles. Je crois comprendre ce qu'il cherchait à dire: il voulait sans doute souligner les faiblesses et les manques de certaines théories mais en même temps, il se montrait borné. Il était très "West Indian," sur la sexualité par exemple.

Certains voient surtout l'aspect héroïque de Fanon, mais je le vois aussi comme un personnage victime de circonstances tragiques. Il était au cœur de toutes ces intrigues politiques et je ne pense pas qu'il ait eu le temps d'en mesurer toutes les conséquences. Il était sous pression comme psychiatre, comme militant. Le fait qu'il soit mort d'une leucémie est pour moi une métaphore de sa vie. Il était dans une position "impossible" à laquelle je m'identifie parfois. Je ne voulais pas d'un portrait hagiographique. Je ne voulais pas d'un héros. Je voulais qu'on pense de nouveau à lui. J'ai rencontré toutes ces personnes qui ont été "marquées" par lui, parfois même de façon traumatique je dirais. Sa masculinité phallique a dû certainement avoir des effets fâcheux.

As-tu eu du plaisir à faire ce film? Oui, beaucoup. Il y a dans *Les Damnés de la terre* des moments très forts. C'était très impressionnant de voir combien les mots de Fanon, quand il parle des cas de désordres mentaux, résonnaient dans la bouche des acteurs. Fanon, je pense, était sensible à la souffrance des gens et l'émotion qu'il ressentait constitue une ouverture pour le cinéaste. Cette émotion peut aussi être exprimée musicalement.

As-tu un souvenir particulièrement amusant du film? La scène avec le personnage composite qui représente notamment Simone de Beauvoir, ce personnage qui représente le désir de Fanon pour une femme blanche. Faire le film lui-même ne fut pas toujours facile, mais il y eut des moments émouvants, notamment en Tunisie.

Que représente ce film dans ta carrière? Peut-être une vision plus ambitieuse: mêler documentaire et fiction.

Françoise Vergès
Londres, le 24 Octobre 1998

Questions

1. Quelles sont les limitations que Julien reproche à Fanon?

2. Selon Isaac Julien, quel est l'intérêt de relire Fanon aujourd'hui?

3. Qu'est ce qui a été difficile pour Isaac Julien dans la réalisation de ce film?

4. Selon vous, est-ce que Isaac Julien a réussi à mêler documentaire et fiction?

5. Pourquoi tout le monde veut posséder la légitimité de représenter Fanon? Comment Isaac Julien montre-t-il cette tendance?

Bibliographie

Livres

Peau noire, masques blancs de Frantz Fanon, Seuil, Paris, 1952.

Les damnés de la terre de Frantz Fanon, La Découverte, Paris, 2007.

Je suis Martiniquaise de Mayotte Capécia, Corréa et Cie, Paris, 1948.

Nini, mulâtresse du Sénégal d'Abdoulaye Sadji, Présence Africaine, Paris, 1988.

Portrait du colonisé suivi de Portrait du colonisateur d'Albert Memmi, Gallimard, Paris, 2002.

La vie scélérate de Maryse Condé, Pocket, Paris, 2002.

Sites intéressants

California Newsreel: *Frantz Fanon: Black Skin, White Mask* (Newsreel.org)

Fondation Frantz Fanon (Frantzfanonfoundation-fondationfrantzfanon.com)

6. Lumumba

République Démocratique du Congo

Superficie: 905 568 km²

Population: 73 599 190 (estimation en 2012)

Capitale: Kinshasa (population: 8 401 – estimation de 2012)

Religions: Catholicisme (50%), Protestantisme (30%), Islam (10%), animisme traditionnel (10%)

Langues: Plus de 250 langues africaines y compris le lingala, le kikongo, le tshiluba, et le kingwana (un dialecte du kiswahili) les quatre langues nationales ou régionales; le français (la langue officielle) est parlée par seulement 10% de la population

Gouvernement: République

Taux d'alphabétisation: 67% (estimation de 2012)

Espérance de vie: 48 ans (estimation de 2011)

Industrie: Cuivre, pétrole, diamant, or, argent, zinc, étain, uranium, bauxite, fer, charbon, bois, textile, ciment, industrie agro-alimentaire

Exportation agricole: Café, cacao, huile de palme, caoutchouc, thé, coton

Cultures vivrières: Manioc, riz, maïs et banane.

La République Démocratique du Congo, aussi appelée RD Congo ou Congo-Kinshasa (pour la différencier de la République du Congo ou Congo-Brazzaville), est le deuxième plus grand pays d'Afrique après l'Algérie. Les Pygmées, premiers habitants du Congo, sont venus par le Nord depuis l'âge de la pierre taillée. Les Bantus sont arrivés par l'ouest environ 150 ans avant J.C. en apportant leur savoir en agriculture. Le royaume du Kongo est né dans les premières décennies du 14ème siècle. Selon la légende, un jeune chef Bantu Nimi Lukeni est le roi fondateur du royaume du Kongo, le premier Manikongo. De 1840 à 1872, le missionnaire écossais David Livingstone s'engage dans une série d'explorations qui a attiré l'attention du monde occidental sur le Congo et particulièrement celle du roi belge, Léopold II, qui voulait un empire belge d'outre-mer. En 1884, à la Conférence Internationale de Berlin, qui avait pour objectif de répartir l'Afrique en 13 pays européens, on a reconnu l'Etat Indépendant du Congo (qui est 80 fois plus grand que la Belgique) comme la propriété personnelle du Roi Léopold II. Les frontières définitives ont été établies, par la suite, par des traités signés avec les autres puissances coloniales. En 1908, le Congo est devenu une colonie belge. Il y a une longue histoire de résistance congolaise pendant la colonisation belge.

En 1956, une organisation ethnique et culturelle connue sous le nom d'Abako, dirigée par Joseph Kasavubu, s'est transformée en véhicule de protestation anticoloniale et a demandé l'indépendance immédiate de la Belgique. Patrice Lumumba, appelé "le prophète," est le chef du Mouvement National Congolais (MNC), la seule organisation politique non-ethnique. Lors des élections de mai 1960, Lumumba est devenu premier ministre et Joseph Kasavubu, leader du parti opposé, est devenu chef d'Etat. Le 14 septembre 1960, Mobutu s'est allié avec Kasavubu pour monter un coup contre Lumumba. Le 27 novembre de la même année, les troupes de Mobutu ont capturé Lumumba, et le 17 janvier 1961, il est emmené à Elisabethville, dans la région du Katanga, où est assassiné avec la complicité des

Belges. En novembre 1965, Mobutu a monté un deuxième coup, cette fois-ci pour avoir le contrôle complet du Congo. Il a aboli tous les partis politiques et a établi une autorité non disputée. En 1971, il a baptisé le Congo "Zaïre," une déformation portugaise du nom de la rivière Congo (*nzere*). Il s'est aussi renommé Mobutu Sese Seko Kuku Ngbendu waza Banga. En 1990, sous la pression internationale, il a enlevé l'interdiction d'avoir différents partis politiques et a été forcé de nommer son rival, Etienne Tshisekedi, comme premier ministre. En 1994, les guerres du Rwanda se sont déversées au Zaïre. Les milices Tutsi se sont alliées avec les forces rebelles sous la direction de Laurent Kabila, et les troupes sont entrées dans les villes. En mai 1997, Kabila est rentré à Kinshasa et a été accueilli par le peuple. Mobutu est en exil et meurt d'un cancer de la prostate. Pendant les quatre années de Kabila au pouvoir, la République Démocratique du Congo est devenue un des plus grands champs de bataille de l'histoire d'Afrique, ce qui a déstabilisé l'Afrique Centrale. Le 16 janvier 2001, le président Laurent Kabila est tué par son garde du corps. Quelques jours après, le 23 janvier 2001, Joseph Kabila, âgé de 29 ans, remplace son père et devient président. Un gouvernement transitoire a été mis en place en juillet 2003 avec Joseph Kabila comme président, et en décembre 2005, des élections ont eu lieu et ce dernier a été élu président. Lors des dernières élections présidentielles de 2011, qui ont été contestés, Joseph Kabila a de nouveau été élu président. Les révoltes et la violence continuent au Congo et l'Organisation des Nations Unies (ONU) maintient une présence militaire actuellement.

Lumumba

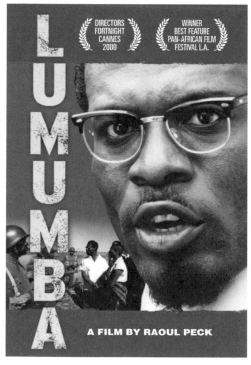

Réalisé par Raoul Peck en 2000
République Démocratique du Congo/France/Belgique/Haïti/
    Allemagne. 115 minutes
Drame historique / Biographie
Scénario: Raoul Peck & Pascal Bonitzer
Acteurs: Eriq Ebouaney, Alex Descas, Théophile Moussa Sowie, Maka Kotto, Dieudonné Kabongo, Pascal Nzongi, André Debaar, Cheik Doukouré, Oumar Diop Makena, Mariam Kaba
Musique: Jean-Claude Petit

Synopsis

Lumumba est le portrait du premier ministre congolais, Patrice Emery Lumumba. Dans ce long métrage, Raoul Peck dépeint la fin tragique de Lumumba. On assiste à l'indépendance du Congo, aux conflits néocoloniaux et aux complots des différentes forces étrangères pour déstabiliser le Congo juste après son accession à l'indépendance.

Prix

Meilleur Film, Festival Pan African de Los Angeles, 2001
Prix Paul Robeson, FESPACO 2001, Burkina Faso
Prix du Public, Meilleur Acteur, Prix du Jury, Festival International du Film de Santo Domingo, 2001
Grand Prix OCIC, Festival de Film Africain, Milan, Italie, 2001
Meilleur Film d'un cinéaste étranger, Acapulco Black Film Festival, 2001

Le saviez-vous?

Raoul Peck a fait aussi un portrait réel des défis et trahisons auxquels Lumumba a fait face dans un documentaire (voir chapitre 3 de ce livre).

Profil du réalisateur

Raoul Peck est né à Port-au-Prince, Haïti en 1953. En 1961, ses parents ont trouvé l'asile au Congo, qui venait juste d'obtenir son indépendance. Il a fait ses études à Léopoldville, au Congo, puis à Brooklyn, New York et à Orléans, en France. Pendant ses études à l'Académie du Film et de la Télévision Allemande (DFFB) à Berlin, il a fait son premier long métrage, *Haïtian Corner*, tourné à Brooklyn et en Haïti pour une somme de 150,000 dollars. Entre 1982 et 1990, Peck a travaillé sur de nombreux projets de développement en Afrique et en Europe. Il a enseigné à l'Académie du Film et de la Télévision Allemande (DFFB) à Berlin, à la FEMIS, la prestigieuse école cinématographique française où il a travaillé avec Krzysztof Kieslowski et Agnieska Holland, et au Tisch School of the Arts à New York University (NYU). En 1992, il a réalisé le documentaire *Lumumba: La mort du prophète* et *L'homme sur les quais* (1993), le premier film caribéen à être sélectionné au Festival de Cannes. En 1994, il a réalisé deux documentaires, *Le silence des chiens* et *Desounen: Dialogue with Death*. Son long métrage, *Lumumba* (2000) a été présenté à la Quinzaine des Réalisateurs au Festival de Cannes. En 2001, il a réalisé le documentaire *Profit & nothing but! Or Impolite Thoughts on the Class Struggle*. En 2005, il est retourné en Afrique avec *Sometimes in April* pour documenter le génocide au Rwanda, qui a fait plus d'un million de victimes en l'espace de 100 jours en 1994. En 2006, il a réalisé une série pour la télévision belge, intitulée *L'affaire Villemin*. En 2009, il réalise *Moloch Tropical* et *Karl Max*. En 2012, il a fait partie du jury du festival de Cannes.

Raoul Peck a reçu plusieurs prix pour son travail, tels que le *Human Rights Watch Nestor Almendros' Prize* en 1994, le *Human Rights Lifetime Achievement Award* et le *Procirep Prize* au Festival du Réel en 2002. Il était membre du jury à la Berlinale de 2002 en Allemagne, et il est le créateur de la Fondation Forum Eldorado qui a pour objectif de soutenir le développement culturel en Haïti. Pour faciliter ce projet, il a acheté une salle de cinéma à Port-au-Prince, Ciné Eldorado, une ancienne salle de théâtre colonial, pour permettre aux artistes et aux écoles d'avoir accès au cinéma. Peck passe son temps entre le New Jersey (Etats-Unis), Paris (France) et Port-à-Piment (Haïti).

Profil d'acteurs

Eriq Ebouaney est un comédien français d'origine camerounaise. Il a reçu le "Black Reel Award" pour son rôle dans *Lumumba*. Il a joué dans plusieurs films, tels que *Chacun cherche son chat* de Cédrid Klapisch (1996), *Le septième ciel* de Ridley Scott (1997), *Battù* de Cheick Oumar Sissoko (2000), *Lettres à Abou* d'Emilie Deleuze (2001), *Femme Fatale* de Brian de Palma (2002), *Le silence de la forêt* de Didier Ouénangaré et Bassek Ba Kobhio (2003), *Paris-Dakar* de Caroline Jules (2005), et, plus récemment, dans *In Gold We Trust* (2010). Il réside actuellement à Paris.

Alex Emier Descas, qui joue le rôle de Mobutu, est né en 1958 en France. Il a joué dans un grand nombre de films français et francophones, dont *Négropolitain* (2009),

Déjà Vu de François Vautier (2007), *Un couple parfait* de Nobushiro Suwa (2005), *Nèg maron* de Jean-Claude Flamand (2005), *Le mal du pays* de Laurent Bachet (2001), et *S'en fout la mort* de Claire Denis (1990), pour lequel il a gagné le César en 1991 pour le Meilleur espoir masculin. Depuis 2009, il joue dans *Un flic* (une série télévisée).

Expressions et vocabulaire du film

Noms

La Lutte	le combat; l'affrontement; la résistance
Le Bouc-émissaire	la personne sur laquelle on fait retomber toute la faute des autres
Le Macaque	le singe; une personne très laide
Le Tapage	le bruit
La Duplicité	caractère de ce qui est double; avoir un comportement trompeur
L'Anthropophage	mangeur de chair humaine; personne barbare ou cruelle

Verbes

Compromettre	mettre dans une situation qui peut devenir critique, exposer à un danger, un dommage ou un préjudice
Neutraliser	empêcher d'agir; rendre inoffensif en contrecarrant les efforts

Adjectifs

Officieuse	quelque chose qui vient d'une source autorisée mais qui n'est pas officiel ou qui n'est pas garanti
Officiel	qui vient du gouvernement, de l'Administration ou des autorités reconnuese

Activités

1. **Vocabulaire**

   Complétez le texte suivant avec les mots appropriés de la liste ci-dessous:
   Duplicité, martyr, neutraliser, primordial, officiel, héros, bouc-émissaire, la lutte, a compromis

   Il y a des gens qui pensent que Patrice Lumumba était un _____, il ne voulait pas montrer de _____ Cependant, plusieurs personnes se sont mis ensemble pour le _____ et l'empêcher de continuer _____ Joseph Mobutu, _____ de l'armée, est devenu président du Congo après la mort de Lumumba. Il _____ les principes de justice et de liberté auxquels Lumumba croyait. Aujourd'hui, Lumumba est largement considéré comme un des grands _____ et _____ du continent africain. Il a joué un rôle _____ dans l'indépendance africaine

2. **Contexte**

   1. Faites quelques recherches sur Joseph Mobutu. Qui était cet homme?

2. Consultez des sites internet pour trouver des informations sur la mort de Lumumba.

3. Quelle est votre définition de l'indépendance?

3. **Les personnages**

Acteurs/actrices	Personnages
Eriq Ebouaney	Patrice Émery Lumumba
Alex Descas	Joseph Mobutu: chef de l'armée
Théophile Sowié	Maurice Mpol: allié de Lumumba
Maka Kotto	Joseph Kasavubu: chef d'Etat du Congo
Pascal N'Zonzi	Moïse Tshombe: leader de la province du Katanga
Mariam Kaba	Pauline Lumumba: femme de Patrice Lumumba
Makena Diop	Thomas Kanza
André Debaar	Walter J. Ganshop Van der Meersch
Rudi Delhem	Général Emile Jannsens
Cheik Doukouré	Joseph Okito
Dieudonné Kabongo	Godefroi Munungo

4. **Questions après le visionnement du film**

1. Parmi les informations historiques mises en exergue, le réalisateur écrit: "Ceci est une histoire vraie." Commentez cette déclaration.

2. Quels effets ont les images en noir et blanc avant le commencement du film?

3. L'histoire est racontée en montage discontinu. Quelle est la force narrative de ce style?

4. On voit Lumumba en prison à deux reprises. Comment est-il traité?

5. Selon les fonctionnaires de l'administration coloniale congolaise, quelles sont les justifications de la colonisation? Comment les Belges "ont aidé" le Congo?

6. Pourquoi Mobutu s'appelle-t-il Mobutu Sese Seko Kuku Ngbendu wa Za Banga, c'est-à-dire "le père de la nation?"

7. Au début du film, Lumumba est vendeur de bière. Comment son expérience en tant que vendeur l'a-t-elle préparé à devenir premier ministre?

8. Quand Patrice arrive à Bruxelles pour la table-ronde belge, une dame blanche l'a embrassé en lui offrant des fleurs et en lui disant: "Je suis une pauvre femme mais il y en a des millions d'autres comme moi. C'est en leur nom que j'ai voulu saluer un combattant pour la liberté." Commentez.

9. Quelle était la fonction de la table ronde belgo-congolaise à Bruxelles?

10. Commentez sur les deux réunions, celle des Belges et celle des Congolais.

11. Lors de la cérémonie d'investiture du 30 juin 1960 pour reconnaître officiellement l'indépendance du Congo de la Belgique, pourquoi Lumumba a voulu prendre la parole? Justifiez votre réponse.

12. Nommez quelques-uns des défis auxquels Lumumba a fait face dans le Congo postcolonial. Comment ces défis évoquent-ils la complexité des rapports colonisateurs-colonisés?

13. Pourquoi les fonctionnaires belges ont tout enlevé de la maison où Lumumba habite? Que représente ce geste?

14. A deux reprises dans le film, Lumumba fait référence à la sagesse bantoue. Indiquez ces circonstances.

15. Que pensez-vous de l'attitude du Général Janssens envers Lumumba?

16. La communauté internationale (en particulier les Belges et les Nations-Unies) participe-t-elle à la décolonisation du Congo?

17. Pourquoi la mort de Lumumba est-elle si brutale et violente?

18. Pendant une réunion de différents leaders congolais et internationaux, le président de la séance demande à un autre homme: "Voulez-vous ajouter votre voix?" L'homme répond en anglais: "My country's government is not in the habit of meddling into the democratic affairs of a sovereign nation. We respect your decision". Qui est cette personne? Pourquoi pensez-vous que le réalisateur a choisi de laisser cette déclaration en anglais?

19. Mobutu, le président du Congo, commémore l'indépendance de son pays en rendant hommage à Lumumba, héros national, et il demande à tous d'observer une minute de silence. Que se passe-t-il pendant cette minute? Commentez ce geste ainsi que les flashbacks.

5. **Analyse de scènes**

Regardez les scènes suivantes et commentez-les.

Scène 1: Réunion entre Lumumba et Tschombe
(*minutes de 6:46 à 9:10*)

Lumumba proclame que "l'Afrique n'est pas un nombre de tribus." Commentez cette réunion et les désaccords entre les deux politiciens.

Scène 2: Lumumba incite le peuple à la désobéissance civile

(minutes de 14:00 à 16:53)

Il dit qu'il ne faut pas accepter la collaboration et que l'indépendance est pour demain. Commentez cette scène et le discours de Lumumba.

Scène 3: Propriété du gouvernement belge

(minutes de 34:27 à 35:8)

Discussion entre deux travailleurs belges qui enlèvent des peintures de la maison en disant que c'est la propriété de l'état belge. Qu'est-ce que cela veut dire? Commentez cette scène.

Scène 4: Lumumba apprend la mort de sa fille en Suisse

(minutes de 1:23:5 à 1:24:25)

Lumumba est au téléphone et apprend la mort de sa fille en Suisse. Que remarquez-vous dans cette scène? Comment montre-t-elle un autre aspect de la personnalité de Lumumba?

6. **Activité de conversation en groupes**

En petits groupes, choisissez et discutez de l'un des thèmes suivants (ou un autre que vous pourriez remarquer dans ce film), puis présentez-le en classe.

L'indépendance

Le colonialisme (les attitudes coloniales)

La complexité des relations postcoloniales

La démocratie

La dictature

Le pouvoir

La trahison

La politique

La révolte

La violence

L'ambition

Le sacrifice

7. **Analyse de citations dans le film**

Analysez les citations suivantes en les replaçant dans leur contexte:

1. _____: "Je ne pense pas au Congo comme un ensemble de provinces, de tribus ou d'ethnies, mais comme un tout. L'Afrique est un tout."

2. _____: "Information d'abord, formation après."

3. _____: "L'indépendance du Congo constitue l'aboutissement de l'œuvre conçue par le génie du roi Léopold II, entreprise par lui avec un courage tenace, et continué avec persévérance par la Belgique... Le monde entier a les yeux fixés sur vous. Que Dieu protège le Congo."

4. _____: "Laissons-les faire l'expérience de leur liberté. Ou bien ils donneront à l'Afrique l'exemple que nous donnons à l'Europe d'un peuple uni, décent, laborieux. Ou bien le fond primitif reprendra le dessus...Alors, nous avons une armée, des milices, l'aviation, des tanks."

5. _____: "Ils ont perdu la tête. Ils ont perdu. De Gaulle a lâché. La petite Belgique n'a pas le choix. On va les manger."

La déshumanisation de l'être.

6. _____: "Pas de collaboration [mais] désobéissance civile. Cela fait quatre-vingt ans que cela dure. Au début, c'était le trafic d'esclaves, ensuite le trafic d'ivoire, après la décimation des villages pour exporter le caoutchouc, aujourd'hui, le diamant, le cuivre, le manganèse, le zinc. Tout le monde sait qu'elle est pour demain, l'indépendance."

7. _____: "Oui, moi aussi j'ai fait des erreurs, et l'histoire allait mal finir. On se croyait maître de notre destin, alors que derrière nous, des ennemis autrement puissants menaient le jeu."

8. _____: "Va pour le 30 juin. L'indépendance est un fait acquis. Mais la seule question qui reste est de savoir si elle sera fédéraliste comme vous le souhaitez, ou unitariste comme je le veux."

9. _____: "Je vous le demande. Qu'est-ce qu'ils en ont à faire de l'indépendance? Ce n'est pas un peuple, c'est des tribus. Les Luluas détestent les Balubas, les Balubas haïssent les Bakongos, les Bakongos ne supportent pas les Bengalas. On n'a pas fait les mêmes erreurs que les Français. On n'a pas africanisé les cadres. On a la justice, la police, la poste, tous les supérieurs sont belges. Sans eux, c'est le chaos."

10. _____: "Il faut aller jusqu'au bout, Patrice…Je sais très bien qu'une révolution ne se fait pas à moitié. Il faut foutre en l'air de ce pays tous les Flamands, exproprier les missionnaires, et expulser tous ces parasites, tous ces fonctionnaires…On s'en fout des fonctionnaires, Patrice, on en a pas besoin."

11. _____: "Quand on veut noyer son chien, on dit qu'il a la rage."

12. _____: "Vous connaissez certainement ce proverbe bantou: "La main qui donne, la main qui dirige". Votre main, je la sens beaucoup trop lourde…"

13. _____: "Le Congo est trop grand pour nous."

14. _____: "Moi, je sais que l'histoire dira un jour son mot. Et ce ne sera pas l'histoire écrite par Bruxelles, Paris ou Washington. Ce sera la nôtre, celle d'une nouvelle Afrique."

8. **Sujets de discussion**

   1. Etudiez les personnages de Joseph Mobutu, Joseph Kasavubu et Patrice Lumumba. Comparez ces trois personnages. Quelles sont leurs caractéristiques et leurs rêves?

   2. Quelle est la fonction du narrateur principal? Quand apparaît-il dans le film?

   3. Quel est le rôle des Nations Unies et des forces étrangères dans la mort de Lumumba?

   4. Décrivez et comparez l'amitié entre Maurice Mpolo et Lumumba et celle entre Joseph Mobutu et Lumumba.

   5. Que pensez-vous du fait que ce sont les compatriotes de Lumumba et de Maurice, des Noirs comme eux, qui les traitent si brutalement pendant leur arrestation?

9. **Activités de rédaction**

   1. Comparez les deux films *Lumumba*: *La mort du prophète* (documentaire) et *Lumumba* (film). Comment ces deux genres permettent-ils au réalisateur de montrer la complexité du personnage de Lumumba et son importance dans l'histoire du continent africain?

   2. Le film *Pièces d'identités* montre aussi des images du Congo colonial. Comment les images sont-elles présentées? Quels thèmes ces deux films ont-ils en commun? Donnez au moins trois thèmes et discutez de la façon dont ils sont présentés dans chaque film.

   3. A Bruxelles, lors de la réunion entre les délégués belges, l'un d'entre eux remarque: "Et moi, je dis que c'est un crime…Je dis qu'on est en train de donner le Congo et l'Afrique aux communistes. Exactement comme les Français ont fait avec l'Algérie."

      Faites des recherches pour comparer la situation en Algérie et celle du Congo en 1960.

4. Faites des recherches sur la province du Katanga. Comparez la superficie du Katanga et celle de la Belgique. Quelles sont les ressources qui existaient en 1960? Et aujourd'hui?

5. Retrouvez les discours originaux de Lumumba, Kasavubu et du Roi de Belgique lors de l'investiture du 30 juin. Commentez ces trois discours et comparez-les.

Lecture

Ce texte est tiré de la pièce de théâtre *Une saison au Congo* d'Aimé Césaire (Paris: Seuil, 1966). (Extrait de la scène 6)

Une saison au Congo est l'histoire de l'ascension et de la chute du premier ministre Patrice Lumumba. La production théâtrale a eu lieu à Bruxelles pour la première fois. Les autorités belges ont essayé d'interdire la pièce, mais sans succès. La pièce expose l'indépendance congolaise de la Belgique sous la direction de Lumumba et la sujétion néocolonialiste subie par les Congolais sous le commandement de Mokutu, un portrait à peine voilé de l'ancien dictateur et président congolais Mobutu Sése Seko, homme ambitieux et corrompu.

Lisez et répondez aux questions.

Scène 6

Basilio, **roi des Belges:**

Ce peuple barbare, jadis terrassé par la rude poigne de Boula Matari, nous l'avons pris en charge. Eh oui, la Providence nous a commis ce soin, et nous l'avons nourri, soigné, éduqué. Si nos efforts ont pu vaincre leur nature, si nos peines rencontrent salaire, par cette indépendance qu'aujourd'hui je leur apporte, nous allons l'éprouver. Qu'ils fassent l'essai de leur liberté. Ou bien ils donneront à l'Afrique l'exemple que, nous-mêmes, donnons à l'Europe: celui d'un peuple uni, décent, laborieux, et l'émancipation de nos pupilles nous fera, dans le monde quelque honneur. Ou bien la racine barbare, alimentée dans le puissant fond primitif, reprendra sa vigueur malsaine, étouffant la bonne semence inlassablement semée, pendant cinquante ans, par le dévouement de nos missionnaires, et alors!

Général Massens, **général belge:**

Et alors?

Basilio:

Nous aviserons en temps utile, Massens; faisons plutôt confiance à la nature humaine, voulez-vous?

Général Massens:

Vous savez Majesté, que je ne suis guère enthousiaste de ces expériences, lesquelles portent, au demeurant, la marque de la hardiesse et de la générosité qui caractérisent le génie de Votre Majesté…

Mais puisque vous le voulez! Du moins, cette liberté dont ils ont fumé le mauvais chanvre et dont les émanations les enivrent de si déplorables visions, qu'ils sentent qu'ils la reçoivent et non qu'ils la conquièrent. Majesté, je ne les crois pas si obtus qu'ils ne sentaient toute la différence qui sépare un droit qui leur serait reconnu d'un don de votre Magnificence royale!

Basilio:

Rassurez-vous, Massens, je leur marquerai dans les formes les plus expresses, mais les voici!

Kala-Lubu, président de la République du Congo:

s'adressant à Lumumba

Monsieur le premier bourgmestre, excusez-moi, c'est "Monsieur le Premier ministre" que je veux dire, mon souci est que les choses se passent bien, je veux dire convenablement. Les règles de la politesse nous en font un devoir, les règles de la politique aussi. Le temps serait mal choisi de plaintes, de récriminations, de paroles tonitruantes et malsonnantes. L'enfantement se fait dans la douleur, c'est la loi; mais quand l'enfant naît, on lui sourit. Je voudrais aujourd'hui un Congo tout sourire. Mais voici le roi.

S'adressant à la foule

Allons en chœur, vive le roi!

La Foule:

Vive le roi ! Vive le Bwana Kitoko! Vive le roi Kala!

La foule agite de petits drapeaux, portant le signe du kodi, emblème de l'Abako, coquille percée d'une épée.

Explosion de pétards.

Un groupe d'enfants noirs sous la conduite d'un missionnaire à grande barbe, chante une chanson, un peu comme les Petits Chanteurs à la Croix de Bois.

Basilio:

Haranguant les officiels

Bref sera mon propos. Il est pour adresser une pensée pieuse à mes prédécesseurs, tuteurs avant moi, de ce pays, et d'abord à Léopold, le fondateur, qui est venu ici non pour prendre ou dominer, mais pour donner et civiliser. Il est aussi pour dire notre reconnaissance à tous ceux qui jour après jour et au prix de quelles peines! ont construit et bâti ce pays. Gloire aux fondateurs! Gloire aux continuateurs! Il est enfin, messieurs, pour vous remettre cet État, notre œuvre. Nous sommes un peuple d'ingénieurs et de manufacturiers. Je vous le dis sans forfanterie: nous vous remettons aujourd'hui une machine, bonne; prenez-en soin; c'est tout ce que je vous demande. Bien entendu puisqu'il s'agit de technique, et qu'il serait hasardeux de ne point prévoir de défaillances mécaniques, du moins sachez que vous pourrez toujours avoir recours à nous, et que vous demeure acquis, notre concours; notre concours désintéressé, messieurs! Et maintenant, Congolais, prenez-les commandes, le monde entier vous regarde!

Kala-Lubu:

Sire! La présence de Votre Auguste Majesté, aux cérémonies de ce jour mémorable, constitue un éclatant et nouveau témoignage de votre sollicitude pour toutes ces populations que vous avez aimées et protégées. Elles ont reçu votre message d'amitié avec tout le respect et toute la ferveur dont elles vous entourent, et garderont longtemps dans leur cœur les paroles que vous venez de leur adresser en cette heure solennelle. Elles sauront apprécier tout le prix de l'amitié que la Belgique leur offre, et s'engageront avec enthousiasme dans la voie d'une collaboration sincère. Quant à vous Congolais, mes frères, je veux que vous sachiez, que vous compreniez, que l'indépendance, amie des tribus, n'est pas venue pour abolir la loi, ni la coutume; elle est venue pour les compléter, les accomplir et les harmoniser. L'indépendance, amie de la Nation, n'est pas venue davantage pour faire régresser la civilisation. L'indépendance est venue pour réconcilier l'ancien et le nouveau, la nation et les tribus. Restons fidèles à la Civilisation, restons fidèles à la Coutume et Dieu protègera le Congo.

Applaudissement incertains

Lumumba:

Moi, sire, je pense aux oubliés. Nous sommes ceux que l'on déposséda, que l'on frappa, que l'on mutila ; ceux que l'on tutoyait, ceux à qui l'on crachait au visage. Boys-cuisine, boys-chambres, boys, comme vous dites, lavadères, nous fûmes un peuple de boys, un peuple de oui-bwana, et qui doutait que l'homme pût ne pas être l'homme, n'avait qu'à nous regarder. Sire, toute souffrance qui se pouvait souffrir, nous l'avons soufferte. Toute humiliation qui se pouvait boire, nous l'avons bue!

Mais, camarades, le goût de vivre, ils n'ont pu nous l'affadir dans la bouche, et nous avons lutté, avec nos pauvres moyens lutté pendant cinquante ans et voici: nous avons vaincu. Notre pays est désormais entre les mains de ses enfants. Nôtres, ce ciel, ce fleuve, ces terres. Nôtres, le lac et la forêt. Nôtres, Karissimbi, Nyirangongi, Niamuragira, Mikéno, Ehu, montagnes montées de la parole même du feu. Congolais, aujourd'hui est un jour, grand.

C'est le jour où le monde accueille parmi les nations Congo, notre mère et surtout Congo, notre enfant, l'enfant de nos veilles, de nos souffrances, de nos combats. Camarades et frères de combat, que chacune de nos blessures se transforme en mamelle!

Que chacune de nos pensées, chacune de nos espérances soit rameau à brasser à neuf, l'air!

Pour Kongo! Tenez. Je l'élève au-dessus de ma tête; Je le ramène sur mon épaule. Trois fois je lui crachote au visage. Je le dépose par terre et vous demande à vous: en vérité, connaissez-vous cet enfant et vous répondez tous: c'est Kongo, notre roi!

Je voudrais être toucan, le bel oiseau, pour être à travers le ciel, annonceur, à races et langues que Kongo nous est né, notre roi! Kongo qu'il vive! Kongo, tard né, qu'il suive l'épervier! Kongo, tard né, qu'il clôture la palabre! Camarades, tout est à faire, ou tout est à refaire, mais nous le ferons, nous le referons, Pour Kongo! Nous reprendrons, les unes après les autres, toutes les lois, pour Kongo! Nous réviserons, les unes après les autres, toutes les coutumes, pour Kongo! Traquant l'injustice, nous reprendrons, l'une après l'autre toutes les parties du vieil édifice, et du pied à la tête, pour Kongo!

Tout ce qui est courbé sera redressé, tout ce qui est dressé sera rehaussé

Pour Kongo!

Je demande l'union de tous!

Je demande le dévouement de tous! Pour Kongo! Uhuru!

Moment d'extase

Congo! Grand Temps! Et nous, ayant brûlé de l'année oripeaux et défroques, procédons de mon unanime pas jubilant dans le temps neuf! Dans le solstice!

Stupeur. Ici, entrent quatre banquiers.

Premier Banquier:

C'est horrible, c'est horrible, ça devait mal finir!

Deuxième Banquier:

Ce discours! Cette fois, ça y est, on peut faire sa valise!

Troisième Banquier:

très digne

C'est évident! Là où l'ordre défaille, le banquier s'en va!

Quatrième Banquier:

Oui, sur le Congo, cette fois dérive sans baliser!

Passe Mokutu affairé.

Mokutu:

J'avais misé sur lui! Qui a bien pu lui rédiger ce discours? Et dire que je voulais faire de lui un homme d'État! S'il veut se casser le cou, tant pis pour lui! Dommage! C'est dommage! Trop aiguisé, le couteau déchire jusqu'à sa gaine!

Il crache.

Entre Lumumba.

Le Joueur de Sanza:

Perplexe

Hum! Ne nous hâtons pas de juger le patron! S'il l'a fait, il ne doit pas l'avoir fait sans raison. Même si, cette raison, nous ne la voyons pas!

Lumumba:

Alors, d'accord, toi? Où es-tu de ceux qui croient que le ciel va s'effondrer parce qu'un nègre a osé, à la face du monde, engueuler un roi? Non, tu n'es pas d'accord! Je le vois dans tes yeux.

Mokutu:

Puisque tu m'interroges, je te répondrai par une histoire.

Lumumba:

Je déteste les histoires.

Mokutu:

C'est pour aller vite. A onze ans, je chassais avec mon grand-père. Brusquement, je me trouvai nez à nez avec un léopard. Affolé, je lui lance mon javelot et le blesse. Fureur de mon grand-père. Je dus aller récupérer l'arme. Ce jour-là, j'ai compris une fois pour toutes que l'on ne doit pas attaquer une bête, si on n'est pas sûr de la tuer.

Lumumba:

Très froid

Tu as tort de n'être pas d'accord. Il y avait un tabou à lever. Je l'ai levé! Quant à ton histoire, si elle signifie que tu hais le colonialisme, la Bête, et que tu es décidé à la traquer avec moi, et à l'achever avec moi…alors ça va…

Mokutu:

En doutes-tu Patrice?

Lumumba:

Bon! Faisons la paix! Je suis content…

Questions

1. Commentez le titre de la pièce. Pourquoi *Une saison au Congo?* De quelle saison parle-t-on?
2. Faites un parallèle entre cette scène et le film *Lumumba*.
3. Quels adjectifs pouvez-vous utiliser pour décrire le discours du roi? Justifiez votre réponse.
4. Analysez le discours de Lumumba. Comment met-il l'accent sur la cruauté des colonisateurs?
5. Selon Basilio, pourquoi Léopold et les autres fondateurs sont-ils venus au Congo?
6. Que veut dire le Général Massens quand il dit que les Congolais doivent sentir qu'ils reçoivent la liberté et non qu'ils la conquièrent?
7. Pourquoi Lumumba évoque-t-il le Congo en tant que mère et enfant?
8. Comparez le discours de Lumumba à celui de Kala-Lubu.
9. Que représentent les quatre banquiers?
10. Quel est le symbolisme de l'histoire de Mokutu?
11. Pourquoi Lumumba dit-il à Mokutu qu'il y avait un tabou à lever? Quel est ce tabou?

Bibliographie

Livres

Patrice Lumumba, acteur politique: De la prison aux portes du pouvoir de Jean Oma-sombo et Benoît Verhaeren, L'harmattan, Paris, 2005.

L'assassinat de Lumumba de Ludo De Witte, Karthala, Paris, 2000.

La mémoire amputée: Mères Naja et Tante Roz. Chant-roman de Werewere Liking, Nouvelles Editions Ivoiriennes, Abidjan, 2004.

Ville cruelle d'Eza Boto, Présence Africaine, Paris, 1954.

Les soleils des independences d'Amadou Kourouma, Presses de l'Université de Montréal, Montréal, 1968.

La vie et demie de Sony Labou Tansi, Seuil, Paris,1979 *Les racines congolaises* de Jean-Baptiste Tati Loutard, L'Harmattan, Paris, 2004.

Nouvelle anthologie de la littérature congolaise d'expression française (1953-2003) de Jean-Baptiste Tati Loutard, Hatier, Paris, 2003.

Sites intéressants

"République démocratique du Congo" in Wikipedia (fr.wikipedia.org) Africultures (Africultures.com)

Part 3
Cultural Diversity

7 - Un été à La Goulette

La Tunisie

Superficie: 164 418 km²

Population: 10 673 800 habitants (estimation en 2011)

Capitale: Tunis (population: 1,7 million d'habitants – estimation de 2003)

Religions: Islam (98%), Protestantisme (1%), Judaïsme / autres (1%)

Langues: Arabe (langue officielle), français (langue de commerce), berbère (parlé par une minorité berbérophone, surtout dans le sud du pays).

Gouvernement: République

Taux d'alphabétisation: 78% (estimation de 2010)

Espérance de vie: 75 ans (estimation de 2012)

Industrie: phosphate, raffinage du pétrole, acier, produits chimiques, ciment, mines, textile

Cultures vivrières: agricole: blé, orge, fruits, huile d'olive

La Tunisie fait partie des trois pays du Maghreb, qui signifie "l'Occident" en arabe. La région comprend également le Maroc et l'Algérie. Les premiers habitants du Maghreb sont les Berbères qui, aujourd'hui, préfèrent se faire appeler Imazighen (Amazigh au singulier), ce qui signifie "hommes libres." Dans le premier millénaire avant notre ère, les Phéniciens sont arrivés et ont mis en place des centres commerciaux le long de la côte méditerranéenne dont Carthage, située près de l'actuelle Tunis.

Rome a mené une série de guerres dévastatrices — appelées les guerres puniques — contre Carthage pour le contrôle de la Méditerranée, mais Hannibal, un général carthaginois qui n'a pas perdu de bataille depuis 17 ans, a traversé les Alpes à dos d'éléphant et a été à deux doigts d'envahir Rome. En 146 avant J.C., les Romains ont finalement vaincu Carthage, et ils y ont établi une colonie romaine.

Après le déclin de l'Empire romain, les Vandales ont repris le contrôle de la région, suivis par les Byzantins en 533. Quand les Arabes sont arrivés à leur tour, ils ont fait face à de multiples résistances de la part des Berbères. Une des grandes figures de cette résistance était Kahina, la reine berbère qui a dirigé elle-même ses armées contre la conquête arabe pendant plus de dix ans, avant de trouver la mort sur le champ de bataille. A partir de là a commencé la période d'arabisation et d'islamisation de l'Afrique du nord.

En 1534, le corsaire turc Khair-Eddine Barberousse a conquis Tunis. Les Ottomans ont ensuite pris le contrôle de la région pendant les 17ème et 18ème siècles. Avec l'Empire ottoman en déclin dans les années 1830, l'Afrique du Nord a été déstabilisée par les ambitions impériales des Français, qui ont fini par envahir l'Algérie en juillet 1830. La France a ensuite pris le contrôle de la Tunisie et l'a déclarée comme protectorat français en 1883. Au tournant du siècle, les colons français s'étaient approprié une partie des terres agricoles les plus fertiles, et ont commencé l'exploitation du phosphate dans le sud.

En 1920, le Parti du Destour exigea un gouvernement constitutionnel d'égalité entre les Tunisiens et les colons français. Lorsque le bey a défendu la cause du parti deux ans plus tard, les Français ont menacé d'éliminer le mouvement par la force militaire. En 1934, Habib Bourguiba, un avocat instruit à la Sorbonne, a formé le Parti Néo-Destour, qui a connu un grand succès grâce au soutien populiste. En 1938, le Néo-Destour a été interdit, et les dirigeants de Bourguiba ont été arrêtés et déportés en France. En 1942, pendant la Seconde Guerre mondiale lorsque l'Allemagne a occupé la France et la Tunisie, Bourguiba a été libéré. Malgré son refus de soutenir les puissances de l'Axe, il a été autorisé à retourner à Tunis. Après la guerre, les Français sont revenus au pouvoir. Après avoir mené deux ans de guérilla contre les Français, Bourguiba et son mouvement de libération ont finalement contraint la France à accorder l'autonomie à la Tunisie en 1955.

Après un règne de trente ans, Bourguiba a été destitué en 1987 par le Premier ministre Zine el-Abidine Ben Ali, qui l'a déclaré mentalement inapte. Ben Ali a été officiellement élu président en 1989 et réélu en 1994. Il a remporté 99,44% des voix en 1999 et 94,49% des voix en 2004. Bien que d'autres partis politiques soient légaux en Tunisie, ils ont peu de poids contre le parti au pouvoir, le Rassemblement Constitutionnel Démocratique (RCD). En décembre 2010, la période connue sous le nom de "révolution du jasmin" a commencé quand un marchand de 26 ans, Mohamed Bouazizi, s'est immolé par le feu pour protester contre l'injustice suite à la confiscation de sa marchandise et à l'humiliation qu'il a subie de la part de la police et des fonctionnaires municipaux. Cet acte a déclenché d'autres manifestations de masses et émeutes, d'abord à travers la Tunisie, puis dans tout le monde arabe. Le 14 janvier 2011, après 23 ans de pouvoir, Ben Ali et sa famille sont forcés à l'exil. En décembre de la même année, Moncef Marzouki est élu président par l'Assemblée Constituante pour la période de transition conduisant à la promulgation d'une nouvelle constitution.

Un été à La Goulette

Réalisé par Férid Boughédir en 1996
Tunisie/France/Belgique. 100 minutes
Comédie dramatique
Acteurs: Sonia Mankaï, Sarah Pariente, Gamil Ratib, Claudia Cardinal, Michel Boudjenah, Ava Cohen-Jonathan
Musique: Jean-Marie Sénia

Synopsis

La Goulette est une petite ville portuaire de la banlieue de Tunis où des populations diverses coexistent depuis fort longtemps. Youssef, le musulman, Jojo, le juif et Giuseppe, le Sicilien catholique, sont de bons amis qui vivent heureux dans cette petite ville. Leurs trois filles respectives, Meriem, Gigi et Tina sont, elles aussi, inséparables. Par provocation, elles jurent qu'elles perdront leur virginité le jour de la fête de la Madone, chacune avec un garçon d'une autre religion que la sienne. Ceci a froissé un peu l'amitié entre ces trois familles, qui finiront par se réconcilier par la suite. Malheureusement, un évènement viendra les séparer pour toujours.

Nominations

Golden Berlin Bear, Berlin International Film Festival, 1996
Golden Bayard, Namur International Festival of French-speaking Film, 1996
Golden Spike, Valladolid International Film festival, 1996

Profil du réalisateur

Férid Boughedir, né en 1944, est l'un des plus grands réalisateurs tunisiens. Il est à la fois théoricien et critique de cinéma. Il a suivi des études de littérature à Rouen avant de compléter son cursus à l'Université de Paris III en cinéma. Il a ensuite travaillé en tant qu'assistant réalisateur d'Alain Robbe-Grillet lorsque celui-ci a réalisé *L'Eden et l'après* en Tunisie, puis de Fernando Arrabal pour *Viva la Muerte*. Il se fait d'abord connaître comme critique cinématographique par ses publications sur l'histoire du cinéma africain et arabe. Il réalise deux documentaires présentés en sélection officielle au festival de Cannes: *Caméra d'Afrique* (1983) et *Caméra arabe* (1987). Son premier long métrage, *Halfaouine, l'enfant des terrasses* (1990) est couronné de plusieurs récompenses et reste le film tunisien le plus connu dans le monde. En 1992, Boughedir est délégué général lors de 14ème session des Journées Cinématographiques de Carthage. Il est membre des jurys officiels de Cannes (1991), Berlin (1997) et Venise (1999), et président du Festival Panafricain du Cinéma et de la Télévision de Ouagadougou (2001). Férid Boughedir est professeur de cinéma à l'Université de Tunis.

Profil d'une actrice

Claudia Cardinale est née en Tunisie en 1938. A l' âge de 19 ans, elle a gagné le concours de "la plus belle italienne de Tunisie." Lors de son séjour en Italie, séjour qu'elle a gagné comme prix, elle a décidé de devenir actrice. Après quelques petits rôles dans le cinéma français, elle a tourné avec les plus grands réalisateurs de la planète tels que Sergio Leone, Blake Edwards, Abel Gance, Luchino Visconti, et Federico Fellini. Claudia Cardinale s'intéresse aussi à l'écriture et aux causes humanitaires, ce qui lui a valu le titre d'"ambassadrice de bonne volonté" au sein de l'UNESCO en 1999. En 2005, elle a publié son autobiographie, *Mes étoiles*, puis un beau livre, consacré à son enfance tunisienne, intitulé *Ma Tunisie*, en 2009.

Profil d'un acteur

Michel Boujenah, né le 3 novembre 1952 à Tunis, est un acteur, réalisateur et humoriste français. Michel passe sa petite enfance en Tunisie, mais à l'âge de 11 ans, il rejoint la France avec ses parents, et s'installe à Bagneux, dans la banlieue sud de Paris. Il souffre beaucoup de cette rupture avec sa Tunisie natale. Michel s'intéresse beaucoup au théâtre et a joué dans beaucoup de comédies pour les enfants. En 1979, il commence une carrière d'acteur de cinéma, surtout dans des comédies, comme *Trois Hommes et un Couffin*. En 2003, il écrit et réalise son premier film, *Père et fils*, qui est nominé au César de la meilleure première œuvre de fiction.

Expressions et vocabulaire du film

Noms

La Baignade	action de se baigner, de se laver dans un cours d'eau
Le Fricassé tunisien	petit sandwich qui fait partie de la cuisine tunisienne
Le Bouquiniste	celui qui revend les livres d'occasion
Les Illustrés	des journaux qui contiennent des photos, images ou dessins
La Dot	la somme d'argent que verse le futur mari à la famille de la jeune fille
La Gnaouia	tajine tunisien (morceaux de viandes cuits dans une sauce tomate avec d'autres légumes)
Le Bkaila	plat chaud de la cuisine judéo-tunisienne à base de haricots et d'épinards
Le Kasher ou cachère	alimentation en particulier de la viande, permise par et conforme à la loi juive
La Sieste	petit somme que l'on fait après le repas de midi
La Faillite	banqueroute, échec
La Pièce montée	grande pâtisserie, servie lors d'un mariage
La Boum	une fête musicale et dansante organisée par les jeunes.
Le Brik	une sorte de beignet fait d'une pâte feuilletée avec des oeufs, le tout cuit dans de l'huile
La Cavalière	partenaire d'un danseur
La Cachottière	celle qui aime cacher des choses sans importance

Activités

1. **Vocabulaire**

   Complétez le texte suivant avec les mots appropriés de la liste ci-dessous:

   Baignade, cachère, la sieste, cavalières, gnaouia , illustrés, bkaila, le bouquiniste, Fricassé tunisien

   Une journée typique d'été en Tunisie commence par une _____ à la plage, suivi d'un déjeuner avec des repas tels que _____ ou _____ Les Juifs en particulier ne mangent que la viande _____ Dans l'après-midi, après _____ ceux qui aiment le cinéma sortent avec leurs _____ et d'autres se contentent d'une balade chez _____ pour acheter quelques _____ qu'ils liront tout en savourant _____ sur une terrasse de café.

2. **Contexte**

   1. En quoi la Tunisie d'aujourd'hui diffère-t-elle de celle des années 1960?
   2. Que s'est-il passé en Tunisie en janvier 2011?
   3. La Goulette est une ville tunisienne, située à une dizaine de kilomètres au nord-est de Tunis. Que peut-on dire de cette région méditerranéenne?
   4. Le film commence avec ce texte de l'auteur:

      "Comment pour moi, arabe et musulman vivant en terre d'islam, parler le plus justement possible de l'amitié et de la tolérance vécue entre Juifs et Arabes, entre musulmans et catholiques en Tunisie, à l'heure où dans le monde on s'entretue pour sa religion et où l'intégrisme voudrait imposer partout une pensée unique? Comment dire la sensualité quotidienne de ma société, qui a toujours réussi à placer la vie au-dessus de tous les dogmes? En parlant de ces choses simples que j'ai vécues... à La Goulette."

Ce préambule annonce la fin d'une ère heureuse que regrette le réalisateur. Commentez.

3. **Les personnages**

Acteurs/Actrices	Personnages
Sonia Mankaï	Meriem
Sarah Pariente	Gigi
Mustapha Adouani	Youssef
Guy Nataf	Jojo
Ivo Salerno	Giuseppe
Gamil Ratib	Hadj Beji
Claudia Cardinale	Propre role
Michel Boudjenah	TSF
Ava Cohen-Jonathan	Tina
Kais Ben Messaoud	Chouchou
Mohamed Driss	Miró

4. **Questions après le visionnement du film**

1. Pourquoi les adolescents volent-ils l'antenne du TSF?

2. Le hadj a demandé à Meriem de mettre le voile quand elle sort dehors (pour éviter le mal). Quelle a été la réponse de Meriem?

3. Quel service Jojo a-t-il demandé à Youssef au moment de leur réconciliation?

4. En quoi consiste la fête de la Madone au sein de la communauté italienne de la Goulette?

5. Pourquoi Meriem décide-t-elle de s'offrir au Hadj?

6. Pourquoi Jojo disait-il à sa femme "depuis quand parles-tu avec personne" en sachant que la voisine était là à côté de la porte?

7. Comment est-ce que le Hadj menace Youssef et sa famille?

8. Selon vous, pourquoi Youssef a dit au Hadj qu'il ne s'agissait pas du loyer quand celui-ci lui a fait une sorte de chantage pour avoir sa fille?

9. Pourquoi Youssef est-il en colère contre le Hadj quand celui-ci est venu lui ramener le plan de Carthage que Meriem a laissé chez elle?

10. Que pensez-vous du fait que les 3 pères portent le même prénom (Joseph, Youssef et Guiseppe)?

11. Le film se termine par: "Nous sommes le 4 juin 1967, veille de la deuxième guerre israélo-arabe du proche Orient ....Après les Chrétiens, les Juifs vont décider de quitter leur pays natal...Ils n'oublieront jamais la Goulette." Que signifie cet épilogue?

5. **Analyse de scènes**

Regardez les scènes suivantes et commentez-les.

Scène 1: La Guerre au Moyen Orient et le retour de Claudia Cardinale dans son pays.

(minutes de 35:25 à 37:40)

D'après cette scène, en quelle année sommes-nous? Quelle est la réaction des gens par rapport aux deux nouvelles?

Scène 2: Le clash entre les trois religions.

(minutes de 48:34 à 51:30)

Les trois hommes sont très amis, mais on remarque tout de même le réflexe religieux qui ressort de temps à autre.

Scène 3: Le début de la fin

(minutes de 1:10:30 à 1:11:50)

Youssef est en train de lire le journal, et sur la Une, on lit: "risque de guerre au Proche-Orient."

6. **Activité de conversation en groupes**

En petits groupes, choisissez et discutez de l'un des thèmes suivants (ou un autre que vous pourriez remarquer dans ce film), puis présentez-le en classe.

La diversité ethnique et religieuse

Le plurilinguisme

Le rôle de la femme dans la société musulmane

Les rapports homme/femme

Le mariage/la polygamie

La sexualité et l'Islam

La sexualité et le Catholicisme

La sexualité et le Judaïsme

La jeunesse

L'économie

La religion

L'éducation

L'amour

La diversité culturelle

L'hybridité

7. **Analyse de citations dans le film**

Analysez les citations suivantes en les replaçant dans leur contexte:

1. _____: "Et vous les cachottières, les maîtresses de vos maris sont comment?"

2. _____: "En l'épousant, je serai son deuxième père, et son bonheur sera assuré."

3. _____: "Au moins, dans les ruines de Carthage, on est loin des trois religions."

4. _____: "J'ai un message pour vous…. Ma parole d'honneur, ils l'ont écrit avec leur sang."

5. _____: "Il faut vous réconcilier avec vos voisins. Alors faites-le!"

6. _____: "Si votre fille devient mon épouse, plus jamais il sera question de location. L'appartement sera à vous."

7. _____: "Moi je dis que c'est avec eux qu'on devient femme."

8. _____: "Au moins, là-bas [les ruines de Carthage], on est loin de nos trois religions."

9. _____: "Chouchou! Si tu te noies je te tue."

10. _____: "Ça va éclater au Moyen Orient."

11. _____: "Fais-en un imam!"

8. **Sujets de discussion**

1. Quelle est la symbolique de Carthage dans le film?

2. Le seul moyen de supporter les grosses chaleurs de l'été (puisqu'il n'y avait pas de climatiseurs à l'époque) était la sieste. Dans les pays du Maghreb (et dans toute la Méditerranée) on fait donc la sieste en début d'après-midi.

3. Les échanges de plats entre les familles: une tradition entre bons voisins.

4. Mme Serfati est fière car la maîtresse de son mari est la plus belle de toutes. Discutez de ce genre d'humour.

5. Ce film est aussi sur la situation des Juifs de Tunisie à l'aube de l'indépendance tunisienne. Il y avait une scène dans le café où quelques amis tunisiens parlent de leurs compatriotes juifs. Le patron du café leur dit qu'ils sont autant tunisiens qu'eux. Ils y sont nés mais devaient partir à cause de plusieurs conflits dont la guerre israélo-palestinienne. Discutez.

9. **Activités de rédaction**

Choisissez un des sujets suivants et faites des recherches pour votre rédaction.

1. Le voile blanc (appelé le *haïk*) n'a rien de religieux. Il se porte dehors par les femmes pour garder l'anonymat.

2. Faites un rapprochement entre Jojo et Monsieur Maurice (le personnage juif) dans le film *Salut Cousin!* puis discutez de la minorité juive au Maghreb.

3. Le cinéma didactique: pour ou contre? Pourquoi?

4. L'honneur du père dans les cultures méditerranéennes est souvent lié à la virginité de ses filles.

5. Analysez les différentes étapes par lesquelles est passée la Tunisie dans sa relative réussite quant à la liberté des femmes? Pensez-vous qu'elle puisse être un modèle pour d'autres pays de la région arabe?

6. La fête de la Madone, organisée chaque année par la communauté italienne de la Goulette.

7. Le réalisateur parle de monoculture suite au départ des autres communautés.

8. Que peut-on dire de la Tunisie après la Révolution du Jasmin?

Lecture

Lisez l'entretien suivant et répondez aux questions.

Un des rares réalisateurs africains à avoir pris la plume comme théoricien et critique de cinéma, le Tunisien Férid Boughédir, connu pour ses deux longs métrages *Halfaouine, l'enfant des terrasses* et *Un été à la Goulette*, décrit et explique la césure nord-sud et les apports des cinémas d'Afrique noire.

Rencontre avec Férid Boughédir

Quelle africanité se définissent les Tunisiens? La perception continentale que peuvent avoir mes compatriotes tunisiens est dominée à mon sens par des facteurs anciens et nouveaux. Le plus récent, qui crée vraiment un sentiment d'unité africaine, n'est pas du tout l'OUA [Organisation de l'Unité Africaine, ndlr] absolument inconnue du grand public, mais le football, avec la Coupe d'Afrique des nations! La Tunisie a ainsi été finaliste à Johannesburg. Dans les années 50, tout le monde connaissait par ailleurs Nkwame N'Krumah qui était venu en Tunisie, comme Modibo Keïta. Le sentiment était qu'on allait secouer le joug du colonialisme et que les Noirs le faisaient aussi bien que les Arabes. Cette fraternité de fait a continué dans le cinéma dès 1966 et sans interruption à travers les Journées cinématographiques de Carthage puisque Tahar Cheriaa, alors même que le cinéma africain ne faisait que naître, les a lancées en les centrant sur les cinémas d'Afrique noire et du monde arabe y compris le Proche Orient, affirmant ainsi les deux appartenances culturelles et géographiques, arabe et africaine, de la Tunisie. Le premier prix fut remporté par le premier long métrage africain, *La Noire de...* de Sembène Ousmane, projeté la même année à la Semaine de la Critique à Cannes.

Mais n'y eut-il pas une certaine rupture ensuite? Elle est davantage liée aux soubresauts du nationalisme arabe au Proche Orient que, comme on le dit souvent, au conditionnement du public arabe au star système égyptien. Le public tunisien est très cinéphile: la Tunisie comportait davantage de ciné-clubs en 1949 que partout ailleurs en Afrique, et avait ainsi une grande curiosité pour les films d'Afrique noire. Et continue de remplir les salles chaque année aux JCC [Journées Cinématographiques de Carthage, ndlr], à la faveur de l'événement, sans forcément aller voir les films en dehors du festival. Un film peut être ovationné aux JCC et n'avoir aucun succès ensuite. A partir de la guerre de 1973, le public et le cinéma se sont fortement politisés. En 1974 par exemple, le jury a refusé de donner le Tanit d'or au film d'Abdellatif Ben Ammar: *Sejnane*, offrant pourtant un regard empreint d'une beauté artistique, d'une réelle émotion et surtout d'une réflexion plus adulte sur les événements liés à l'indépendance, ou "comment les ouvriers ont trinqué pour que la bourgeoisie prenne la place des Français."

D'autre part, on peut dire qu'il y a eu une espèce de boycott cette année-là par un jury au surmoi politique trop fort, qui n'a pas voulu donner le Tanit de bronze au film sénégalais *Njangaan* de Johnson Traoré [...] Cela a été ressenti comme un vrai mépris par toute une partie des délégations d'Afrique Noire qui n'est pas allée à la clôture de Carthage: c'est la première année où j'ai ressenti une scission, une césure. Le Tanit d'or de cette année-là a été attribué ex-aequo à deux films très politiques: *Kafr Kassem,* du Libanais Borhane Alaouié et *Les Bicots nègres nos voisins* de Med Hondo, lequel — je l'ai appris alors — n'était pas considéré comme appartenant à l'Afrique noire par ses collègues du Sud-Sahara présents au festival.

De quelle césure s'agissait-il au fond? Il faut dire que certains fonctionnaires nommés plus tard à la direction du festival ne connaissaient pas grand-chose à l'Afrique noire et préféraient un cinéma égyptien commercial sollicité par les médias, idolâtré par un public déjà conditionné. Tahar Cheriaa disait: *"beaucoup de Maghrébins pensent à tort que, dans le cinéma, ils sont plus avancés et que l'Afrique noire a besoin de les suivre, alors que c'est exactement le contraire: ce sont eux qui ont besoin de l'Afrique noire..."*

Pendant longtemps, l'image donnée par les Américains de l'Arabe négrier s'est répandue en Afrique Noire. S'ajoute à cela une différence idéologique entre Carthage, qui accepte les films africains et arabes — y compris d'Asie mineure — et Ouagadougou, où les pays arabes doivent appartenir au continent africain.

Ainsi, à Carthage, beaucoup de pays du Proche-Orient ont envoyé leurs films sans sous-titres se disant: nous sommes tous des pays arabes; il n'y a pas de raison d'ajouter des sous-titres français, nous ne sommes plus colonisés! De ce fait, les Africains se sont sentis lésés. De plus, très souvent, dans cette période des années 70, les discours d'ouverture et de clôture des cérémonies étaient faits uniquement en arabe. Cela venait de ce nationalisme exacerbé — exacerbé entre autres par une série de défaites de 67 jusqu'à la guerre du Golfe, subie comme un démembrement, une déchirure totale de la nation arabe qui a l'impression d'assumer la faute de l'Europe face à l'holocauste...

Et cela se reporte sur sa relation avec le monde noir? Disons que le monde noir est marginalisé. Le centre du monde devient le problème arabe, de l'Islam face à l'Occident — à l'Amérique surtout — qui en fait son bouc émissaire: c'est vécu confusément avec un sentiment d'humiliation très fort. C'est ainsi qu'à Carthage, on va avoir en langue arabe l'expression de cette souffrance, de cette humiliation, comme étant le moteur de tout, au détriment de la curiosité qu'il pouvait y avoir au début vis-à-vis de l'Afrique noire, de sa culture, ses valeurs: la multiculturalité africaine.

Pour terminer ce volet, on peut dire que, heureusement, le football a rattrapé et corrigé ce que le cinéma a laissé échapper — et c'est ce qui se passe actuellement.

La société tunisienne est-elle raciste envers les Noirs? C'est moins un racisme qu'une altérité, comme il y avait l'altérité du Juif dans la société maghrébine. Mais en même temps — le Noir étant musulman — cette altérité disparaît parfois complètement. Il n'y a pas d'apartheid de fait — par exemple le chanteur noir Slah Mousbah est immensément populaire. Les mariages entre Noirs et Arabes ne constituent pas un tabou; c'est évidemment mal vu des familles, mais ce préjugé existe aussi entre les régions...

Retrouve-t-on le même phénomène de fascination que l'on constate en Europe envers les Noirs, le corps noir? Non, pas du tout. Les Noirs étaient — à l'époque de l'esclavage — des serviteurs que l'on ramenait dans les cours des princes, mais il y avait aussi beaucoup de captifs qui n'étaient pas du tout noirs. Beaucoup devenaient des favoris, montaient en grade: il se sont intégrés au bout de quelques générations dans la société.

La notion de couleur est peut-être moins forte qu'en Europe, puisqu'il y a aussi des "gradations de couleurs" dans la société maghrébine: le Noir tunisien est perçu comme tunisien avant d'être perçu comme africain, comme auparavant les Juifs tunisiens se vivaient d'abord tunisiens, puis juifs. Il y a en Tunisie une tendance à la coexistence heureuse, au nivellement des différences, à la recherche des points communs et au respect profond de l'Autre. Hamadi Essid a tourné en 1966 un film très intéressant, *Tunisie, terre d'Afrique,* sur les survivances et développements des cultures noires en Tunisie, à partir de l'esclavage et des migrations en provenance du Niger, etc. On retrouve également cela dans la musique, le *stambeli,* mélange de sons soudanais, d'instruments africains (bongo,...). Il y avait aussi en Tunisie le personnage de Boussaâdia, le féticheur, avec un masque noir en cuir sur la figure, couvert de peaux de bêtes et qui dansait dans les rues avec castagnettes et maracas, que l'on appelait pour faire peur aux enfants!

La culture tunisienne a vraiment tendance à synthétiser les apports, à "les tunisifier," c'est-à-dire à les transformer de façon "aimable," souriante, modérée. C'est une culture "arrondisseuse d'angles"... Le Noir, pas plus que le Juif, le Maltais, ou le Sicilien, n'a pas été rejeté en Tunisie. On retrouve dans les mœurs tunisiennes les différents apports culinaires ou linguistiques de ces cultures étrangères.

Il n'y aurait donc pas de problème noir en Tunisie? Non, il n'y a pas de racisme. Il y a forcément des préjugés, mais presque plus sociaux que raciaux (les Noirs étaient plus pauvres). Je ne nie pas le fait qu'il y ait une vision inférior isante du Noir. Il y a parfois aussi l'idée un peu paternaliste à mon sens que le Noir porte bonheur, porte chance. Souvent, les Noirs ont un nom lié à la chance: *Saad* qui veut dire chance, *Messaoud,* chanceux, *Barka* qui est la baraka... mais le Noir ne fascine pas en tant qu'Autre, démon, Satan ou âme noire.

Comment la continentalité de la culture maghrébine s'exprime-t-elle? Comment le Maghreb s'enracine-t-il dans l'Afrique Noir? Il y est enraciné depuis toujours. Contrairement à ce que beaucoup de gens prétendent par nationalisme en disant que ce qui fait la culture maghrébine c'est uniquement l'apport arabe, je pense que le Maghreb est riche de beaucoup plus de choses, par exemple le maraboutisme qui est commun à l'Afrique noire et au Maghreb. Dans les premiers films d'Afrique noire et du Maghreb, il y avait beaucoup de points communs. Ce qui m'a motivé à faire le lien, c'est le choc cinématographique de plusieurs films d'Afrique noire, notamment *La Noire de...* qui m'a ouvert d'autres horizons sur le cinéma, m'a donné un regard différent et plus de libertés. Moi qui était nourri des ciné-clubs de tradition française où l'on apprenait à vénérer les grands maîtres du septième art comme Bergman, Jean Renoir, Hitchcock, Elia Kazan ou Rossellini, je pouvais avoir un complexe d'infériorité. Le bon cinéma, le cinéma artistique, ne pouvait venir que de l'Occident, face à un cinéma arabe — essentiellement égyptien: mélodrame et danse du ventre — artistiquement faible: redondant et exagéré.

Que représentait pour toi La Noire de...? Un film d'une incroyable puissance d'émotion, de beauté, de dignité humaine, d'intelligence et d'honneur! Et en même temps, c'était filmé d'une façon différente: l'espace, la respiration, la densité n'étaient pas les mêmes. Je sentais que j'étais en face d'une autre culture qui m'apprenait beaucoup et me libérait, me soulageait: nous aussi on pouvait faire autre chose, inventer un autre cinéma. Et quand j'ai vu ensuite le grand "film d'auteur" arabe *Bab al Hadid* (*Gare centrale*) de Youssef Chahine — qui est plus classique parce qu'il emprunte beaucoup au cinéma de John Ford, Hitchcock et des grands maîtres américains — je me suis dit: en Egypte aussi on peut le faire!

Des gens comme Oumarou Ganda — maintenant un peu oublié — m'ont aussi énormément apporté. *Saïtane* a été une révélation quand je l'ai vu à Ouagadougou. Ou *Touki Bouki*, cet extraordinaire film de notre inimitable et regretté Djibril [Diop Mambéty, ndlr].

Quel film t'a le plus marqué? Celui qui m'a directement influencé pour *Halfaouine*, c'est *Wend Kuuni* de Gaston Kaboré. Cela reprenait certaines choses qui m'avaient déjà frappées dans *Saïtane:* cette espèce de fausse innocence, de fausse simplicité. Une simplicité très mystérieuse comme disait Serge Daney: beaucoup de non-dit et une façon presque unique d'aller à l'essentiel avec une pureté d'approche qui me sortait des salmigondis européens et des "prises de têtes" parisiennes (rire). Cela m'a appris à dépoussiérer les choses dont on n'a pas besoin au cinéma et d'essayer de retrouver une certaine essentialité sans gesticulation — sans faire de plan qui monte l'escalier, qui redescend, qui le contourne, qui rattrape le personnage à gauche, à droite, comme les Occidentaux aiment bien le faire. Quand on met une caméra à plat, c'est ce qui est à l'intérieur de ce cadre fixe qui compte: les mouvements, l'espace et le cadrage. Et ça, je l'ai appris dans les films d'Afrique noire. Des gens de mauvaise langue diront: c'est la pauvreté du cinéma d'Afrique noire qui faisait qu'il n'y avait pas de travelling, pas de possibilité de faire de mouvements de grue compliqués. Ils étaient forcés de trouver dans l'apparente simplicité de l'écriture une émotion et une profondeur. C'est un peu facile de dire cela.

Quand Gaston Kaboré filme *Wend Kuuni* et que, par rapport aux règles de montage classique, il reste sur le gros plan du garçon plus longtemps que prévu, à ce moment-là, brusquement, quelque chose de magique arrive: c'était une grande leçon pour moi! Lui avait la perception qu'il fallait couper plus tard, et ces quelques secondes "de trop" font jaillir une émotion que je n'avais pas vu ailleurs.

En est-il de même pour les films du Maghreb faits à la même époque? Ça n'a rien à voir! Si on prend par exemple un film comme *Sejnane* d'Abdellatif Ben Ammar que j'admire beaucoup, il y a des moments de grâce, d'émotion et de poésie, mais plutôt influencés par la culture méditerranéenne. Cela se rapproche davantage de ce que j'ai pu voir dans le cinéma italien par exemple. Par contre, ce que j'ai vu dans *Wend Kuuni*, dans la *Noire de...* ou dans *Touki Bouki*, je ne l'ai pas vu ailleurs: ce sont des fenêtres inédites.

J'ai eu la chance d'être assistant réalisateur de deux cinéastes non-classiques français, Alain Robbe-Grillet et Arrabal, qui étant des écrivains aventureux et avant-gardistes, allaient le plus loin possible dans "le non-cinéma," la "non-approche académique classique" du cinéma. J'ai eu beaucoup de chance d'avoir ces leçons de liberté permanentes mais je ne peux pas dire qu'ils m'aient influencé par aucun de leurs films.

Est-ce que les films d'Afrique noire actuels t'apportent encore cette liberté? Il y a longtemps que je n'ai pas eu de choc; du plaisir mais pas de choc. Malheureusement, la mode s'en est mêlée et on a l'excès inverse: on prend des films faibles — il faut le dire — proches du brouillon (je suis sévère!), un peu par snobisme, en y cherchant cette fameuse altérité, ou cette fameuse vision autre et cela d'une façon totalement artificielle. A Cannes, il y a eu cette espèce de phénomène de mode. Je ne peux pas dire que le cinéma africain m'ait ouvert des fenêtres ces dernières années, à part de rares cas comme les films du Mauritanien du Mali Abderrahmane Sissako. Le cinéaste africain aujourd'hui n'impose plus sa propre vision, il ne conçoit trop souvent son film que pour essayer de décrocher le jackpot de la sélection...D'où l'amertume des cinéastes cette année à Cannes qui ont produit des films techniquement supérieurs à ce qui était sélectionné avant, mais qui restent sur le banc car passés de mode, comme en 1998 TGV "de Moussa Touré."

Il y a quelques temps à Cannes, on a vu des films africains très inégaux. Mais ce que je n'ai pas apprécié — et qui était presque méprisant — c'est que l'on faisait monter ensemble leurs réalisateurs, on les présentait ensemble, uniquement parce qu'ils étaient noirs. C'est comme si on mettait un Norvégien et un Portugais en disant: voilà le cinéma des Blancs ! J'ai toujours été violemment opposé à cette globalisation, qui est une vraie forme de racisme implicite — y compris chez les Européens qui ont analysé les films d'Afrique noire. Il peut y avoir tellement de différences entre les cinéastes, même à l'intérieur d'un même pays — par exemple, on ne peut pas comparer Johnson Traoré à Djibril Diop Mambety qui sont pourtant tous deux sénégalais. Je ne comprends pas comment l'on ose tirer de grandes généralités en disant: les Noirs filment comme ça. Ou bien: les Noirs rient pour ça.

Ou encore: ce qui marche en Afrique, c'est tel genre de comique... Je ne veux pas citer de nom mais tout cela est quand même lamentable! Des personnes qui se sont improvisées pseudo-ethnologues et qui ont osé tirer des règles générales parce qu'il était plus pratique pour elles de simplifier, à partir d'observations superficielles, ce qu'elles n'auraient pas osé faire pour des cinémas "développés" comme par exemple le cinéma scandinave... Le cinéma d'Afrique noire a eu la malchance et la chance d'être globalisé: une chance parce que la FEPACI [Fédération Panafricaine des Cinéastes, ndlr] n'a pu exister que dans ce continent. Mais la critique qui globalise a sûrement fait plus de tort que de bien à la perception de l'immense richesse, de l'immense diversité et potenti- alité des cinémas africains.

"Les Fenêtres Inédites des Films d'Afrique Noire," entretien d'Olivier Barlet avec Férid Boughedir, Paris, juillet 1998.

Questions

1. Quelle est l'idée générale de l'interview?
2. Que pense Ferid Boughédir de l'écart entre l'Afrique noire et le monde arabe?
3. Quels sont quelques films et cinéastes qui ont marqué Boughedir et pourquoi?
4. Donnez quelques similarités culturelles entre le Maghreb et l'Afrique noire.
5. Boughédir déclare: "Disons que le monde noir est marginalisé. Le centre du monde devient le problème arabe, de l'Islam face à l'Occident — à l'Amérique surtout — qui en fait son bouc émissaire: c'est vécu confusément avec un sentiment d'humiliation très fort." Commentez cette déclaration.
6. Que représente *La Noire de...* d'Ousmane Sembène pour Boughedir?
7. Comment Boughédir explique-t-il le problème des Noirs en Tunisie?
8. Que veut dire Tahar Cheriaa par les mots suivants: "*Beaucoup de Maghrébins pensent à tort que, dans le cinéma, ils sont plus avancés et que l'Afrique noire a besoin de les suivre, alors que c'est exactement le contraire: ce sont eux qui ont besoin de l'Afrique noire...*"
9. Comment Boughédir a-t-il été influencé par le film *Wend Kuuni* de Gaston Kaboré?
10. Pourquoi et comment pensez-vous que le football crée un sentiment d'unité sur le continent africain?
11. Discutez de l'existence de la culture noire en Tunisie
12. Que reproche Boughedir à la critique du cinéma d'Afrique noire?

Bibliographie

Livres

La statue de sel d'Albert Memmi, Corréa, Paris, 1953.

Agar d'Albert Memmi, Corréa, Paris, 1955.

Elissa, la reine vagabonde de Fawzi Mellah, Seuil, Paris, 1945.

Mon enfant, ma mère de Nine Moati, Stock, Paris, 1974.

Histoire de ma vie, de Fadhma Amrouche, La Découverte, Paris, 1968.

La Rue des Tambourins, de Taos Amrouche, La Table ronde, Paris, 1960.

Sites intéressants

Babnet Tunisie (Babnet.net)

Littératures du Maghreb (Limag.com)

8. L'Auberge Espagnole

La France

Superficie: 551 602 km²

Population: 65 630 692 million habitants (estimation en 2012)

Capitale: Paris

Religions: Catholicisme (83-88%), Islam (5-10%), Protestantisme (2%),
Judaïsme, (1%), autres (4%)

Langues: le français, l'occitan, l'alsacien, le breton, le corse, le catalan,
le basque, le flamand, le picard, le berbère, l'arabe, et bien d'autres.

Gouvernement: République

Taux d'alphabétisation: 99% (estimation de 2003)

Espérance de vie: 81 ans (estimation de 2009)

Industrie: acier, aluminium, construction automobile et aéronautique,
industrie pharmaceutique

Exportation: produits laitiers, centrales nucléaires, produits cosmétiques
et pneumatiques

Cultures vivrières: blé, cacao, maïs, bovins, vin, fromage

La France est située à l'extrémité occidentale de l'Europe. Elle a des frontières communes avec l'Allemagne et la Suisse à l'est, la Belgique et le Luxembourg au nord, et l'Italie et l'Espagne au sud. La France est souvent décrite comme un pays divers à cause de son paysage (les plaines de l'ouest et du centre, les reliefs montagneux de l'est et du sud-est) et de son climat varié. Cette diversité est évidente dans les influences ethniques et culturelles. Les peuples celtes, germaniques, romains, nordiques et ibériques ont tous contribué d'une façon ou d'une autre à la diversité ethnique et culturelle de la France. Par son histoire et ses expansions diverses à travers les invasions, les migrations, la colonisation, la décolonisation et l'immigration, la France des 20ème et 21ème siècles a une population qui reflète cette réalité historique. Il y a un nombre important d'immigrants venus de différents pays maghrébins, d'Afrique sub-saharienne, d'Asie du sud-est (Vietnam, Cambodge et Laos) et d'Europe de l'Est. Il y a également les citoyens des Départements d'Outre-mer et des Territoires d'Outre-mer (Les DOM et les TOM) des Antilles françaises (Martinique et Guadeloupe) et de la Guyane, de l'océan indien (l'île de la Réunion) et de l'Océan Pacifique (la Nouvelle Calédonie, Tahiti, etc.) pour en citer quelques-uns.

Généralement, on commence l'histoire de France vers 600 après J.-C., c'est-à-dire l'époque du roi franc, Clovis, quand les Francs se sont établis en Gaule. Plusieurs dynasties se sont succédées par la suite. Il y a eu d'abord la dynastie des Capétiens, puis celle des Valois, suivie par la dynastie des Bourbon. Dans l'histoire moderne, la France a connu plusieurs républiques: la Première République (1792-99) qui a immédiatement suivi la Révolution Française, l'Empire (1799-1814), la Restauration de la Monarchie (1814-48), la Deuxième République (1848-52), le Second Empire (1852-70), la Troisième République (1870-1940), l'Occupation (1940-44), la Quatrième République (1946-58), et enfin la Cinquième République (1958-présent). Tout récemment, en juin 2012, le socialiste François Hollande est élu président de la République.

A travers les différentes périodes de son histoire, la France a évolué pour être un des pays les plus importants du monde. La France est un des membres fondateurs de l'Union Européenne (UE), membre permanent du Conseil de Sécurité de l'Organisation des Nations Unies (ONU) et membre du groupe des 8 nations les plus industrialisées (G8).

Du point de vue culturel et touristique, la France occupe une place importante dans le monde. Grâce à sa gastronomie, son histoire, son art de vivre, sa diversité régionale, ses beaux paysages, et surtout sa culture raffinée, la France est parmi les pays les plus visités du monde.

L'Auberge Espagnole

Réalisé par Cédric Klapisch en 2002.
France/Espagne. 122 minutes
Drame romantique / comédie
Acteurs: Romain Duris, Audrey Tautou, Cécile de France, Kelly Reilly, Judith Godrèche, Fédérico D'anna, Cristina Brondo, Christian Pagh
Musique: Kouz-1

Synopsis

Xavier, qui vient de finir ses études en sciences économiques, est en quête d'un travail. Un ami de son père, cadre au Ministère des Finances, lui conseille d'aller perfectionner son espagnol en Espagne, afin d'acquérir une spécificité qui favorisera son embauche. Il décide donc de faire une année d'études à Barcelone, avec le programme d'échange Erasmus.

Une fois sur place, il fait la connaissance de Jean-Michel et Anne-Sophie, un couple français qui l'héberge pendant quelques jours, le temps qu'il trouve un logement. Il se retrouve ensuite dans un appartement en colocation avec d'autres étudiants étrangers: Isabelle de Belgique, Wendy d'Angleterre, Alessandro d'Italie, Soledad d'Espagne, Lars du Danemark et Tobias d'Allemagne. Dans ce nouvel environnement, Xavier va maintenant apprendre beaucoup plus que l'espagnol…

Prix

César du meilleur espoir féminin, 2003 (Cécile de France)
Prix Lumière du meilleur scénario et du meilleur espoir féminin, 2003 (Cécile de France)
Étoiles d'or du cinéma français du meilleur espoir féminin, 2003 (Cécile de France)
Prix du public, Festival du film de Sydney, 2003
Prix du public, Festival International du film de Brisbane, 2003

Nominations

César du meilleur film, 2003
César du meilleur réalisateur, 2003 (Cédric Klapisch)
César du meilleur montage, 2003 (Francine Sandberg)
César de la meilleure actrice dans un second rôle, 2003 (Judith Godrèche)
César du meilleur scénario original ou adaptation, 2003 (Cédric Klapisch)

Le saviez-vous?

Cédric Klapisch a réalisé la suite de ce film, intitulé *les Poupées Russes,* en 2005.

Profil du réalisateur

Cédric Klapisch est né en 1961. Après des études littéraires (option philosophie) à Paris, il essaye le concours d'entrée à l'IDHEC (Institut des Hautes Etudes Cinématographiques), qu'il échoue. Il prépare ensuite une maîtrise en cinéma à l'Université de Paris VIII (Saint-Denis). A 23 ans, il part aux Etats-Unis pour étudier le cinéma à la New York University. En 1989 Cédric Klapisch fait beaucoup parler de lui avec un court métrage, *Ce qui me meut*, qui a reçu plusieurs prix dans différents festivals. *Ce qui me meut* deviendra plus tard le nom de la maison de production qu'il dirige avec Bruno Lévy.

En 1996, il réalise en parallèle *Un air de famille* et *Chacun cherche son chat*. Après *l'Auberge Espagnole,* il réalise *Les Poupées Russes,* dans lequel on retrouve plusieurs des personnages de *l'Auberge Espagnole*.

En 2008, il réalise un autre long métrage, *Paris*, avec de grandes figures du cinéma telles que Juliette Binoche, Fabrice Luchini, Mélanie Laurent, François Cluzet, et on retrouve bien entendu Romain Duris, un des acteurs fétiches de Klapisch.

Profil d'une actrice

Cécile de France est née à Namur, en Belgique, en 1975. Sa passion pour le théâtre a commencé dès son jeune âge, puisqu'elle a joué le rôle principal dans une pièce à l'âge de onze ans. Elle est ensuite partie à Paris pour suivre des cours d'art dramatique et elle a été reçue au concours de l'École nationale supérieure des arts et techniques du théâtre. Juste après sa formation de comédienne, elle a joué le premier rôle féminin dans la comédie sentimentale *L'Art (délicat) de la séduction*. En 2004, elle part à Hollywood pour jouer aux côtés de Jackie Chan et Arnold Schwarzenegger dans le film à gros budget de Walt Disney Pictures, *Le Tour du monde en quatre-vingts jours*. Récemment, elle a joué avec Matt Damon dans le film de Clint Eastwood, *Au-delà* et dans le nouveau film des Frères Dardenne, *Le Gamin au vélo* (2011).

Profil d'un acteur

Romain Duris est né à Paris le 28 mai 1974. Il a étudié les arts appliqués puis la musique. Il a créé un groupe de jazz-funk-rap, mais il l'a abandonné par la suite. Il est devenu acteur complètement par hasard, quand le directeur de casting de Cédric Klapisch l'a découvert. C'est en 1994, dans le film *Le péril jeune* de Klapisch, qu'il commence à se faire un nom. Depuis, il a joué dans un grand nombre de films de Klapisch dont *Chacun cherche son chat, Peut-être, L'Auberge Espagnole, Les Poupées*

Russes et *Paris*. Il a aussi travaillé avec d'autres réalisateurs tels que Tony Gatlif, Olivier Dahan, Jacques Audiard et Benoît Jacquot. Par ailleurs, Romain Duris a joué aussi dans des pièces de théâtre comme *Grande Ecole* de Jean-Marie Besset et *La nuit juste avant les forêts* de Bernard-Marie Koltès. Duris a reçu plusieurs nominations et prix, dont le Prix Lumières du meilleur espoir masculin pour *Peut-être*. Pour le film *De battre mon cœur s'est arrêté*, il a reçu plusieurs prix: Etoile d'or du premier rôle masculin, Globe de cristal et Prix Lumières du meilleur acteur.

Expressions et vocabulaire du film

Noms

La Mutuelle étudiant	supplément d'assurance (ex. MNEF et SMEREP)
L'ENA	Ecole Nationale d'Administration
Le D.E.A.	Diplôme d'Etudes Approfondies
La Branche	filière, discipline
Les Débouchés	perspectives professionnels d'avenir; carrieres ouvertes jà quelqu'un
La Fac	université
La Lettre de motivation	lettre expliquant pourquoi l'on postule un emploi
L'Intitulé	titre d'un livre ou d'un ouvrage
Le Fou furieux	dément
Le Fêtard	personne qui aime faire la fête avec ses amis
Le Toubib	docteur; médecin
La Galère	situation pénible
L'Engueulade	dispute
La Chochotte	femme ou jeune fille très maniérée
Le Coup de foudre	amour soudain
Le Frisson	contraction soudaine et passagère des muscles ou de la peau accompagnée d'une sensation de froid
Le/La Baba/Baba-cool	descendant du mouvement hippie
Les Meufs	femmes en verlan (jeu de mots populaire, qui consiste à inverser les syllabes)
Le Mec	homme

Verbes

Bouffer	manger
Gronder	réprimander
Se dévergonder	adopter une vie de débauche
Flipper	avoir peur
Traire	tirer le lait d'une chèvre ou d'une vache
S'éclater	s'amuser

Adjectifs

Glauque	sinistre; qui provoque une sensation désagréable
Tétanisé	figé, sans réaction sous l'effet de l'étonnement, de l'indignation
Désinvolte	sans-gêne, léger

Surmené	extrêmement épuisé; fatigué de façon excessive
Taré	imbécile, fou, débile
Coincé	serré, retenu, gêné
Nase	très abîmé, très fatigué
Innommable	qui est inqualifiable;
Mignon	joli; gentil; gracieux
Foireux	qui fonctionne mal; sans valeur

Expressions

Il n'y a pas un chat	il n'y a personne
A la bonne franquette	simplement
Bien foutu	bien fait physiquement
Ils me font chier	ils m'énervent
Vieux jeu	démodé
Tomber pile sur quelqu'un	arriver au bon moment
C'est Mortel	c'est super

Activités

1. **Vocabulaire**

   Complétez le texte suivant avec les mots appropriés de la liste ci-dessous :

   gronde, engueulés, vieux jeu, un terrain d'entente, frustrée, la galère, aigrie, foireuse, contribuer

   Wendy et Lars se sont _____ à propos des travaux ménagers. Pour Wendy, c'est simple: tout le monde doit _____ pour maintenir la maison dans un état propre sinon c'est _____ La maison est _____ parce que personne ne veut être responsable. Wendy est _____ et _____ parce qu'elle espère un minimum de ses camarades de chambre. Quelques-uns de ses camarades la considèrent comme _____ et pensent qu'elle agit comme leur maman et elle les _____ La cohabitation n'est pas simple, mais finalement ils trouvent _____

2. **Contexte**

   1. Cherchez le sens du titre.

   2. Que connaissez-vous de Barcelone? Comment se distingue-t-elle des autres villes espagnoles ou européennes?

   3. Qu'est-ce que c'est le programme Erasmus? D'où vient ce nom? Qui est ce personnage d'Erasmus?

3. **Les personnages**

Acteurs/Actrices	Personnages
Romain Duris	Xavier
Judith Godrèche	Anne-Sophie
Audrey Tautou	Martine, la copine de Xavier
Cécile de France	Isabelle

Desiderius Erasmus, 1466-1536

Kelly Reilly	Wendy
Cristina Brondo	Soledad
Fédérico D'anna	Alessandro
Barnaby Metschurat	Tobias
Christian Pagh	Lars
Kevin Bishop	William, le frère de Wendy
Xavier de Guillebon	Jean-Michel, le mari d'Anne-Sophie, médecin
Wladimir Yordanoff	Jean-Charles Perrin, l'ami du père de Xavier
Martine Demaret	La mère de Xavier

4. **Questions après le visionnement du film**

1. Comment Xavier a-t-il mûri à travers son expérience en Espagne?

2. Pourquoi le professeur d'économie ne veut-il pas parler la langue commune (le castillan) en classe?

3. Comment ces jeunes étudiants maintiennent-ils leur identité dans l'appartement?

4. Commentez la visite de William. Comment William a-t-il transformé le groupe?

5. Quelles sont les difficultés des colocataires de l'Auberge Espagnole?

6. Quels sont les stéréotypes sur les différentes nationalités européennes affichés par William lors de son séjour?

7. Pourquoi Xavier se dit qu'il ne faut jamais écouter les plans foireux de sa mère?

8. Pourquoi Jean-Michel demande-t-il à Xavier de sortir Anne-Sophie?

9. Pourquoi Xavier a aimé l'auberge avec ses futurs colocataires dès le départ?

10. Quelle a été la réaction de Xavier quand Isabelle lui a annoncé qu'elle était lesbienne?

11. Pourquoi Martine a l'air stressée et même un peu méprisante quand elle a rendu visite à Xavier à Barcelone?

12. Quand Xavier a-t-il vraiment appris l'espagnol?

13. Pourquoi Martine s'est-elle fâchée contre Xavier quand celui-ci n'est pas allé la voir à Paris?

14. Que reproche Martine à Xavier quand ils ont rompu?

15. En quoi Jean-Michel et Sophie diffèrent des autres personnages?

16. Pourquoi Xavier pleure-t-il après son retour à Paris et pourquoi a-t-il dit qu'il était un étranger parmi les étrangers?

17. Lequel de ces personnages préférez-vous et pourquoi?

18. Pourquoi Xavier dit-il à la fin qu'il "n'est pas *un* mais *plusieurs*, comme l'Europe?"

19. A la fin du film, pourquoi Xavier a-t-il décidé de quitter son nouveau job à la commission européenne?

20. Montrez par un exemple tiré du film que l'Europe n'est pas homogène.

5. **Analyse de scènes**

    Regardez les scènes suivantes et commentez-les.

Scène 1: Bureaucratie à la française

(minutes de 6:04 à 8:22)

Xavier se rend au siège d'Erasmus pour se renseigner sur les démarches à suivre pour constituer un dossier.

Scène 2: La problématique des langues en pays catalan

(minutes de 27:55 à 29:04)

Les étudiants d'Erasmus se rendent compte dès le premier cours que la langue d'enseignement à Barcelone n'est pas l'espagnol mais le catalan.

Scène 3: Les stéréotypes de William

(minutes de 1:09:45 à 1:11:37)

Le frère de Wendy débarque chez les co-locataires (de sa sœur) et leur débale ses préjugés lors d'un diner de groupe.

Scène 4: La complexité européenne

(minutes de 1:54 jusqu'à la fin du film)

Xavier expose la complexité de son identité qu'il compare à celle de l'Europe.

6. **Activité de conversation en groupes**

En petits groupes, choisissez et discutez de l'un des thèmes suivants (ou un autre que vous pourriez remarquer dans ce film), puis présentez-le en classe!

L'Union Européenne	La diversité culturelle
Le plurilinguisme	L'hybridité
La jeunesse	Les programmes d'échange
L'économie	Les lieux communs
L'éducation	La coexistence
L'amour	La cohabitation

7. **Analyse de citations dans le film**

Analysez les citations suivantes en les replaçant dans leur contexte:

1. _____: "Je connais ton père depuis…on était à l'ENA ensemble. A l'époque c'était encore à Paris."

2. _____: "Le problème avec les babs, c'est qu'ils disent toujours la vérité."

3. _____: "C'est quand même pas de ma faute s'ils ont perdu mon dossier."

4. _____: "Va le voir. Ça ne te coûte rien. C'est pile dans ta branche."

5. _____: "Ce type a exactement la gueule des nases que je cherche à fuir d'habitude."

6. _____: "Entre Gaulois, il faut s'aider. Ce n'est pas vrai?"

7. _____: "Ce n'est pas parce que je suis à la plage que tu ne me manques pas."

8. _____: "Elles sont tarées les meufs, je te jure."

9. _____: "Oui, elle a un mec mais elle n'est pas coincée du tout."

10. _____: "Viens ici plus souvent ! C'est ici que tu apprendras vraiment à connaître Barcelone."

11. _____: "T'aimes pas le tofu, t'aimes pas le boulgour. On ne peut plus rien te faire manger. Si tu préfères aller dans les fastfoods et t'enfiler les OGM, les pesticides et les prions, vas-y, je ne te retiens pas."

12. _____: "C'est dommage que Barcelone soit une ville aussi sale…Il y a beaucoup d'endroits ici qui font assez Tiers-Monde."

13. _____: "Disons, vous n'êtes pas trop Rock n'Roll comme fille et vous le savez bien."

14. _____: "Ça m'a fait plaisir que vous soyez venus tous les deux."

15. _____: "Je t'avais dit ça parce que je savais que ça allait te faire du mal."

16. _____: "Ce putain de mal de ventre. Je pensais que c'était fini."

17. _____: "Pour ça, ça ne rigole pas. Chaque chose a sa place et une place pour chaque chose."

18. _____: "Je vais choisir un avenir sans débouché."

8. **Sujets de discussion**

1. Commentez la discussion entre Xavier et Anne-Sophie sur Barcelone et sur le caractère coincé d'Anne-Sophie.

2. Est-ce qu'on peut faire ce type d'expérience (l'auberge espagnole) aux Etats-Unis)? Justifiez votre réponse.

3. Comment peut-on appliquer le proverbe ou le dicton "Les voyages forment la jeunesse" à ce film?

4. Xavier regrette un peu le rapport direct aux choses, c'est-à-dire le monde simple de Martine [dans la bande dessinée.] Qu'en pensez-vous?

9. **Activités de rédaction**

Choisissez un des sujets suivants et faites des recherches pour votre rédaction.

1. Est-il contradictoire de défendre l'identité catalane et de préconiser l'Europe en même temps? Discutez la complexité linguistique, culturelle et identitaire.

2. La mère de Xavier préfère manger sain. Que pensez-vous de la nourriture biologique?

3. La crise économique actuelle de l'Europe: A votre avis, comment l'Europe doit-elle gérer cette crise?

4. Pensez-vous qu'il y ait une identité "européenne?" Qu'est-ce que cela veut dire exactement?

5. Comparez ce film à *Un été à La Goulette*.

Lecture

Lisez l'article suivant et répondez aux questions.

A. L'origine du terme "auberge espagnole"

L'expression de la semaine, c'est Philippe Adoum Gariam qui nous en demande la signification: qu'appelle-t-on une "auberge espagnole?"

C'est une expression qu'on entend souvent surtout depuis la sortie d'un film qui porte ce titre, et qui se situe dans un appartement, à Barcelone, en Espagne donc, où vivent des étudiants européens, tous de nationalités et d'origines différentes.

C'est donc un bon titre pour ce film, mais c'est aussi une expression qui a un sens précis. On racontait, il y a longtemps, qu'en Espagne dans les auberges, on pouvait dormir, mais que souvent on ne pouvait pas manger. Si l'on voulait prendre un repas, il fallait amener soi-même sa nourriture.

Alors cette auberge représente un endroit où chacun arrive avec ses provisions, ce qu'il aime, ce qu'il a prévu. On ne partage pas tous la même nourriture: il n'y a pas un menu, mais chacun mange ce qu'il a pris avec lui.

Et l'expression désigne par exemple une idée où chacun comprend le sens qu'il amène. La politique agricole de l'Europe? Une auberge espagnole! Chacun y voit ce qu'il veut y voir, amène ses idées, et ses volontés.

Alors souvent, on parle d'auberge espagnole pour une idée un peu vague, qui peut être interprétée de nombreuses façons différentes. Tout le monde est d'accord sur les mots, mais au fond les opinions ne sont pas les mêmes.

Quand on dit qu'on est favorable à une vraie démocratie, tout le monde est d'accord. Tout le monde peut se retrouver autour de cette phrase. Mais tout le monde n'a pas forcément la même idée de la démocratie!

(Yvan Amar)

Questions

1. Quel est le sens du terme "auberge espagnole?"
2. Ce terme est-il péjoratif?
3. D'après vous, pourquoi le cinéaste a-t-il choisi ce titre?
4. Donnez deux ou trois exemples précis dans le film qui montrent que c'est une "auberge espagnole" dans le vrai sens du mot.

B. Interview: Cédric Klapisch: "L'Europe, c'est chaotique et très vivant"

Vous avez 46 ans, presque le même âge que l'Union européenne. Croyez-vous que le cinéma européen et l'Union ont grandi à la même vitesse? Non, je crois que l'Europe politique et le cinéma européen ont peu de liens. Il y a plusieurs Europe, comme il y a plusieurs France, plusieurs Paris, plusieurs 'Moi'. Il y a l'Europe de Bruxelles, l'Europe des agriculteurs, l'Europe des étudiants, l'Europe des footballeurs, l'Europe des rockers, l'Europe des cinéastes… ces différentes Europe en sont à différents stades, d'ancienneté comme de qualité d'échanges…

Le message que j'ai essayé de faire passer avec *L'Auberge Espagnole* (2001), c'est que l'Europe politique se construit "à côté" de celle que bâtissent les dirigeants de chaque Etat-membre. Les étudiants en Erasmus ont une façon à eux d'imaginer une nouvelle Europe, qui n'est pas tout à fait celle que Bruxelles veut créer. Le résultat concret, c'est que des jeunes de 20 ans vivent l'Europe de façon intime et quotidienne. Ce n'est pas Bruxelles qui a inventé l'identité européenne. Elle existait bien avant, dans les échanges réguliers de la communauté littéraire, scientifique, philosophique notamment. Dans les années 30 et 40, les réalisateurs européens ont beaucoup nourri le cinéma hollywoodien. Josef Von Sternberg, Fritz Lang, Alfred Hitchcock.

Vos derniers films, **L'Auberge Espagnole** *et* **Les Poupées Russes,** *reflètent le processus d'intégration européenne et une certaine réalité, profondément multiculturelle. Croyez-vous qu'il existe un 'cinéma européen', au-delà de la question financière des coproductions?* L'identité européenne existe quand on est en Amérique, en Asie ou en Afrique. Elle existe par comparaison. C'est en faisant des études à New York que j'ai compris à quel point je partageais des choses que je ne soupçonnais pas avec des Russes, des Italiens ou des Allemands. C'est en vivant en Amérique que j'ai vu à quel point Marcel Proust, Molière, Shakespeare, Goethe, Dostoïevski, Italo Calvino, Primo Levi ou Cervantès font partie d'un univers que je partage et que les Américains connaissent un peu moins…C'est vrai du sport, du cinéma, de la politique ou de la pensée en général. Tout ça pour dire que le cinéma européen n'existe peut-être pas en Europe, mais il a l'air d'être très identifiable aux Etats-Unis, où l'on vous dira de Ken Loach ou de Nanni Moretti, de Pedro Almodovar, de Patrice Chéreau ou d'Emir Kusturiça qu'ils sont des auteurs "européens…" avec une sorte de langage commun qu'on ne perçoit pas forcément de chez nous.

Que dire de vos films: sont-ils européens, français? Sont-ils le fruit de différentes influences? Dans *l'Auberge Espagnole*, un jeune homme noir dit: "*j'ai plusieurs identités: je suis européen, catalan, espagnol, mais je suis aussi noir, africain d'origine gambienne… .*" Je crois comme lui qu'on a différentes identités, qu'elles sont diverses et pas forcément contradictoires ou schizophréniques. Moi je me sens très Français mais aussi Européen, j'ai fait des études à New York et je me sens encore fortement influencé par leur culture. Le fait de vivre dans un monde multiculturel, traversé par des influences diverses, n'empêche pas d'avoir des marques nationales fortes.

Comment voyez-vous le futur de l'Europe? Le virage ultra-libéral de l'Europe menace gravement la culture. J'ai l'habitude de dire que l'Europe c'est 'les Etats-désunis', par opposition aux Etats-Unis. Mais bizarrement, ce qui fait notre force, c'est justement d'être tiraillés par nos décalages et nos différences. Avoir autant de langues différentes, autant de gastronomies différentes, autant d'habitudes culturelles opposées, autant d'architectures diverses… cela nous déchire mais cela crée aussi du dynamisme. L'Europe politique à 27 va être extrêmement difficile à réussir mais je crois qu'il y a une volonté commune d'associer les Hongrois, les Polonais, les Scandinaves, les Allemands, les Latins, dans un élan commun…Qu'est-ce que ça va donner? Je n'en sais rien. C'est peut-être chaotique mais très vivant…

Vos réalisateurs européens favoris? Federico Fellini, Michelangelo Antonioni, Pier Paolo Pasolini, Pedro Almodovar, Jean Renoir, Maurice Pialat, Jean-Luc Godard, Emir Kusturiça, Ken Loach, Mike Leigh, Stephen Frears, Wim Wenders.

Quels films ont nourri votre passion du 7ème art? Vol au-dessus d'un nid de coucou, Amarcord, La Dolce Vita, Playtime

Les années les plus importantes du cinéma européen? Probablement les années 60. Le néoréalisme italien, la Nouvelle Vague en France… J'ai l'impression que l'identité culturelle de l'Europe s'est beaucoup affirmée dans ces années-là, peut-être après s'être remise du traumatisme de la guerre.

(par Fernando Garcia Acuna et Ariadna Matamoros)

Questions

1. Décrivez quelques-unes des différentes Europe que cite Cédric Klapisch.
2. Quel est le message de Klapisch?
3. Quels sont les idées de Klapisch sur la notion du cinéma européen?
4. Comment Klapisch conçoit-il l'avenir de l'Europe?

Bibliographie

Livres

La préférence nationale de Fatou Diome, Présence Africaine, Paris, 2003.

Le ventre de l'Atlantique de Fatou Diome, Anne Carrière, Paris, 2003.

Nous, enfants de la tradition de Gaston-Paul Effa, Anne Carrière, Paris, 2008.

Je suis noir et je n'aime pas le manioc de Gaston Kelman, Pocket, Paris, 2010.

Sites intéressants

L'Union Européenne (Europa.eu)

Programme Erasmus (Europe-education-formation.fr)

9. Bienvenue chez les Ch'tis

La France

Superficie: 551 602 km²

Population: 65 630 692 million habitants (estimation en 2012)

Capitale: Paris

Religions: Catholicisme (83-88%), Islam (5-10%), Protestantisme (2%), Judaïsme, (1%), autres (4%)

Langues: le français, l'occitan, l'alsacien, le breton, le corse, le catalan, le basque, le flamand, le picard, le berbère, l'arabe, et bien d'autres.

Gouvernement: République

Taux d'alphabétisation: 99% (estimation de 2003)

Espérance de vie: 81 ans (estimation de 2009)

Industrie: acier, aluminium, construction automobile et aéronautique, industrie pharmaceutique

Exportation: produits laitiers, centrales nucléaires, produits cosmétiques et pneumatiques

Cultures vivrières: blé, cacao, maïs, bovins, vin, fromage

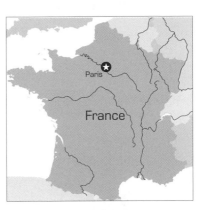

La France est située à l'extrémité occidentale de l'Europe. Elle a des frontières communes avec l'Allemagne et la Suisse à l'est, la Belgique et le Luxembourg au nord, et l'Italie et l'Espagne au sud. La France est souvent décrite comme un pays divers à cause de son paysage (les plaines de l'ouest et du centre, les reliefs montagneux de l'est et du sud-est) et de son climat varié. Cette diversité est évidente dans les influences ethniques et culturelles. Les peuples celtes, germaniques, romains, nordiques et ibériques ont tous contribué d'une façon ou d'une autre à la diversité ethnique et culturelle de la France. Par son histoire et ses expansions diverses à travers les invasions, les migrations, la colonisation, la décolonisation et l'immigration, la France des 20ème et 21ème siècles a une population qui reflète cette réalité historique. Il y a un nombre important d'immigrants venus de différents pays maghrébins, d'Afrique sub-saharienne, d'Asie du sud-est (Vietnam, Cambodge et Laos) et d'Europe de l'Est. Il y a également les citoyens des Départements d'Outre-mer et des Territoires d'Outre-mer (Les DOM et les TOM) des Antilles françaises (Martinique et Guadeloupe) et de la Guyane, de l'océan indien (l'île de la Réunion) et de l'Océan Pacifique (la Nouvelle Calédonie, Tahiti, etc.) pour en citer quelques-uns.

Généralement, on commence l'histoire de France vers 600 après J.-C., c'est-à-dire l'époque du roi franc, Clovis, quand les Francs se sont établis en Gaule. Plusieurs dynasties se sont succédées par la suite. Il y a eu d'abord la dynastie des Capétiens, puis celle des Valois, suivie par la dynastie des Bourbon. Dans l'histoire moderne, la France a connu plusieurs républiques: la Première République (1792-99) qui a immédiatement suivi la Révolution Française, l'Empire (1799-1814), la Restauration de la Monarchie (1814-48), la Deuxième République (1848-52), le Second Empire (1852-70), la Troisième République (1870-1940), l'Occupation (1940-44), la Quatrième République (1946-58), et enfin la Cinquième République (1958-présent). Tout récemment, en juin 2012, le socialiste François Hollande est élu président de la République.

A travers les différentes périodes de son histoire, la France a évolué pour être un des pays les plus importants du monde. La France est un des membres fondateurs de l'Union Européenne (UE), membre permanent du Conseil de Sécurité de l'Organisation des Nations Unies (ONU) et membre du groupe des 8 nations les plus industrialisées (G8).

Du point de vue culturel et touristique, la France occupe une place importante dans le monde. Grâce à sa gastronomie, son histoire, son art de vivre, sa diversité régionale, ses beaux paysages, et surtout sa culture raffinée, la France est parmi les pays les plus visités du monde.

Bienvenue Chez les Ch'tis

Réalisé par Dany Boon en 2008
France. 103 minutes
Comédie
Scénario: Dany Boon, Frank Magnier, Alexandre Charlot
Acteurs: Kad Merad, Dany Boon, Zoé Félix, Anne Marivin, Philippe Duquesne, Stéphane Freiss, Michel Galabru, Line Renaud, Guy Lecluyse, Zinédine Soualem

Synopsis

Philippe Abrams est directeur de poste dans le sud de la France. En voulant à tout prix une mutation plus près de la mer, il se fait passer pour un handicapé en fauteuil roulant. Comme mesure disciplinaire, on l'a muté dans le Nord-Pas-de-Calais. En arrivant dans cette région, il commence à découvrir un monde différent de ce qu'il avait imaginé.

Nominations

César du Meilleur scénario original, 2009
Audience Award, European Film Awards, 2008
Meilleur Film Européen, Gaudi Awards, 2010
Meilleur Film Européen, Goya Awards, 2010

Le saviez-vous?

Dès sa sortie, ce film a battu le record du nombre de tickets de cinéma vendus et il a même détrôné le film *Titanic* de James Cameron.

Il a par ailleurs été associé à la polémique autour du match de football à Paris en 2008 entre le Paris Saint-Germain et le Racing Club de Lens (une ville au nord de la France) pendant lequel une bande de supporters parisiens a brandi une banderole comportant le titre de ce film mais avec des remarques insultantes à l'égard des supporters lensois.

Profil du réalisateur

Dany Boon (de son vrai nom Daniel Hamidou) est un acteur, humoriste et réalisateur français, né en 1966 dans le nord de la France, d'un père algérien et d'une mère ch'timi. Inspiré par la série américaine *Daniel Boone* qui montre un trappeur américain, il choisit ce nom comme son nom de scène. Il a commencé sa carrière en tant que mime dans les rues de Paris vers 1989. Puis avec une série de "one man shows" tels que *Je vais bien, tout va bien* (1992), *Nouveau Spétak* (1998) et *À s'baraque et en ch'ti* (2003) dans lesquels il imite des différents personnages, il s'est fait une renommée. En tant que musicien, il a interprété une version de la chanson *Piensa en mi* dans *Talon aiguilles* (1992), du réalisateur espagnol Pedro Almodovar. En tant qu'acteur, il a joué dans *Joyeux Noël* (2005) et sera nommé aux Césars pour son rôle. En 2008, il a été considéré comme l'acteur le mieux payé du cinéma européen.

Profil d'un acteur

Kad Merad, de son vrai nom Kaddour Merad, est un acteur, présentateur et humoriste franco-algérien, né en Algérie en 1964, mais qui a grandi en France. Sa carrière a commencé dans la chanson. Il a été chanteur et batteur dans des groupes de musique. Puis, il s'est lancé dans le théâtre classique avec des pièces telles que *Le Misanthrope* et *Andromaque*. En 1991, il a travaillé comme animateur de radio à *Oui FM* où il aura sa propre émission. Cependant, c'est en 2004, avec le film *Les Choristes,* qu'il a vraiment montré ses talents d'acteur. En 2007, il obtient le César du meilleur acteur pour sa performance dans un second rôle pour le film *Je vais bien, ne t'en fais pas* de Philippe Lioret.

Expressions et vocabulaire du film

Noms :

Le/La Con/conasse	imbécile, idiot/idiote
La Doudoune	veste étoffée de duvet utilisée en montagne
La Péniche	long bateau qui sert pour le transport des marchandises sur les cours d'eau
La Chicorée	une variété de salade dont les racines torréfiées sont mises en poudre et cette poudre est mélangée avec du café pour être consommé come boisson.
La Gamelle	récipient qui sert à préparer les repas et à les transporter
La Baraque	maisonnette ou cabane en bois
Le Carillon	système de cloches de taille et de sonorité différentes qui reproduisent des mélodies en sonnant.
La Carbonade	ragoût de morceaux de bœuf comprenant des oignons.
Le Cliché	stéréotype
Le Lieu-commun	banalité; argument ou démonstration qui est valable peu importe le sujet.
La Bouillabaisse	plat du sud avec un assortiment de poissons dans une soupe
La Mutation	transfert
Le Cadre	haut fonctionnaire
Le Barème	tableau de calculs
Les Sous	de l'argent
Le Patron	chef, maître

Verbes

Picorer	manger peu; grignoter, becqueter, picoter
Contrarier	causer du mécontentement, aller dans le sens contraire, s'opposer à, chagriner
Virer	licencier, renvoyer
Rigoler	plaisanter
Dégriser	faire disparaître l'ivresse. Ramener sur terre
Verbaliser	dresser un acte, un constat établi officiellement par une autorité; pénaliser

Adjectifs

Rustre	quelqu'un qui manque d'éducation, qui est grossier
Basique	très simple, fondamental
Abruti	idiot
Arriéré	qui est en retard par rapport à son âge

Adverbe

Vachement	énormément, extrêmement, très

Mots chtimi

Braire	pleurer
Maroilles	fromage fabriqué dans la région de Maroilles dans nord et qui sent très fort
Fricadelle	petite boulette de viande hachée
Dracher	pleuvoir fortement, violemment
Boubourse	idiot, con

Expressions diverses

J'en bave	je souffre
Juste pour m'épargner	me traiter seulement avec indulgence
Lâchez-moi la grappe	laissez-moi tranquille. Fichez-moi la paix
Avoir le trac	avoir peur

Activités

1. **Vocabulaire**

   Complétez le texte suivant avec les mots appropriés de la liste ci-dessous :
   braire, maroilles, drache, fricadelle, boubourse

   Philippe n'a pas du tout aimé le _____ qu'on lui a servi au petit déjeuner chez Antoine.

   Dans le nord, il fait toujours mauvais temps, donc ça _____ souvent.

   Le premier plat de cuisine que Philippe a appris lors de sa première journée dans le nord est la _____

   Dans le nord, quand quelqu'un n'est pas intelligent on l'appelle _____

   Antoine a dit à Philippe qu'au moment de partir, il va _____

2. **Contexte**

   Le Ch'ti est une langue parlée dans les régions Nord-Pas-de-Calais (sauf l'arrondissement de Dunkerque) et Picardie, et en Belgique dans la Province du Hainaut jusqu'à La Louvière. C'est un patois appelé par les linguistes "le picard," qui est en fait une langue d'oï, issue, comme le français, du bas latin.

3. **Les personnages**

Acteurs/Actrices	Personnages
Kad Merad	Philippe Abrams: le directeur de poste
Zoé Félix	Julie Abrams: la femme de Philippe
Dany Boon	Antoine Bailleul: facteur à la poste de Bergues
Philippe Duquesne	Fabrice Canoli: fonctionnaire à la poste de Bergues
Guy Lecluyse	Yann Vandernoout: fonctionnaire à la poste de Bergues
Anne Marivin	Annabelle Deconnin: fonctionnaire à la poste de Bergues
Line Renaud	Madame Bailleul
Stéphane Freiss	Jean
Michel Galabru	Oncle de Julie
Lorenzo Ausilia-Foret	Raphael Abrams
Patrick Bosso	Le gendarme
Alexandre Carrière	L'amant d'Annabelle
Zinedine Soualem	Momo

4. **Questions après le visionnement du film**

   1. Quelles sont les caractéristiques typiques de cette région du nord telles que vous les voyez dans le film?
   2. Comparez le paysage du Sud à celui du Nord.
   3. Ce film est basé sur un mythe (ou stéréotype) que le sud est mieux que le nord. Pourquoi? Sur quelles bases?
   4. Pourquoi Philippe s'est-il fait passer pour un handicapé?
   5. Expliquez comment Philippe a exercé une influence positive sur Antoine et vice versa.
   6. Pourquoi Antoine et Annabelle se sont-ils séparés au départ?
   7. Pourquoi Raphaël a-t-il cette peur de perdre les orteils?
   8. Pourquoi Julie est-elle devenue plus tendre avec Philippe?
   9. De quelle manière les amis de Philippe (dans le sud) se moquent-ils du nord?
   10. Que pensez-vous de la mère d'Antoine?
   11. Pourquoi Philippe demande-t-il à Antoine de parler à sa maman?

12. Le chanteur Enrico Macias dit dans une de ses chansons que "les gens du nord ont dans leur cœur le soleil qu'ils n'ont pas dehors." Qu'en pensez-vous ? Est-ce que son propos s'applique au film? Comment?

13. Quel est votre personnage favori et pourquoi?

14. Quelle est votre opinion sur le film? Expliquez.

15. Y a-t-il une moralité dans cette histoire?

5. **Analyse de scènes**

Regardez les scènes suivantes et commentez-les.

Scène 1: La parodie de Marlon Brando
(minutes de 12:46 à 15:05)

Philippe va voir l'oncle de Julie (joué par Michel Galabru) pour avoir quelques renseignements sur le Nord. Commentez leur rencontre et analysez l'humour de cette scène.

Par ailleurs, cette scène est une parodie d'une scène célèbre dans laquelle a joué Marlon Brando. Devinez laquelle, puis comparez ces deux scènes.

Scène 2: La différence de prononciation
(minutes de 21:38 à 23:15)

Philippe réalise qu'il n'y a plus de meubles dans son nouvel appartement, alors il appelle Antoine pour en discuter. Un humour se dégage de leur dialogue. Quel genre d'humour? Analysez ce manque de compréhension entre eux.

Scène 3: La différence de syntaxe
(minutes de 51:08 à 52:12)

Philippe et Antoine discutent mais n'arrivent pas à se comprendre. Philippe lui donne une enveloppe et lui demande de l'emmener quelque part, et surtout de l'appeler de là-bas pour lui confirmer que le destinataire a bien reçu la lettre. Antoine a bien compris mais dès qu'il dit: "oui, je vous appellerai et je vous dirai quoi," ils ne se comprennent plus.

Pourquoi? Quel est le mot ou l'expression qui déroute Philippe?

Scène 4: Les stéréotypes
(minutes de 1:17:22 à 1:19:06)

Philippe explique à ses employés la complexité de sa relation avec sa femme, qui devait bientôt arriver dans le nord. Il leur avoue aussi ce qu'il avait raconté sur eux dans le sud. Qu'a-t-il dit au juste sur eux? Qu'en pensez-vous?

6. **Activité de conversation en groupes**

En petits groupes, choisissez et discutez de l'un des thèmes suivants (ou un autre que vous pourriez remarquer dans ce film), puis présentez-le en classe.

Le préjugé	La province
La centralisation	La solidarité
L'hospitalité	Les lieux communs
La diversité culturelle	La diversité régionale
La diglossie	La xénophobie

7. **Analyse de citations dans le film**

Analysez les citations suivantes en les replaçant dans leur contexte:

1. _____: "Il y a un grand proverbe chtimi qui dit: "Quand un étranger vient vivre dans le nord, il brait deux fois. Quand il arrive et quand il repart."

2. _____: "Pas plus haut que le verre. Hein!"

3. _____: "Appuyez un peu sur le champignon quand même!"

4. _____: "Plus j'en bave, plus elle s'occupe de moi."

5. _____: "Il ne faut pas que tu noies ton désespoir dans l'alcool."

6. _____: "Tu ne sens pas les effets du manque?"

7. _____: "C'est une maison, pas une péniche!"

8. _____: "C'est trop dangereux de rouler trop lentement sur l'autoroute, Monsieur Abrams."

9. _____: "Je l'ai méritée, cette mutation, plus que tout autre handicapé."

10. _____: "Non, je te le déconseille fortement. Parce que si la faute est avérée, toi t'es mal et moi je suis mort."

11. _____: "C'est important pour nous, handicapés, de voir dans le regard des gens valides, comme vous Monsieur Lebic, autre chose que la pitié."

12. _____: "Ceux qui travaillent bien, on les laisse dans le sud. Si t'es muté dans le nord, c'est que t'as fait quelque chose de grave."

13. _____: "Je suis déçu quand même. A partir de ce soir on dormira plus ensemble."

14. _____: "Apprenez-moi justement les gros mots. C'est important quand on apprend une langue."

15. _____: "Arrête de mentir. Ne fais pas l'effort juste pour m'épargner."

16. _____: "Une fois arrivé là-bas, appelez-moi pour me dire qu'il l'a reçue en mains propres."

17. _____: "Il est interdit de se garer devant la poste, signé le facteur."

18. _____: "On fait tous des erreurs. L'important est de s'en rendre compte et de réparer."

8. **Sujets de discussion**

1. Avez-vous déjà visité une région dans le nord de l'Europe? Qu'avez-vous trouvé d'intéressant?

2. Est-ce que vous avez déjà ressenti de l'appréhension pour une ville ou une région où vous deviez vivre, même périodiquement? Expliquez.

3. On remarque à travers ce film que la diversité linguistique (ainsi que la diglossie de la langue française) existe même en France. Comparez cette situation en France à une autre dans le monde francophone.

4. Etudiez l'humour dans ce film. Comment est-il différent de l'humour dans les autres films?

5. Discutez sur la diversité régionale en France et aux Etats-Unis (les différents accents, aspects culturels, plats de cuisine, dialectes, etc.).

9. **Activités de rédaction**

1. Activité sur la diversité culturelle: Consultez la carte géographique de la France sur Internet, puis choisissez une région par exemple l'Alsace, la Bourgorgne, Franche-Comté, etc. Faites ensuite un rapport d'une ou deux pages sur les caractéristiques de cette région.

2. Que signifie le terme "chtimi"? D'où vient ce terme? Consultez l'Internet pour en savoir plus sur le chtimi.

3. Sur la route vers le Nord-Pas-de-Calais, Philippe écoute la fameuse chanson de Jacques Brel, intitulée *Le plat pays*. Cherchez les paroles de cette chanson sur Internet, puis lisez-les tout en écoutant cette chanson. De quoi s'agit-il? Qu'en pensez-vous? Quel rapport peut-on faire avec le film?

4. Comparez ce film à un autre dans ce livre, ou simplement à un film que vous connaissez. (*La Grande Séduction* est, en particulier, très similaire à ce film).

Lectures

Lisez l'entretien suivant et répondez aux questions.

A. Le ch'timi, c'est du picard!

Dans *Bienvenue chez les Ch'tis*, Dany Boon le précise, le ch'timi est le cousin du picard. En réalité, cette drôle de langue que ne comprend pas Kad Merad, son acolyte dans le film, est une variation du picard. Entretien avec Olivier Engelaere, spécialiste de la langue et de la culture picarde: "Le ch'timi ne désigne pas une langue précise, mais une façon de parler le picard dans le Nord-Pas-de-Calais et autour de Lille. Dans cette région, les gens se sont toujours exprimés en picard, mais ne l'ont jamais appelé ainsi. Le mot 'ch'timi' est apparu en 1919. Dans les régiments, personne ne comprenait ces soldats du nord qui ne prononçaient que des 'che', des 'ti' et des 'mi'.... Pourtant, le ch'ti, ce n'est pas qu'une façon de parler. Il définit aussi une identité nordiste. En Picardie, il n'y a pas de ducasse, pas de géants, quelques beffrois, mais pas autant que dans le Nord" explique Olivier Engelaere, directeur de Langue et culture de Picardie.

Le picard menacé de disparition

Si l'on sait [ce que c'est que] le ch'timi, il est plus difficile de savoir [ce que c'est que] le picard. Celui qui habite en Picardie, c'est sûr! Mais, pour Olivier Engelaere: "Une identité, ça se choisit." Langue et culture de Picardie a comme objectif de promouvoir la langue et l'identité picarde. Avec le soutien du Conseil Régional de Picardie, l'équipe organise un concours de picard dans les collèges, un Grand Prix de la nouvelle, des conférences, des interventions dans les lycées et le festival 'Ches Wèpes': 70 spectacles réalisés par des artistes qui s'y expriment en picard. Pour Olivier Engelaere, ces actions sont nécessaires si l'on ne veut pas voir disparaître la langue picarde. Voilà le mérite de 'Bienvenue chez les Ch'tis': Le film a popularisé, en quelques jours, cette langue auprès des millions de Français. Merci Dany Boon!

Questions

1. Qu'est-ce que le ch'timi?
2. Où parle-t-on le ch'timi?
3. Quelle est l'origine du mot?
4. Pourquoi le site "Langue et culture de Picardie" est important? Quel est son objectif?
5. Qui est Olivier Engelaere?

B. 'Le picard de poche': La langue picarde en guide Assimil

Après les guides consacrés au basque, au breton ou au corse, la collection Assimil vient d'éditer *Le picard de poche*. Un guide pratique et simple d'utilisation qui invite à découvrir les mots clés, les expressions courantes et la culture d'une langue trop longtemps qualifiée de 'patois'. Rencontre avec l'auteur, Alain Dawson, spécialiste de la linguistique picarde.

Picardie Web: Comment est né votre intérêt pour le picard?

Alain Dawson: Le picard est une langue discrète sur la scène des langues régionales. Il y a vingt ans, elle suscitait peu d'attention: Il y avait là un terrain d'étude presque vierge. Il faut aussi mentionner l'intérêt porté par la maison d'édition Assimil, à l'origine du projet de ce livre, pour cette langue regardée comme un patois il y a encore quelques années.

Picardie Web: Dès le début du "picard de poche," vous affirmez que le picard est bien une langue à part entière. Techniquement, quelle différence y a-t-il entre une langue et un patois?

Alain Dawson: En tant que linguiste, je n'ai pas de réponse… La réponse est seulement sociétale. Est considéré comme une langue un parler que l'on revêt d'attributs juridiques, avec ses conséquences dans l'enseignement ou d'autres activités… Est considéré comme patois un parler, qui peut-être exactement le même, dont on n'a pas envie de faire une langue… C'est une volonté de la société qui donne un statut de langue à son parler. S'il n'y a pas, en Picardie, de revendication politique quant à la langue picarde, il demeure sans doute une revendication sociale.

Picardie Web: Le picard est facile à apprendre?

Alain Dawson: Le picard est proche de la langue française. C'est une langue facile à apprendre. Mais attention, cette proximité peut être source d'erreurs!

Picardie Web: Quels conseils donneriez-vous, au-delà du livre, pour apprendre et pratiquer le picard.

Alain Dawson: Si l'on peut rencontrer des locuteurs natifs, il faut les écouter. Sinon, procurez-vous des enregistrements audio. On devra également le lire et se rapprocher avantageusement des associations qui font la promotion de la langue picarde. Il en existe une vingtaine en Picardie.

Picardie Web: Quelles sont les motivations, pour quel usage apprend-on le picard?

Alain Dawson: Apprendre une langue régionale, c'est exprimer l'idée qu'un espace régional existe bien. Que l'uniformité, qu'elle soit linguistique ou culturelle, n'est pas une fatalité… C'est un acte purement gratuit. Que l'on soit de la région ou simplement de passage, en apprendre la langue, c'est aussi marquer une sympathie pour tout un environnement et une histoire. Une langue est un des éléments du patrimoine immatériel qui imprègne une région; au même titre que ses paysages, ses modes de vie, ses habitudes culinaires… Un patrimoine discret et omniprésent. Pour saisir pleinement une région, il est bon d'avoir une connaissance au moins élémentaire de la langue qu'elle porte.

PicardieWeb: Comment le picard se transmet-il à notre époque, et quel avenir voyez-vous pour le picard en tant que langue, au-delà de son apprentissage dans le cadre des loisirs?

Alain Dawson: Aujourd'hui, le picard continue à se transmettre naturellement, quoique de façon assez inégale selon les régions. Les régions voisines du Valenciennois ou du bassin minier, par exemple, sont bien placées de ce point de vue… En Picardie, il existe des régions de forte vitalité. C'est le cas notamment du Vimeu. Il semble aussi que la transmission effectuée de parents à enfants cède la place à d'autres chemins. C'est peut-être le cas des grands-parents vers les petits enfants. Il existe un autre phénomène, celui lié à une imprégnation de la langue au moment de l'enfance ou de l'adolescence, qui la voit ressurgir bien après: Nombreux sont ceux qui se découvrent picardisant sur le tard alors que plus jeunes ils ne le parlaient pas.

Questions

1. Qui est Alain Dawson? Comment s'est- il intéressé au picard?
2. Pourquoi est-il important d'apprendre une langue régionale?
3. Comment peut-on apprendre et pratiquer le picard?
4. Que pense Alain Dawson au sujet de l'avenir du picard?
5. Quelle est la différence entre une langue et un patois? Qu'en pensez-vous?

Bibliographie

Livres
Elise Ovart-Baratte, *Les Ch'tis, c'était les clichés*, Calmann-Lévy/Hachette, Paris, 2008

Sites intéressants
Voyage virtuel en France (Cortland.edu)
Picardie (Picardieweb.com)

Part 4

Immigration and Exile

Algérie

Superficie: 2 381 741 km²
Population: 37 100 000 (estimation de janvier 2012)
Capitale: Alger
Religion: 99% Islam (Sunni)
Langues: arabe (officielle), berbère, français
Gouvernement: République
Taux d'alphabétisation: 72,6 %
Espérance de vie: 73 ans
Industrie: Pétrole, gaz naturel, industries légères, mines
Exportation: Pétrole et gaz naturel, produits pétroliers
Cultures vivrières: du blé, des fruits comme des olives, des dattes, des raisins, des citrons, des vignes et des figues

L'Algérie est le plus grand pays d'Afrique et le dixième dans le monde. Sa superficie est de 2 381 741 km², dont 2 000 000 km² de désert (Sahara). Elle a un climat méditerranéen dans le nord et saharien (sec et chaud) dans le sud. L'Algérie est bordée au nord par la mer Méditerranée sur une distance de 1 280 km. Elle partage des frontières terrestres au nord-est avec la Tunisie, à l'est avec la Libye, au sud avec le Niger et le Mali, au sud-ouest avec la Mauritanie et le territoire contesté du Sahara occidental, et à l'ouest avec le Maroc.

La civilisation berbère de l'Algérie antique a vu venir plusieurs conquérants successifs dont les Phéniciens, les Romains, les Vandales, les Byzantins, les Arabes, les Espagnols, les Turcs et, finalement, les Français.

Le premier novembre 1954, le Front de Libération Nationale a déclaré la guerre à la France, qui a duré sept ans et demi. A la suite des négociations de paix à Evian entre le gouvernement français (sous le général De Gaulle) et les chefs du FLN, l'indépendance de l'Algérie a été proclamée le 5 juillet 1962.

Depuis le premier président, Ahmed Ben Bella, l'Algérie a suivi le modèle socialiste avec un régime militaire assez rigide.

Les élections de 1992 ont pris un mauvais tournant dans l'histoire contemporaine de l'Algérie puisqu'elles ont marqué le début d'une guerre civile, qui, elle aussi, a duré plus de sept ans. Après l'assassinat du président Boudiaf en 1992, l'Algérie est entraînée dans une vague de violence et de terrorisme qui a fait plusieurs milliers de victimes. Les intellectuels ont été particulièrement visés.

En 1994, le gouvernement algérien est soumis à des pressions diplomatiques internationales, suite au contrat de Rome, signé par les leaders politiques de l'opposition dénonçant l'hégémonie militaire. Des élections présidentielles ont donc été organisées en

Alger

novembre 1995. Le général Liamine Zéroual est élu président. En 1999, celui-ci a mis fin à son mandat présidentiel et des élections présidentielles anticipées ont tout de suite été organisées. Abdelaziz Bouteflika est élu président, puis réélu en 2004. Il vient à présent de faire changer la constitution algérienne pour se permettre un troisième mandat.

Salut Cousin!

Réalisé par Merzak Allouache en 1996
France/Belgique/Luxembourg/Algérie. 103 minutes
Comédie
Acteurs: Gad Elmaleh, Messaoud Hattau, Magaly Berdy, Jean Benguigui, Fatiha Chériguène, Ann-Gisel Glass

Synopsis

Salut Cousin! raconte avec beaucoup d'humour les tribulations parisiennes d'un jeune Algérien et de son cousin qui survit en France de petites combines. *Salut Cousin!* est construit sur la rencontre et l'opposition de ces deux personnages. Ce film reste drôle malgré la multitude de thèmes assez sérieux dont il traite.

Prix

Meilleur scénario, Festival Panafricain de Ouagadougou, 1997 (Merzak Allouache)
Prix Spécial du Jury, Festival International du Film Francophone de Namur, 1996 (Merzak Allouache)
Tanit d'Or, Festival International de Carthage, 1996 (Merzak Allouache)

Nominations

Golden Bayard, Meilleur Film Francophone, Festival International du Film Francophone de Namur, 1996

Profil du réalisateur

Merzak Allouache est né le 6 octobre 1944 à Alger. Il a étudié le cinéma à Paris, puis s'est mis à faire des documentaires et d'autres programmes pour la télévision algérienne. En 1976, il a sorti son premier long métrage, *Omar Gatlato*, qui a eu immédiatement une réussite internationale. Il a réalisé d'autres films par la suite, tels que *Aventures d'un héros* (1978), *L'Homme qui regardait les fenêtres* (1982), et *Un amour à Paris* (1988). En 1989, il a réalisé un documentaire intéressant sur la révolte populaire d'octobre 1988 à Alger. Après son film sur la montée de l'islamisme en Algérie, intitulé *Bab El-Oued City* (1992), Allouache a dû s'exiler à Paris pour des raisons de sécurité. Il a depuis réalisé plusieurs films comme *Salut Cousin!* (1996), *Alger-Beyrouth*: pour mémoire (1998), *A bicyclette* (1999), *l'Autre Monde* (2001), *Chouchou* (2003), *Bab el web* (2005), *Harragas* (2009), *Normal* (2011) et *Le Repenti* (2012).

Profil d'un acteur

Gad El-Maleh est né en 1971 à Casablanca, au Maroc. Son père était mime. Après l'école Georges Bizet et le Lycée Lyautey à Casablanca, Gad est allé à Montréal, où il a vécu pendant 4 ans. Durant cette période, il a suivi des cours de sciences politiques, il a travaillé à la radio, et a même écrit des histoires drôles qu'il a présentées dans des clubs. En 1992, Gad est allé s'installer à Paris, où il a suivi le Cours Florent. Il a ensuite écrit un "one-man show" appelé *Décalages* qui raconte son séjour à Montréal. Plus tard, surtout après ce film (*Salut Cousin!*), Gad a joué dans plusieurs films français et américains, notamment dans *Midnight in Paris* (2011) de Woody Allen et dans *Les Aventures de Tintin* (2011) de Steven Spielberg. Il vit actuellement à Paris en compagnie de son épouse, l'actrice française Anne Brochet.

Expressions et vocabulaire du film

Le verlan est une forme d'argot français qui consiste à inverser les syllabes d'un mot. Il est surtout utilisé par les jeunes en France.

Noms

Le Beur	arabe
Le Chomdu	chômage
Les Ripoux	pourris
La Meuf	femme
Le Trabendo	contrebande

L'argot

Une Piaule	une chambre
Le Blé, la Tune	l'argent
La Taule	prison
Le Dingue	fou
Le Mec	homme
Les Flics, les Keufs,	
Les Poulets	les policiers
Le Débilité	nullité
La Cité déglinguée	cité délabrée
L'Imprésario	personne qui gère la carrière d'un artiste
La Bouffe	nourriture
La Galère	situation difficile
Le Bougnoule	mot péjoratif pour désigner un Maghrébin
La Tronche	le visage; la partie antérieure de la tête humaine
Le Marabout	saint de l'islam qui vit une vie d'ermite
Les Skins	les skinheads, les individus marginaux au crâne rasé, souvent jeunes, et extrêmement anticonformistes.
Le Pote	l'ami
Un Clando	un immigré clandestin
Un Costard	un costume d'homme

Verbes

Laisse béton	laisse tomber
Gueuler	crier
Avoir les boules	être inquiet, énervé
Disjoncter	devenir fou
Roupiller	dormir
Fumier	personne méprisante
Pioncer	dormir
Piger	comprendre
Se barrer	partir; s'en aller
Une cuite	le fait de boire, de s'enivrer
Gerber	vomir, dégueuler
Se grouiller	se dépêcher
Casquer	payer une certaine somme d'argent, financer

Adverbe

Vachement	énormément, extrêmement, très

Adjectifs

Zarbi	bizarre
Barjo	fou, cinglé
Camé	drogué
Débarqué d'Alger	nouvellement arrivé d'Alger
Etre câblé	être abonné aux chaînes de télévision payantes
Nase	très abîmé, très fatigué

Autre vocabulaire

RMI	Revenu Minimum d'Insertion (allocation attribuée par le gouvernement aux personnes les plus pauvres)
Métro	Moyen de transport urbain
RER	Réseau Express Régional; réseau ferroviaire de transport en commun qui relie en général les grandes villes aux banlieues
Minitel	Terminal relié au réseau téléphonique et qui sert à échanger de l'information et qui était utilisé en France dans les années 1980 et 1990
SAMU	Service d'Aide Médicale Urgente

Mots arabes utilisés

Gandoura	robe que les hommes mettent au Maghreb et en Afrique Noire
Bled	campagne, pays d'origine
Trabendo	mot dérivé du mot espagnol *contrabando*, c- à-d: contrebande). En Algérie, ce terme désigne le marché noir, la contrebande.
Henné	poudre provenant des feuilles du lythracée, séchées et pulvérisées et utilisée pour colorer et fortifier les cheveux, les mains et les pieds.
Flousse	argent
Chorba	soupe très populaire en Tunisie et en Algérie

Activités

1. **Vocabulaire**

   Complétez le texte suivant avec les mots appropriés de la liste ci-dessous:

   galère, débarquer, a les boules, pote, trabendo, se grouille, piaule

   Alilo vient de _____ à Paris pour faire du _____ Il est dans une _____ car il a perdu l'adresse de la personne qu'il devait voir et il fallait qu'il _____ pour retrouver cette adresse. Après quelques jours, il _____ car il ne l'a toujours pas trouvée et son _____ d'Alger n'a pas été serviable. Heureusement que son cousin, Mok, lui propose un lit dans sa _____ du 18ème arrondissement et l'accompagne pendant tout son séjour à Paris.

2. **Contexte**

   1. Quelle est votre définition de l'hospitalité?
   2. Quelle est la différence entre le racisme et le stéréotype?
   3. Quelle est la différence entre l'intégration et l'assimilation?
   4. Comment peut-on comparer l'immigration en France à celle des Etats-Unis?
   5. Est-ce qu'un de vos parents, grands-parents, ou arrière-grands-parents est immigrant? De quel pays? Quand est ce qu'il/elle est arrivé(e) aux Etats-Unis?

3. **Les personnages**

Les Acteurs/Actrices	Personnages
Gad El-Maleh	Alilo: le jeune Algérois qui arrive à Paris
Messaoud Hattau	Mok: le jeune beur parisien, cousin d'Alilo
Magaly Berdy	Fatoumata: la jeune Africaine
Jean Benguigui	Maurice: le pied-noir, fabriquant de tissus
Xavier Maly	Claude: organisateur de matchs de boxe Thai
Ann-Gisel Glass	Laurence: copine de Claude
Malek Kateb	Mohand: Oncle d'Alilo et père de Mok
Fatiha Chériguène	Aldjia: Tante d'Alilo et mère de Mok

4. **Questions après le visionnement du film**

   1. Les deux personnages, Alilo et Mok, sont cousins mais ils sont très différents. Comment et pourquoi sont-ils différents?
   2. Qu'est-ce que ce film vous apprend sur la vie des immigrés en France? Quels sont les problèmes auxquels ils font face?
   3. Décrivez le quartier où habite Mok (le 18ème arrondissement) et le Paris typique des touristes (la Tour Eiffel, la Bastille, l'Arc de Triomphe etc.)?

4. Comparez Paris aux banlieues.

5. Est-ce qu'il y a une moralité dans ce film?

6. Comment le film montre-t-il l'aliénation de Mok?

7. Y a-t-il des références à la situation politique en Algérie? Lesquelles?

8. Quel rapport y a-t-il entre les immigrés et l'identité culturelle de la France?

9. Pensez-vous que *Salut cousin!* démystifie un peu Paris? Justifiez votre réponse.

10. Pensez-vous que le film est ironique? Comment et pourquoi?

11. Comment peut-on expliquer que la fable sur le rat des villes et le rat des champs est une métaphore dans ce film?

12. Il y a plusieurs types d'exil dans le film. Décrivez-les.

13. Comment le racisme est-il montré dans le film?

14. Discutez les paroles de nostalgie de Monsieur Maurice, le vendeur de tissus.

15. Voyez-vous un symbole dans l'amour entre Alilo et Fatoumata?

16. Pourquoi, à votre avis, Alilo a-t-il reconnu quelques personnages bizarres à Paris, tels que l'Imam dans la mosquée de la banlieue et le politicien qui a marié sa fille à Mok? Qu'ont-ils fait?

17. Pourquoi Mok donne-t-il le nom "personne" à son poisson?

5. **Analyse de scènes**

Regardez les scènes suivantes et commentez-les.

Scène 1: La Fontaine et l'assimilation linguistique

(minutes de 19:22 à 22:49)

Cette scène montre très bien la subversion linguistique de Mok qui soumet la langue française à de nouveaux modèles et règles linguistiques. Il se sert des fables de La Fontaine dans ses chansons rap, renversant ainsi toute l'idéologie assimilationniste. Les jeunes dans l'audience n'ont pas du tout aimé ce rapprochement avec l'école française. Ils insultent Mok, lui demandant de quitter la scène: "C'est nul, on ne veut pas une leçon de grammaire…C'est pas l'école ici." Pourquoi Mok utilise-t-il les vers de la Fontaine (écrivain du 17ème siècle) pour faire du rap? Est-ce une forme d'assimilation? Expliquez.

Scène 2: Rencontre avec Monsieur Maurice

(minutes de 1:00:53 à 1:03:47)

Discutez de la nostalgie de Monsieur Maurice.

Scène 3: L'expulsion de Mok à la fin du film

(minutes de 1:32:26 à)

La police vient chez Mok pour le déporter dans son pays d'origine, l'Algérie. Ceci est ironique car Alilo finit par rester à Paris alors que Mok va se retrouver en Algérie malgré lui puisque juste avant le départ d'Alilo, Mok lui dit: "Je ne suis pas prêt de mettre les pieds dans ton bled."

Cette fin de l'histoire est vraisemblable car il existe une loi en France, qui s'appelle la "Double Peine." Cette loi consiste à expulser et à interdire du territoire français tout étranger en situation irrégulière après avoir purgé sa peine de prison en France.

Cette loi a suscité beaucoup de polémiques en France depuis sa mise en place. Plusieurs associations en France ont lutté pour son abolition, mais elle reste toujours en vigueur malgré sa mauvaise application.

Le groupe de rap français Zebda, de Toulouse, a d'ailleurs écrit une chanson contre cette loi, intitulée "Double Peine." Cherchez les paroles de cette chanson sur Internet, puis lisez-les tout en l'écoutant.

Questions

1. Que pensez-vous de cette loi? Est-elle juste ou injuste? Doit-elle être abolie ou non? Pourquoi?

2. Existe-t-il des lois similaires à celle-ci aux Etats-Unis?

6. **Activité de discussion (thèmes)**

En petits groupes, choisissez et discutez de l'un des thèmes suivants (ou un autre que vous pourriez remarquer dans ce film), puis présentez-le en classe.

L'immigration	Le racisme
Le déracinement	L'identité
L'exil	La culture
La nostalgie du pays	L'assimilation
La vie de l'immigrant en France	La banlieue

7. **Analyse de citations dans le film**

Analysez les citations suivantes en les replaçant dans leur contexte:

1. _____: "Allez, viens tu vas m'expliquer ça. On prend le bus, le métro c'est trop galère."

2. _____: "Dans le quartier, il n'y a que des artistes et des intellos. Le 18ème est un arrondissement vachement métissé. C'est l'avenir de Paris."

3. _____: "Heureusement que je me suis cassé d'ici [la cité]…ils l'ont repeinte mais ça ne change rien. Tu passes dix jours là-dedans et tu disjonctes."

4. _____: "J'attaque une carrière de chanteur. Crois-moi, grâce à Jérôme, ça va cartonner."

5. _____: "À Alger, tu ne sais jamais ce qui se passe demain."

6. _____: "Tout est à l'envers! En Algérie, personne ne regarde la chaîne de télévision algérienne. Ils ne regardent que les chaînes françaises… !"

7. _____: "C'est un Imam celui-là ? Si je te raconte ce qu'il a fait… ."

8. _____: "Qui veut voyager loin, ménage sa monture…rien ne sert de courir, il faut partir à point."

9. _____: "Oh! Putain de nulos. Tu me tues toi. Ça, c'est *le corbeau et le renard*!"

10. _____: "La grosse a besoin de papiers, alors son père il casque et moi je ramasse la tune en jouant le rôle du mari. Tu piges?"

11. _____: "Ecoute Gontran! T'aurais pas une petite avance? Juste pour payer le costard."

12. _____: "Alilo. Attends, j'ai une lettre pour Mok. C'est très important, je crois. C'est de la Préfecture de la Police. C'est une convocation. Dis-lui qu'il a besoin de voir de quoi il s'agit!"

13. _____: "Tu sais, il y a 30 ans que je suis ici, mais à chaque fois que quelque chose se passe là-bas, j'ai un poignard dans le cœur."

14. _____: "Mok est un type bien. S'il sort de ces histoires, il peut faire plein de choses."

15. _____: "Ca fait un an qu'on sort ensemble, mais la semaine dernière il a fait venir sa femme, sans me prévenir. Il l'a ramenée de Guinée. Et voilà du jour au lendemain, c'était fini avec moi."

16. _____: "Reviens me voir parce que moi je ne suis pas prêt de mettre les pieds dans ton bled, avec tout ce qui se passe là-bas."

8. **Sujets de discussion**

1. Que représente la banlieue pour un Français? Et pour un Américain? D'où vient cette différence?

2. Depuis le Moyen-Âge, il y a eu des immigrés en France. C'est au cours de la révolution de 1789 que les différences entre le Français et l'étranger sont devenues marquantes. Le modèle républicain français encourage l'effacement de tous les marqueurs culturels, religieux ou ethniques pour avoir une société homogène, ce qui est très différent d'un pays comme les Etats-Unis. Pourquoi pensez-vous que cette différence existe? Quelles sont les problématiques du modèle républicain?

3. *Salut Cousin!* est un film qui traite du déracinement, qui est un des résultats de l'exil. Expliquez comment se manifeste le déracinement de Mok, un Beur, c'est-à-dire un Algérien de la deuxième génération en France.

4. Décrivez la vie de l'étranger en exil à Paris à travers *Salut Cousin!.* Quels sont les problèmes auxquels ils font face?

5. Comparez ce film avec *Inch'Allah dimanche!* (de Yamina Benguigui, 2001). Qu'ont ces deux films en commun? En quoi sont-ils différents?

9. **Activités de rédaction**

1. Consultez les sites du Mouvement contre le racisme et pour l'amitié entre les peuples (MRAP: mrap.solidarites.net/) et SOS Racisme (sos-racisme.org). Quels sont leurs objectifs?

2. Faites une enquête sur les communautés immigrantes de votre région. Quelles sont les communautés immigrantes ici (origines, langues, religions, etc.)? Quelles sont leurs histoires? Consultez la bibliothèque; interrogez au moins un immigré ou une personne qui est descendante d'une famille immigrante et posez-lui quelques questions sur son pays d'origine.

3. Selon l'Institut National de la Statistique et des Etudes Economiques français (INSEE), combien d'immigrants vivent en France aujourd'hui? De quels pays viennent-ils?

4. Ce film nous force à nous demander si les Beurs sont en mesure d'être des hôtes légitimes en France, d'où toute l'importance de la fable de La Fontaine dans ce film. Elle symbolise manifestement cette hospitalité manquée. Il est donc évident qu'Alilo et Mok représentent les deux rats dans la fable. Mok récite à maintes reprises quelques refrains de cette fable quand il cuisine dans son appartement pour Alilo, et quand il chante lors du concours au club.

Voici la fable de La Fontaine:

Le Rat des Villes et le Rat des Champs (1668)

> Autrefois le rat des villes
> Invita le rat des champs
> D'une façon fort civile,
> A des reliefs d'ortolans

Sur un tapis de Turquie
Le couvert se trouva mis
Je laisse à penser la vie
Que firent ces deux amis.

Le régal fut fort honnête
Rien ne manquait au festin
Mais quelqu'un troubla la fête
Pendant qu'ils étaient en train.

A la porte de la salle
Ils entendirent le bruit:
Le rat des villes détale;
Son camarade le suit

Le bruit cesse, on se retire:
Rats en campagne aussitôt,
Et le citadin de dire:
"Achevons tout notre rôt"

C'est assez dit le rustique;
Demain vous viendrez chez moi
Ce n'est pas que je me pique
De tous vos festins de roi.

Mais rien ne vient m'interrompre:
Je mange tout à loisir
Adieu donc. Fi du plaisir
Que la crainte peut corrompre

Questions

1. Analysez cette fable en faisant des rapprochements avec les deux person-nages principaux du film.

2. La Fontaine est fameux pour sa façon de peindre les animaux. Que symbolise le rat dans cette fable? D'après vous, pourquoi le réalisateur a-t-il choisi cette fable?

Lecture

Lisez le paragraphe qui suit et répondez aux questions.

"La ville et ses banlieues"

Les Français avaient un peu oublié leurs banlieues. Ils les ont brutalement redécouvertes à la fin de 1990, avec deux événements troublants. En octobre d'abord, quand ont éclaté des scènes d'émeutes à Vaulx-en-Velin, dans la banlieue lyonnaise. Puis en novembre, à Paris, au cours d'une manifestation lycéenne, quand des dizaines de "casseurs" venus de la périphérie se sont mis à briser les vitrines et à piller les magasins. L'émotion provoquée par ces deux événements a été d'autant plus forte que les banlieues des grandes villes ont bénéficié ces derniers temps de beaucoup d'argent. Mais on s'est vite aperçu qu'il ne suffisait pas de ravaler les façadcs ou de réparer les ascenseurs. Il faut aussi créer des emplois, briser les mécanismes d'exclusion, changer les mentalités… tout en inventant un nouvel urbanisme. C'est un travail de fourmis, mais des résultats immédiats sont nécessaires pour redonner de l'espoir aux habitants et les associer à la transformation de leur quartier.

Robert Solé, *Le Monde, Dossiers et documents* 185.
Février 1991

Questions

1. Pourquoi pensez-vous que les Français avaient oublié leurs banlieues?
2. Y a-t-il eu un aspect positif à ces émeutes? Expliquez.
3. Pourquoi n'est-il pas suffisant, selon l'auteur, de ravaler les façades? Expliquez.
4. Faites un rapport entre ce texte et une scène (ou des scènes) du film.

Bibliographie

Livres

Les carnets de Shérazade de Leïla Sebbar, Stock, Paris, 1985.
JH cherche âme sœur de Leïla Sebbar, Stock, Paris, 1987.
Le petit prince de Belleville de Calixthe Beyala, Albin Michel, Paris, 1992.
Kiffe Kiffe demain de Faïza Guène, Hachette Littératures, Paris, 2004.
Harragas de Boualem Sensal, Gallimard, Paris, 2005.
Un papillon dans la cité de Gisèle Pineau, Sépia, Paris, 1992.
Ton beau capitaine (théâtre) de Simone Schwarz-Bart, Seuil, Paris, 1987.

Sites intéressants

Ministère de l'Immigration, de l'Intégration, de l'Identité Nationale et du
Co-développement: Gouvernement.fr

République Démocratique du Congo

Superficie: 905 568 km²

Population: 73 599 190 (estimation en 2012)

Capitale: Kinshasa (population: 8 401 – estimation de 2012)

Religions: Catholicisme (50%), Protestantisme (30%), Islam (10%), animisme traditionnel (10%)

Langues: Plus de 250 langues africaines y compris le lingala, le kikongo, le tshiluba, et le kingwana (un dialecte du kiswahili) les quatre langues nationales ou régionales; le français (la langue officielle) est parlée par seulement 10% de la population

Gouvernement: République

Taux d'alphabétisation: 67% (estimation de 2012)

Espérance de vie: 48 ans (estimation de 2011)

Industrie: Cuivre, pétrole, diamant, or, argent, zinc, étain, uranium, bauxite, fer, charbon, bois, textile, ciment, industrie agro-alimentaire

Exportation agricole: Café, cacao, huile de palme, caoutchouc, thé, coton

Cultures vivrières: Manioc, riz, maïs et banane.

La République Démocratique du Congo, aussi appelée RD Congo ou Congo-Kinshasa (pour la différencier de la République du Congo ou Congo-Brazzaville), est le deuxième plus grand pays d'Afrique après l'Algérie. Les Pygmées, premiers habitants du Congo, sont venus par le Nord depuis l'âge de la pierre taillée. Les Bantus sont arrivés par l'ouest environ 150 ans avant J.C. en apportant leur savoir en agriculture. Le royaume du Kongo est né dans les premières décennies du 14ème siècle. Selon la légende, un jeune chef Bantu Nimi Lukeni est le roi fondateur du royaume du Kongo, le premier Manikongo. De 1840 à 1872, le missionnaire écossais David Livingstone s'engage dans une série d'explorations qui a attiré l'attention du monde occidental sur le Congo et particulièrement celle du roi belge, Léopold II, qui voulait un empire belge d'outre-mer. En 1884, à la Conférence Internationale de Berlin, qui avait pour objectif de répartir l'Afrique en 13 pays européens, on a reconnu l'Etat Indépendant du Congo (qui est 80 fois plus grand que la Belgique) comme la propriété personnelle du Roi Léopold II. Les frontières définitives ont été établies, par la suite, par des traités signés avec les autres puissances coloniales. En 1908, le Congo est devenu une colonie belge. Il y a une longue histoire de résistance congolaise pendant la colonisation belge.

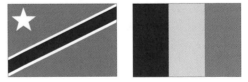

En 1956, une organisation ethnique et culturelle connue sous le nom d'Abako, dirigée par Joseph Kasavubu, s'est transformée en véhicule de protestation anticoloniale et a demandé l'indépendance immédiate de la Belgique. Patrice Lumumba, appelé "le prophète," est le chef du Mouvement National Congolais

(MNC), la seule organisation politique non-ethnique. Lors des élections de mai 1960, Lumumba est devenu premier ministre et Joseph Kasavubu, leader du parti opposé, est devenu chef d'Etat. Le 14 septembre 1960, Mobutu s'est allié avec Kasavubu pour monter un coup contre Lumumba. Le 27 novembre de la même année, les troupes de Mobutu ont capturé Lumumba, et le 17 janvier 1961, il est emmené à Elisabethville, dans la région du Katanga, où est assassiné avec la complicité des Belges. En novembre 1965, Mobutu a monté un deuxième coup, cette fois-ci pour avoir le contrôle complet du Congo. Il a aboli tous les partis politiques et a établi une autorité non disputée. En 1971, il a baptisé le Congo "Zaïre," une déformation portugaise du nom de la rivière Congo (*nzere*). Il s'est aussi renommé Mobutu Sese Seko Kuku Ngbendu waza Banga. En 1990, sous la pression internationale, il a enlevé l'interdiction d'avoir différents partis politiques et a été forcé de nommer son rival, Etienne Tshisekedi, comme premier ministre. En 1994, les guerres du Rwanda se sont déversées au Zaïre. Les milices Tutsi se sont alliées avec les forces rebelles sous la direction de Laurent Kabila, et les troupes sont entrées dans les villes. En mai 1997, Kabila est rentré à Kinshasa et a été accueilli par le peuple. Mobutu est en exil et meurt d'un cancer de la prostate. Pendant les quatre années de Kabila au pouvoir, la République Démocratique du Congo est devenue un des plus grands champs de bataille de l'histoire d'Afrique, ce qui a déstabilisé l'Afrique Centrale. Le 16 janvier 2001, le président Laurent Kabila est tué par son garde du corps. Quelques jours après, le 23 janvier 2001, Joseph Kabila, âgé de 29 ans, remplace son père et devient président. Un gouvernement transitoire a été mis en place en juillet 2003 avec Joseph Kabila comme président, et en décembre 2005, des élections ont eu lieu et ce dernier a été élu président. Lors des dernières élections présidentielles de 2011, qui ont été contestés, Joseph Kabila a de nouveau été élu président. Les révoltes et la violence continuent au Congo et l'Organisation des Nations Unies (ONU) maintient une présence militaire actuellement.

Pièces d'identités

"A dash of gentle Congolese/Belgian charisma, part comedy, drama, thriller and romance."
— **Los Angeles Times**

Réalisé par Ngangura Mweze en 1998
République Démocratique du Congo/Belgique. 93 minutes
Drame.
Scénario: Ngangura Mweze
Acteurs: Gérard Essomba, Dominique Mesa, Herbert Flack, David Steegen, Cecilia Kankoda, Thilombo Lubambu, Mwanza Goutier, Nicola Donato, Jean-Louis Daulne
Musique: Jean-Louis Daulne et Papa Wemba

Synopsis

Pièces d'identités fait un portrait de la communauté congolaise en Belgique à travers les aventures de Mani Kongo, roi des Bakongos venu à Bruxelles pour retrouver sa fille Mwana, qui y vit depuis 20 ans et dont elle n'a plus de nouvelles depuis quelques années. Le film suit les péripéties de Mani Kongo, essayant de négocier son parcours dans une Belgique qui a beaucoup changé depuis sa dernière visite, qui remonte à plus de vingt ans. On rencontre aussi Viva-wa-Viva et Chaka-Jo, qui essayent chacun de forger leur propre identité. Le film est en grande partie un lieu de rencontres et de mélange d'identités à travers la vie des différents personnages qui s'entrelacent.

Prix

Prix L'étalon de Yennenga, FESPACO 1999, Burkina Faso
Prix de la meilleure actrice (Dominique Mesa), FESPACO, 1999, Burkina Faso
Prix de la ville de Ouagadougou, FESPACO, 1999, Burkina Faso
Prix IBP/CICIBA, FESPACO, 1999, Burkina Faso
Prix OCIC, FESPACO, 1999, Burkina Faso
People's Choice Award, Denver Film Festival, Denver, Colorado, 1999
Lucas Award, Lucas International Festival of Films for Children and Young People, Frankfurt, Germany, 1999
Prix du Jury pour le meilleur film, Newport International Film Festival, 1999, Newport, Rhode Island

Profil du réalisateur

Dieudonné Ngangura Mweze est né à Bukavu en octobre 1950. En 1970, il a reçu une bourse d'études du gouvernement belge et est allé à l'Institut des Arts et de Diffusion (IAD) à Bruxelles pour devenir réalisateur. En 1976, il est retourné au Zaïre, où il a enseigné à Kinshasa à l'Institut National des Arts (INA), l'Institut des Sciences et Techniques de l'Information (ISTI) et au Studio-Ecole de la Voix du Zaïre (SEVOZA). En 1980, il a réalisé *Chéri-Samba*, un documentaire qui fait le portrait d'un jeune peintre de Kinshasa. Puis, en 1983, il a réalisé *Kin-Kiesse ou les joies douces-amères de Kinshasa-la-Belle* qui lui a valu des primes au FESPACO (1983) et au CIR-TEF (1983). En 1987, il a coréalisé avec Benoît Lamy le long-métrage *La vie est belle* avec Papa Wemba, une des stars du soukous et un des musiciens congolais les plus connus. Ce film a eu un grand succès en Afrique francophone. Entre 1992 et 1997, il a réalisé plusieurs films: *Changa-changa, Rythmes en Noir et Blanc, Le roi, la Vache et le Bananier: Chronique d'un retour au Royaume de Ngweshe, Lettre à Makura : Les derniers Bruxellois* et *Le général Tombeur*. En 1998, il a fait *Pièces d'identités,* qui lui a valu l'Etalon de Yennenga, le plus prestigieux prix de FESPACO. En 2001, il réalise un autre documentaire, *Au nom de mon père*, en 2004, *Les habits neufs du gouverneur,* en 2008 *Shégués, les enfants de la jungle urbaine* et en 2010 *Tu n'as rien vu à Kinshasa*.

Deux aspects intéressants que l'on retrouve dans l'œuvre de Mweze est l'importance de la musique et l'utilisation de la comédie pour faire passer des messages importants et pour faire du cinéma africain un cinéma international et ouvert au monde. Depuis 1986, Mweze travaille indépendamment dans sa maison de production "Films Sud" en Belgique, dont l'objectif est la coopération audiovisuelle Nord-Sud.

Profils des acteurs

Gérard Essomba Many est comédien et acteur de théâtre camerounais. Il a joué dans plusieurs films africains parmi lesquels on peut citer *Rue princesse* d'Henri Duparc (1993), *Dar essalaam* d'Issa Serge Coelo (2000) et *Pièces d'identités* de Ngangura Mweze (2000). Il a reçu plusieurs prix internationaux pour son interprétation dans *Pièces d'identités,* y compris aux festivals de Carthage, d'Amiens et de Pretoria. En

2006, il a réalisé un court métrage, *L'enfant peau rouge*, au sujet du roi Mougambata II et de son règne. Il est aussi réalisateur. Il a réalisé *L'enfant peau rouge*, qui a été diffusé sur TV5 Monde et au Canada. Il travaille sur un autre film, intitulé *La hyène dévoreuse des troupeaux*. Après avoir vécu en France pendant des années, il s'est installé au Cameroun, où il se focalise sur un projet d'école de formation des acteurs du cinéma au Cameroun.

Jean-Louis Daulnes est comédien, compositeur et musicien. Né au Congo d'un père belge et d'une mère congolaise, il a grandi en Belgique. Il interprète le rôle de Chaka-Jo dans *Pièces d'Identités*. Il a aussi joué dans *Un cœur pas comme les autres* (1999) et *Bonne année* (2000). Il a coproduit la bande sonore pour *Café au lait* de Mathieu Kassovitz (1994) et sa musique est aussi dans *La Haine* (de Mathieu Kassovitz). Son premier album *OnomatOpoiia*, sorti en 1996, révèle son talent de musicien versatile. Dans sa musique, il mélange les différents genres tels que le funk, le jazz et le rap avec l'influence africaine pour créer sa propre identité musicale. La chanson intitulé "ndequ ta akfajiri" [l'oiseau du matin] qu'on entend à plusieurs reprises dans *Pièces d'identités* se trouve dans son album *Doum Doum Tchak*. (1998). Parmi ses albums on peut noter *Jean-Louis Daulne* (2001) et *Urbsel* (2005)

Expressions et vocabulaire du film

Noms

Noms

La Carte de séjour	le permis qui donne droit à son détenteur de vivre légalement en France
Le Permis de travail	l'autorisation donnée aux immigrants de travailler légalement en France
Les Soucis	les problèmes, les ennuis
Le Salaud	une personne méprisable qui n'a pas de morale *L'aumônier* ministre d'un culte qui est attaché à un corps ou à un établissement pour instruire et officierle culte religieux.
La Griffe	la marque
Les Flics	les policiers
Le Gri-gri	le porte-bonheur, le fétiche
Les Amulettes	objets fétiche que l'on porte sur soi parce que l'on leur at tribue des pouvoirs, par superstition

Adjectifs

Fier	qui a un vif sentiment de sa dignité, de son honneur; qui se croit supérieur aux autres et le fait savoir.
Bon marché	pas cher
Ivre	saoul; qui est troublé par la consommation excessive d'alcool

Activités

1. **Vocabulaire**

   Complétez le texte suivant avec les mots appropriés de la liste ci-dessous :

   menacés, identité, carrefour, arnaquer, ancrés, défis, pièces d'identités, sans-papiers, en sécurité

   Il y a un grand nombre de Congolais qui habitent à Bruxelles. Il y en a qui sont des _____ et se sentent souvent _____ Ils ont peur que la police les arrêtent et ne se sentent pas _____ Souvent, la police leur demande leur _____ surtout dans les quartiers où on trouve beaucoup d'immigrants. Viva-wa-Viva profite des nouveaux-venus pour les _____ Lui-même, son _____ n'est pas claire. Malgré les _____ auxquels les immigrants Congolais font face, Bruxelles reste un _____ de rencontre important pour eux. Ils sont souvent _____ dans les deux cultures.

2. **Contexte**

   Pièces d'identités, comme l'indique son titre, est un film qui met l'accent sur la quête d'identité de tous les personnages principaux du film à plusieurs niveaux. Ces derniers se retrouvent tous à Bruxelles, dans un carrefour où l'on voit les liens serrés qui relient le Congo moderne et l'ancien pays colonisateur, la Belgique. Mweze représente les difficultés des immigrés congolais à Bruxelles, et la complexité ainsi que la richesse de leurs aspects multiculturels.

   La République Démocratique du Congo (l'ancien Zaïre) est une ancienne colonie belge. Il y a une communauté congolaise importante qui habite à Bruxelles, capitale de la Belgique (et de l'Europe). Dans les années 70 et 80, un grand nombre de Congolais de toutes les classes ont immigré à Bruxelles (ou "brisel" comme certains Congolais disent). A Matonge, dans la commune d'Ixelles, la communauté congolaise s'est créé une ville africaine qui bouge le jour et la nuit, comme à Kinshasa. Il y a des restaurants, des cafés, des agences de voyage, des services d'envoi d'argent en Afrique et toute autre chose dont la communauté africaine a besoin pour avoir un petit goût d'Afrique.

   1. Faites quelques recherches sur la communauté congolaise à Bruxelles.

   2. Consultez les sites Congoline, Mediacongo et Congoforum ou d'autres sites pertinents pour trouver des informations sur les Congolais qui habitent en Belgique. Où habitent-ils généralement ?

   3. A votre avis, que signifie le mot "identité?" Donnez-en trois définitions. Quels sont les thèmes que vous associez à l'identité ?

3. **Les personnages**

Les Acteurs/Actrices	Personnages
Gérard Essomba	Mani Kongo: Le roi des Bakongo et père de Mwana
Dominique Mesa	Mwana: La fille de Mani Kongo
Jean-Louis Daulne	Chaka Jo: le copain de Mwana
Herbert Flack	Jefke: Le commissaire de police
Cecilia Kankonda	Safi: La camarade de chambre et amie de Mwana
Mwanza Goutier	Viva-wa-viva: Le petit voyou
Nicolas Donato	Jos: L'antiquaire belge
Thilombo Lubambu	Mayele: Le cousin de Mwana

4. **Questions après le visionnement du film**

1. Discutez le titre du film. La notion d'identité est au cœur du film. Quels sont les personnages qui ont une crise d'identité?

2. Commentez la dédicace et la fin du film. Quel est le lien entre les deux?

3. En général, le film se passe dans trois cadres: la zone rurale de Bakongo, à Kinshasa, la capitale de la République Démocratique du Congo, et à Bruxelles. Qu'est-ce qui est mis en valeur dans chaque cadre?

4. Presque toute l'histoire a eu lieu à Bruxelles, une ville que Mani Kongo adore. Les souvenirs qu'il garde de Bruxelles sont très différents de la réalité d'aujourd'hui. Décrivez la ville de Bruxelles d'aujourd'hui et celle que Mani Kongo a connue.

5. Décrivez le caractère de Mani Kongo. Comment est-il? Comment fait-il face aux défis qu'il rencontre? Retracez son parcours tout au long du film.

6. Quelle est l'image que le commissaire de police, Jefke, et ses amis du bar "Katanga", ont du Congo? Comment se comportent-ils avec Mani Kongo? Qu'est-ce que l'Afrique représente pour eux?

7. Que représente la descente de police dans le quartier des Congolais? Comment se comporte la police?

8. Quelle est l'histoire de Chaka-Jo? Comment son identité de métisse "ni noir ni blanc" complique-t-elle sa quête d'identité?

9. Quel est le rôle de la musique dans le film? En particulier, quel est le but des deux chansons à propos de l'oiseau et à propos de Mani Kongo?

10. Décrivez Viva-wa-Viva. En quoi est-ce qu'il peut être vu comme une victime de la mode?

11. Qu'a-t-on appris du Congo à partir des images en noir et blanc et des flash-backs?

12. A Bruxelles, Mani Kongo habite dans la Maison Africaine et dans une chambre au-dessus du café. Comparez ces deux lieux. Que représentent-ils pour lui?

13. Est-ce qu'on peut dire que le film propose un nouveau rôle pour la femme en Afrique? Expliquez.

14. Pourquoi Chaka-Jo achète-t-il un passeport congolais? Trouvez-vous cela ironique?

15. Le point culminant du film est lors de la soirée africaine. Que représente cette soirée?

16. Le film est rempli de coïncidences. Pourquoi y en a-t-il tant? Donnez trois exemples.

17. Le film est circulaire. Est-ce que le cercle est fermé? Comment la fin incarne-t-elle le thème principal du film?

18. Que pensez-vous de la fin du film et de ce retour en Afrique? Que représente l'image de l'oiseau?

5. **Analyse de scènes**

Regardez les scènes suivantes et commentez-les:

Scène 1: A l'aéroport avec le douanier
(minutes de 9:42 à 11:32)

Mani Kongo doit payer des taxes qui sont sûrement très chères. Pensez-vous que ce soit juste que le douanier l'oblige à le faire?

Scène 2: C'est quoi un Mani-Kongo?
(minutes de 18:30 à 19:06)

A l'ambassade, la secrétaire demande à quelqu'un qui est assis: "C'est quoi un Mani-Kongo?" La personne répond: "un féticheur, un sorcier..." Commentez cet échange.

Scène 3: Les Noirs vus par un comédien blanc
(minutes de 27:53 à 30:14)

Viva-wa-viva regarde le comédien, Michel Lebb, à la télé en train de se moquer des Noirs. Commentez et comparez la réaction de Mani Kongo et celle de Viva-wa-Viva!

Scène 4: Rencontre entre Mani Kongo et Noubia
(minutes de 34:17 à 38:22)

Mani Kongo retrouve Noubia, prophète de la Renaissance noire. Que se passe-t-il dans cette scène?

6. **Activité de conversation en groupes**

En petits groupes, choisissez et discutez de l'un des thèmes suivants (ou un autre que vous pourriez remarquer dans ce film), puis présentez-le en classe!

L'immigration	L'histoire
L'exil	La culture
L'identité	La discrimination
Le déracinement	L'impérialisme culturel
Le souvenir	La colonisation
L'aliénation	Le métissage

7. **Analyse de citations dans le film**

Analysez les citations suivantes en les replaçant dans leur contexte:

1. _____: "C'est la griffe qui fait l'homme."

2. _____: "Mon fils, ce qui fait l'homme, c'est sa parole."

3. _____: "Les fétiches que vous portez sont superbes."

4. _____: "Sans pièces d'identité, t'as pas d'identité, t'as pas de sécurité."

5. _____: "Profession: Négro spirituel. J'étais reçu mention pas trop mal."

6. _____: "Aucune femme n'a jamais touché les ornements de Mani Kongo."

7. _____: "T'es nul. C'est la marque qui fait l'homme."

8. _____: "Je ne comprends plus notre langue, je suis devenue quelqu'un d'ici maintenant."

9. _____: "Tu me racontes le passé alors que je veux savoir le présent."

10. _____: "Je reste tout seul avec mon faux taxi, mon faux nom, faux Noir, faux Blanc."

11. _____: "Ce voyage m'a fait comprendre que beaucoup de choses ont changé. Il ne faut pas brûler les étapes."

8. **Sujets de discussion**

1. Etudiez les différentes crises d'identité de Mwana, Viva-Wa-Viva et Chaka Jo.

2. Que représente l'image de Noubia, prophète de la renaissance des Noirs? Faites quelques recherches pour trouver le royaume du Noubia. Où se trouve-t-il? Quel est son importance dans l'histoire africaine?

3. Comparez Viva-wa-Viva et Mani-Kongo. Comment leurs vêtements dénotent-ils leur identité?

4. Comment était la situation politique du Congo au moment où le film est sorti? Et aujourd'hui?

5. Un des thèmes récurrents dans la littérature francophone africaine est l'effort pour trouver un équilibre entre la tradition et la modernité. Comment ce film expose-t-il ce défi?

6. Comparez Mwana et Safi. Comment sont-elles similaires et différentes?

7. Comment le film démystifie-t-il la vie de l'immigrant en Europe?

8. Que représente le masque dans le film? Quel est le symbolisme du masque dans la culture africaine?

9. Décrivez le style narratif du film. Comment est-il réalisé?

10. Pensez-vous que le film a un grand nombre de stéréotypes raciaux? Justifiez votre réponse.

9. **Activités de rédaction**

1. Le film dénote la complexité des liens qui existent toujours entre la Belgique et le Congo. Quels sont les rapports politiques et économiques entre les deux pays aujourd'hui?

2. Comparez l'exil de Mok dans *Salut Cousin!* et celui de Mwana dans *Pièces d'Identités*.

3. Dans le documentaire *Frantz Fanon: Peau noire, masques blancs*, Fanon remarque que le racisme déshumanise l'homme et le pousse à perdre son identité. Comparez les façons par lesquelles cette idée est représentée dans *Pièces d'Identités* et *Frantz Fanon: Peau noire, masques blancs*.

Lecture

Lisez l'entretien avec Ngangura Mweze, et répondez aux questions.

Le personnage de ce roi est assez extraordinaire! Avec cette coiffe, il a une très forte assise personnelle en même temps que quelque chose de ridicule pour l'Occident. Par derrière ce personnage, voulais-tu aborder la question de la dignité de l'être humain? Exactement, d'ailleurs, son côté "ridicule" commence quand il arrive en Afrique pour prendre son billet: une jeune fille lui demande d'où vient son nouveau look. En quittant son palais royal au village pour venir en ville, il est considéré comme un personnage folklorique avec tous ses attributs royaux, pourtant il incarne tout ce que l'Afrique a de plus actuel: par-dessus son costume de ville européen, il a revêtu les attributs qui symbolisent son pouvoir traditionnel. Ce malentendu va continuer jusqu'aux bureaux de l'ambassade. La douane belge va lui demander de payer des taxes pour importations illégales d'œuvres d'arts. L'antiquaire belge lui demande d'hypothéquer ses vêtements royaux contre un peu d'argent...

Toutes ces pérégrinations ont un côté symbolique: une interrogation sur la place qu'occupe encore la tradition africaine dans le monde moderne. La conclusion de tout cela est qu'à la fin du film, le roi, qui avait perdu ses attributs chez l'antiquaire européen, les retrouve grâce à sa fille. En réalité, une femme n'aurait jamais dû y toucher; du coup, le voyage de ce roi prend l'allure d'un voyage initiatique: il se rend compte que les temps ont changé car c'est grâce à sa fille qu'il va pouvoir retourner au pays la tête haute, et ceci par un interdit qui a été transgressé.

Sa fille revient en lui disant qu'elle a échoué à son diplôme de médecine: il lui répond que le guérisseur pourra compléter sa formation, qu'il ne faut pas brûler les étapes et qu'il faut réunir le conseil des sages pour en parler.

C'est donc une symbolique sur le rôle et la place de notre passé, sur ce que nous voulons devenir demain.

C'est en continuité avec **Le Roi, la vache et le bananier** *qui documentait justement la place du roi mwami.* Je me suis rendu compte que les documentaires que j'ai faits en attendant de réaliser ce film (8 ans!) ont été un repérage pour le long métrage. Après *La Vie est belle*, j'ai commencé à produire des films comme *Changa Changa*, qui parlait de musique et de métissage des cultures à Bruxelles. Ensuite, il y a eu *Le Roi, la vache et le bananier*, réflexion sur la tradition et la modernité. Dans mon village natal, le système royal qui persiste encore est obligé de s'adapter aux aléas de la vie moderne. Puis, *Les derniers Bruxellois,* dans lequel un ethnologue africain (que je joue) va visiter le quartier belge et le quartier des Marolles, qui est le quartier des Bruxellois de souche. C'était comme une lettre adressée à un cousin qui serait resté au village en demandant comment vivent les gens, ce qu'ils mangent, etc. Tous ces films n'étaient finalement que des repérages pour le long métrage.

Dans le personnage du roi, il y a aussi une sorte d'incapacité de la part d'une civilisation occidentale à comprendre et percevoir la royauté africaine telle qu'elle a pu exister... L'Europe n'a toujours vu dans les valeurs culturelles et spirituelles africaines que superstitions ridicules ou banal folklore. L'échange entre les cultures se serait mieux passé si les Européens y avaient vu autre chose que des objets d'antiquité à négocier. L'Europe ne parvient pas à accepter l'Afrique comme un continent qui a sa dignité, sa profondeur, même dans sa soi-disant pauvreté. C'est de cette incapacité que j'ai voulu parler.

Le roi n'est pas ridicule car il reste lui-même; ce sont les gens autour de lui qui le deviennent. Ce sont les autres qui sont incultes. Lui est seulement anachronique, mais c'est sa fonction qui le veut. Finalement, c'est dans ce quartier bruxellois qu'il retrouve une âme et une dimension humaine.

Sa fille va à la dérive et reprend pied à travers la relation avec son père qu'elle retrouve, comme une sorte de lien avec ce qu'elle avait perdu, son identité de départ... Dans les années 60, la mode pour tous les riches Zaïrois était d'envoyer leurs enfants étudier en Belgique. Ils partaient au moment de la rentrée dans ce que l'on appelait les "avions scolaires." A cette époque-là, la plupart des Zaïrois émigrés en Belgique étaient soit des étudiants, soit des diplomates. Actuellement, la situation a beaucoup changé, on trouve d'autres Zaïrois venus plus tard qui sont vraiment à la dérive. Il y a maintenant des filles congolaises qui se prostituent en Belgique: c'est une chose qui n'existait pas avant. Des garçons qui vivent de la "débrouille," qui font de faux chèques... . Pour le roi du Congo, arriver en Belgique et découvrir ce milieu a quelque chose d'inquiétant et d'angoissant.

Cette fille est de cette génération: elle est venue très jeune, et petit à petit, sa situation s'est détériorée. Elle ne sait plus comment faire pour rentrer. Son père qui revient va être un moyen de sauvetage pour elle (peut-être parce que j'aime bien les happy ends). Elle va retrouver une dimension humaine. Ceci dit, elle a une forte personnalité, sait dire non quand il le faut. C'est un personnage dans lequel les jeunes générations africaines pourraient s'identifier: ils se reconnaissent dans ses problèmes et voient qu'il y a quand même moyen d'y faire face.

Il y a une autre continuité avec ce que tu as fait avant, c'est ce regard sur les Bruxellois qui n'est pas dénué de tendresse. C'est cette façon de prendre les gens tels qu'ils sont et de porter un regard dépourvu de jugement. Il y a eu quelques personnes qui m'ont fait une remarque que j'ai trouvée superficielle en disant: "on ne sent pas que tu revendiques quelque chose." En réalité, ce que les Africains de la diaspora revendiquent, c'est qu'on les regarde avec dignité, avec tendresse, qu'on leur redonne une certaine considération. Pour moi, le meilleur moyen de recevoir de la tendresse, c'est d'en donner. Je pense, moi, que je revendique beaucoup: pas avec des slogans mais à travers le vécu des personnages. Effectivement, dans le quartier des Marolles, on reconnaît des personnages que j'avais filmés dans des documents antérieurs. Cela m'a beaucoup aidé: comme c'était des gens que je connaissais déjà, j'ai pu leur demander de jouer leur propre rôle dans les cafés où ils ont leurs habitudes. Un deuxième point commun avec l'autre film: c'est l'Europe vue à travers le regard d'un Africain. C'est le point de vue de l'Africain qui est privilégié.

Pourquoi le choix d'un happy end? Il faut d'abord savoir affirmer ses bonnes intentions! Ensuite, dans une comédie, le happy end est absolument indispensable. Quand les spectateurs se sont attachés aux personnages, c'est toujours frustrant pour eux que ça finisse mal. C'est une des lois de la comédie, même chez Molière, que tout finisse bien. Ce commissaire blanc qui passe son temps à chasser ce jeune voyou métis...se rend compte à la fin que c'est son fils. Cela veut dire qu'il y a au fond de chacun une humanité commune qui sommeille sans que nous en ayons conscience. Cette fin est une leçon, un choix, qui se passe rarement dans la réalité. Il faut donner un message d'espoir à la fin en laissant dire que tout est possible. C'est dans cet esprit que je fais du cinéma!

L'identité plurielle

Le personnage de l'archer m'a fait penser à ce roman de Modibo Keïta: l'Archer bassari, qui se bat justement avec un commissaire. Il tue un certain nombre de gens importants dans le pays... On retrouve quelque chose d'assez traditionnel dans ce personnage de l'archer justicier du monde. Oui, mais c'est traditionnel dans les contes africains. Je pense aussi que ce personnage de justicier masqué est quelque chose d'universel dans nos imaginaires. Robin des Bois s'attaque aux méchants pour donner aux pauvres... C'est Batman, Don Quichotte! Il est évident que c'est un personnage qui exprime son mal de vivre. C'est un écorché vif et il a besoin de s'exprimer par ses actions, et c'est ce qui le sauve. Finalement ce n'est pas un voyou. On le voit au début prendre le taxi à l'aéroport et on se dit: "le vieux, il va se faire truander." Et puis il arrive devant le foyer d'Afrique et on lui dit: "vous êtes le roi des Bakongo, pour vous c'est gratuit." J'avais dirigé mon acteur en lui disant qu'il devait paraître comme un caïd, un voyou, un petit débrouillard, jusqu'à la scène de l'arrivée devant le foyer.

Au point de vue de la production et du financement, est-ce que le film a été difficile à boucler? Oui, le montage financier de ce film a été assez difficile. D'abord parce qu'il y a quelques années, on n'acceptait pas de financer un film africain tourné en Europe. Frédéric Mitterrand, qui présidait le Fonds Sud, m'avait même demandé d'écrire une lettre "d'excuse" pour tourner en Europe! En Belgique, on m'a dit: "On ne comprend pas bien pourquoi ces personnages belges et africains sont caricaturaux." Cela m'a sûrement aidé à affiner un peu plus ce que j'avais dans la tête. J'ai retravaillé les relations entre les deux personnages en arrondissant les angles. Ça a été un plus pour le scénario.

La production m'a pris 8 ans. J'ai dû à tout moment refaire le casting, réactualiser les choses, avec un très petit budget de 4,5 millions de FF, ce qui est très peu pour un film tourné dans des conditions européennes. Mais j'ai pris le temps de choisir les meilleurs techniciens belges. Tous sont venus parce qu'ils aimaient le scénario, et la plupart ont mis la moitié de leur salaire en participation. Ils sont donc tous un peu coproducteurs du film.

On a l'impression d'une urgence du sujet: des cinéastes se battent pour imposer des films malgré le manque de financement quand on prend la diaspora pour sujet et sa situation dans les sociétés occidentales. De toute façon je l'aurais même fait en vidéo! J'avais plusieurs solutions de production que je pouvais utiliser, mais j'étais sûr que j'allais faire ce film. J'avais déjà mûri le sujet; je savais que je le possédais. C'est quelque chose qui était en moi.

Est-ce que cet étalon était une grande surprise? Honnêtement, oui! Comme c'est une comédie africaine qui se passe en Europe, je craignais que le jury la trouve trop populaire pour la récompenser. Mais il a eu le courage de reconnaître que ce film est bien fait. Malgré le côté comédie, le film véhicule des réalités profondes et essentielles pour l'Afrique moderne. Jusqu'à présent, on avait une certaine idée de ce que pouvait être un film africain et *Pièces d'identité* ne s'inscrit pas totalement dans ce cadre-là. Peut-être que ce jury a aussi voulu donner une nouvelle direction au cinéma africain, ou en tout cas élargir le champ. Au Burkina, les gens étaient persuadés que mon film aurait le prix. Le fait que le film ait déjà ce succès avec le public a peut-être influencé le jury. Pour un Fespaco consacré à la diffusion du film africain, c'est pour moi un bon signe que soit primé un film distribuable. Deux jours après, j'ai signé un contrat avec la Sonacib, la société de distribution du Burkina Faso, et le film a rapporté 2,5 millions de FCFA en deux jours, alors que la moyenne habituelle est comprise entre 800 000 et 1 million. Le Burkina est exemplaire: on m'a donné un bordereau avec le nombre exact de spectateurs, orchestre, balcon, ce qui revient au producteur, à la Sonacib, etc.! Tout cela est informatisé... C'est évidemment ce dont on rêve: on ne peut pas dire que la non-distribution du film africain en Afrique relève seulement des genres de films ou de la qualité technique et artistique de ces films. Il y a évidemment tous les problèmes liés au réseau de distribution, qui ont été résolus au niveau national au Burkina Faso, mais si je vais en Côte d'Ivoire, ça devient déjà problématique. Au Sénégal, c'est possible. Si la manière dont la distribution est organisée au Burkina Faso pouvait s'étendre ne serait-ce qu'au niveau régional ou en Afrique de l'Ouest, ce serait déjà quelque chose de formidable pour l'Afrique. J'ai été contacté par un distributeur ivoirien, mais le montant proposé est vraiment très bas et donc, de nouveau, je sais que si je veux vraiment gagner quelque chose avec le film, je suis obligé de traiter pays par pays. Cela fait perdre beaucoup de temps et d'énergie. En réalité, ce distributeur indien qui me propose une distribution pour toute l'Afrique francophone base son prix d'achat sur celui des films américains ou européens, qui sont déjà totalement amortis. Les films étrangers qui lui sont vendus n'attendent plus de bénéfice. C'est plus pour occuper un marché et préparer une meilleure exploitation pour le futur. Il faut se rendre compte que pour les films africains, l'Afrique est leur unique marché. Même en Europe, cela devient de plus en plus rare qu'un film africain fasse un petit succès.

Qu'est-ce qui, selon toi, motive l'engouement du public pour ton film? On oublie toujours que les Africains urbains rêvent d'aller en Europe ou y sont déjà allés. Le fait d'avoir décrit les Européens non pas comme des tout-puissants mais comme des êtres humains ordinaires (pauvres, riches, gens simples) les a intéressé. Les Européens que l'on voit en Afrique, et plus particulièrement dans les anciennes colonies belges, étaient tous de riches planteurs, des médecins, hommes d'affaires, administrateurs coloniaux ou coopérants; tous des gens avec un certain pouvoir matériel. Même dans un village, le représentant d'une ONG aura toujours la meilleure voiture. Sinon, je suis convaincu que l'aspect comédie du film est ce qui en fait l'attrait principal, avec un montage bien rythmé.

Est-ce que tu as eu le sentiment de te battre pour imposer un cinéma populaire face à un cinéma plus culturel, avec une certaine dévalorisation de la part de la critique? Je n'ai jamais eu l'impression de me battre car j'ai toujours pensé que faire du cinéma populaire, avec une structure narrative simple et clairement accessible au grand public, relève pour moi du militantisme. Je n'ai jamais eu l'impression de me battre contre un autre genre de cinéma dans la mesure où je fais ce qui me plaît, le cinéma auquel je crois. Il y a quelque chose de difficile à accepter, c'est que dans ce cinéma, on doit rester très proche du spectateur ; on ne peut pas se permettre de relâcher l'émotion. Les films policiers ou de comédie ne sont pas faciles. Certains critiques de cinéma ne voient pas le travail qu'il y a derrière. Je me dis ensuite que ces gens-là ont une certaine idée de l'Afrique et qu'ils veulent la retrouver dans les films, une idée monolithique de l'Afrique qui relève davantage de stéréotypes exotiques que de la réalité.

Olivier Barlet, *Africultures* #18

Questions

1. Selon Mweze, comment le voyage de Mani Kongo est-il considéré comme un voyage initiatique?
2. Quels sont les liens entre ses documentaires et ce film?
3. Pourquoi Mweze pense-t-il que l'Europe a du mal à accepter la royauté africaine?
4. Comment Mweze justifie-t-il son choix de "happy ending?"
5. Quels sont les défis auxquels il a fait face concernant le financement du film?
6. En quoi consiste le militantisme pour lui?
7. Pourquoi pense-t-il que le public apprécie son film?

Bibliographie

Livres
Ketala de Fatou Diome, Flammarion, Paris, 2006.
Zeida de nulle part de Leïla Houari, L'Harmattan, Paris, 1985.
L'exil selon Julia de Gisèle Pineau, Stock, Paris, 1996
L'aventure ambiguë de Cheikh Hamidou Kane, Julliard, Paris,1961
En attendant le bonheur (Heremakhonon) de Maryse Condé, Union Générale d'Editions, Paris, 1976.

Le Québec

Superficie: 1 667 926 km²

Population: 8 080 550 habitants (2012)

Capitale: Québec (ville)

Religions: Catholicisme, Protestantisme

Langues: français, anglais, langues amérindiennes

Gouvernement: province faisant partie de la confédération canadienne adhérant à la constitution du Canada

Taux d'alphabétisation: 84%

Espérance de vie: 82 ans

Industrie: bois, fourrures, pêche, exploitation minière (cuivre, fer, production d'énergie hydroélectrique, métallurgie (aluminium), tourisme, produits pharmaceutiques, informatique.

Exportation agricole: produits laitiers, produits d'érable, fèves de soja

Cultures vivrières: sirop d'érable, huile végétale, chocolat

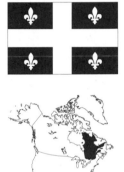

Situé dans la vallée du Saint-Laurent, au confluent du fleuve et de la rivière Saint-Charles, le territoire du Québec va de la frontière des Etats-Unis jusqu'aux mers boréales, près de 200 km entre l'Ontario à l'ouest, le Nouveau-Brunswick, Terre-Neuve et Labrador à l'est. Le Québec a une grande diversité de paysages. Il est découpé par le fleuve Saint-Laurent au sud, et contient une plaine fluviale entre le Bouclier canadien au nord et les Appalaches au sud. Les plus hauts sommets du Québec sont les monts D'Iberville (1622 m), situés dans la chaîne des Torngat au Nunavik, et Jacques-Cartier (1268 m), dans le massif des Chic-Chocs en Gaspésie. Il y a trois climats: continental humide, subarctique et arctique, correspondant aux régions couvertes par la forêt, la taïga et la toundra.

En 1534, c'est au nom du roi François 1er que Jacques Cartier arrive à Gaspé et prend possession d'une région habitée par les Amérindiens et les Inuits depuis des millénaires. Par la suite, en 1608, Samuel de Champlain arrive au nord du fleuve Saint-Laurent dans un endroit que les Amérindiens appellent Kébec. Puis, en 1642, Paul Chomedey de Maisonneuve crée une mission évangélique qu'il nomme Ville-Marie, et qui deviendra la ville de Montréal vers la fin du 18ème siècle. Après une suite d'expansion et de guerres, par le traité de Paris, le roi de France donne le Canada et toutes ses dépendances à la Grande Bretagne. En 1791, le Canada établit deux provinces: le Haut Canada (l'Ontario) à majorité anglophone et le Bas-Canada (le Québec) à majorité francophone.

Le Québec, jusqu'au début du 20ème siècle, a une économie liée à l'agriculture et à l'industrie forestière. Mais, par la suite, l'urbanisation a commencé et la croissance industrielle dans les villes attire les habitants des zones rurales. Dans les années 60, la période de la "révolution tranquille" a commencé. En 1974, les Québécois ont décidé de faire du français la langue officielle. Dans les années 70, un mouvement séparatiste a débuté. En 1976, le Parti Québécois, avec son leader René Levesque, est arrivé au pouvoir. Il y eut ensuite des référendums sur la question de la souveraineté du Québec. Bien que la proposition sur la souveraineté du Québec soit rejetée par une petite majorité en 1995, lors des élections de 1998, le Parti Québécois est réélu dans la province, montrant l'importance du mouvement séparatiste. Les Québécois sont généralement fiers de leur héritage français. Par son histoire et sa richesse culturelle, le Québec s'est fait une place unique en Amérique du Nord. Le 4 septembre 2012, le Québec a élu pour la première fois de son histoire une femme au poste de premier ministre. Elle s'appelle Pauline Marois et elle représente le parti Québecois (PQ).

La Grande Séduction

Réalisé par Jean-François Pouliot en 2003
Québec, Canada. 110 minutes
Comédie.
Scénario: Ken Scott
Acteurs: Raymond Bouchard, David Boutin, Pierre Collin, Benoît Brière, Rita Lafontaine, Lucie Laurier
Musique: Jean-Marie Benoît

Synopsis

Sainte-Marie-la Mauderne, une bourgade de 120 habitants au nord-est du Canada, est en pleine crise économique. Le chômage bat son plein, et par conséquent, quelques-uns quittent le village alors que les autres sont désespérés. Pour relancer l'économie et redonner un nouveau souffle à ce petit village de pêche, les habitants essaient de convaincre une compagnie multinationale d'y installer une usine de plastique. Cependant, leur plus grand souci est de trouver un médecin qui va résider au village, condition *sine qua non* pour l'installation de l'usine. Le nouveau maire, Germain Lesage, et tous les habitants du village se mettent alors à la recherche d'un médecin. Cette aventure de "grande séduction" s'avère ainsi pleine d'humour, de tromperie, et de grotesque.

Prix

World Cinema Audience Award, Sundance Film Festival, 2004
Sélection au Festival de Cannes en 2003.
Golden Bayard, Meilleur Film Francophone, Festival International du Film Francophone de Namur, 2003
Audience Award, Atlantic Film Festival, 2003 (Jean Pouliot)
Audience Award, Boston Independent Film Festival, 2004 (Jean Pouliot)

Nominations

Meilleur Scénario, Genie Awards, 2004 (Ken Scott)
Meilleur Acteur (Premier rôle), Genie Awards, 2004 (Raymond Bouchard)

Le saviez-vous?

Le film est tourné dans le village d'Harrington Harbour, dans le territoire de la Basse-Côte-Nord, au nord du Québec. Ce village de 300 habitants a été fondé par des pêcheurs à la fin du 19ème siècle. Grâce à ce film, ce village a connu un regain d'intérêt de la part des Québécois et d'autres touristes.

Profil du réalisateur

Après avoir obtenu son diplôme en communications à l'université de Concordia, Jean-François Pouliot a débuté en tant qu'assistant caméraman dans le fameux film de Sergio Leone, *Once Upon a Time in America*. En 1982, il a commencé à travailler pour la plus grande compagnie de publicité du Canada, Cossette Communications Marketing. C'est ainsi qu'il a gagné le Grand Prix du Mondial de la Publicité pour *L'Italienne*, la fameuse publicité pour les restaurants McDonald's. En 1988, il devient directeur de l'agence de publicité La Fabrique d'images. *La grande séduction* est son premier long métrage.

Profil d'une actrice

Lucie Laurier est née en 1975 à Greenfield Park, au Canada. Elle a fait l'école du cirque avec sa grande sœur Angéla, et elle a joué son premier rôle dans le film *Le vieillard et l'enfant* (de Claude Grenier, 1985) à l'âge de neuf ans avec Jean Duceppe. Plus tard, elle a déménagé à Montréal, puis aux Etats-Unis, en espérant y faire carrière dans le cinéma. A son retour au Canada, elle a étudié la haute couture jusqu'au moment où elle a fait son retour dans le cinéma avec un film de Sébastien Rose, *Comment ma mère accoucha de moi durant sa ménopause* (2003). Parmi ses films, on peut noter *Nitro* (2007), *Dirty Money* (2008) et *Monsieur Papa* (2011)

Expressions et vocabulaire du film

Noms

Le Char	voiture
Le Chum	copain
L'Exemption de taxes	le fait d'être autorisé à ne pas payer d'impôts
La Job	le travail, l'emploi
Le Bien-être social	les différents services offerts par le gouvernement québécois aux habitants du Québec
Les Aïeux	les ancêtres
Le Dépôt	le versement; le fait de mettre de l'argent dans un organise bancaire par exemple
Les Dents-croches	l'appareil dentaire
La Pilule	le médicament en forme de pastille que l'on avale; le contraceptif oral
Le Pot de vin	l'arrosage; une somme illégalement perçue en échange d'un service
La Magouille	l'opération généralement douteuse; la Manipulation

L'Hameçon	le crochet couvert d'un appât au bout d'une ligne l'amorce; le piège
Le Mets	l'aliment préparé qui fait parte d'un plat.
La Cicatrice	la marque sur la peau laissée par une blessure ou une opération chirurgicale; une blessure; une défiguration

Verbes

Jaser	discuter; bavarder à tort et à travers
Niaiser	faire ou dire des bêtises, des sottises ou des futilités
Insinuer	faire allusion à quelque chose, communiquer ce que l'on pense de manière indirecte.
Placoter	bavarder; papoter
Achaler	accabler de chaleur; déranger; importuner

Adjectifs

Laid(e)	moche, pas beau (belle)
Méritant	qui a du mérite estimable ; louable ; digne
Enivrant	charmant; ensorcelant; exaltant

Quelques mots employés au Québec sont d'origine religieuse mais ils sont utilisés comme jurons

Tabernacle (ou tabarnac)	juron qui exprime la colère, l'indignation ou l'étonnement
Calvinisse	juron inoffensif
Hostie	merde; putain
Ciboire	merde; juron qui exprime la colère

Quelques expressions typiquement québécoises

Tomber en amour avec	être amoureux de
Real qui est rendu police	Real qui est devenu policier
C'est poche	c'est bête
C'est le fun	c'est amusant
Où restes-tu?	où habites-tu?
Se faire flusher	se faire virer
C'est cute	mignon

Activités

1. **Vocabulaire**

   Complétez le texte suivant avec les mots appropriés de la liste ci-dessous :
   magouillé, l'inciter, enivrant, la fausseté, chômage, essor

   Dr. Lewis dit qu'il aime Sainte-Marie-la-Mauderne parce que c'est un endroit _____ La communauté a _____ pour _____ à rester dans le village. Quelques habitants du village se rendent compte de _____ de leur vie mais ils n'y peuvent rien. Plusieurs personnes profitent du système de bien-être social du gouvernement. Le _____ connaît un _____ dans ce petit village de pêcheur. C'est une des raisons pour lesquelles il est difficile de trouver un médecin.

2. **Contexte**

1. Préférez-vous vivre en ville ou à la campagne?

2. De nos jours, quels sont les facteurs qui menacent la vie dans les petits villages du monde?

3. Avez-vous déjà visité ou vécu dans un village de pêcheurs? Si oui, racontez un peu la vie de tous les jours.

3. **Les personnages**

Les Acteurs/Actrices	Personnages
RaymondBouchard	Germain Lesage: le nouveau maire du village
David Boutin	Christopher Lewis: le docteur
Bruno Blanchet	Steve Laurin: l'amateur de musique
Pierre Collin	Yvon Brunet: l'ami de Germain
Benoît Brière	Henri Giroux: l'employé de banque
Lucie Laurier	Eve Beauchemin: la belle jeune femme
Rita Lafontaine	Hélène Lesage: la femme de Germain

4. **Questions après le visionnement du film**

1. Quelles sont les caractéristiques typiques de cette région du nord telles que vous les voyez dans le film?

2. Pour quelle raison le policier a-t-il arrêté Christopher? Et pour quelle raison l'a-t-il contraint à aller à Sainte Marie-la-Mauderne?

3. Quelle qualité le Dr. Lewis dit-il admirer le plus à Sainte Marie-la-Mauderne?

4. Qu'est-ce qu'un chèque B.S ?

5. Pourquoi les habitants ne font jamais de dépôt à la banque quand ils touchent leur chèque B.S.?

6. Pourquoi Germain et Henri (employés de banque) se chamaillent-ils au moment d'encaisser les chèques B.S.?

7. Pourquoi l'assureur de l'usine bloque-t-il l'installation à Sainte Marie-la-Mauderne?

8. Avec qui Brigitte trompe-t-elle Christopher?

9. Comment les habitants ont-ils réglé le problème de la maison laide, située à l'entrée du village?

10. Pourquoi Germain a-t-il dit non à Christopher quand celui-ci lui a demandé s'il voulait apprendre à jouer au cricket?

11. Quelle est la réaction de Germain et celle de Christopher quand ils se rendent comptent de la fausseté de leur vie? Et quelle leçon peut-on en tirer?

5. **Analyse de scènes**

Regardez les scènes suivantes et commentez-les.

Scène 1: Discussion entre Germain et sa femme: Faut-il déménager?

(minutes de 8:57 à 10:34)

La discussion entre Germain et sa femme quand elle lui a annoncé que son frère lui a trouvé un travail en ville. Quel risque peut-on imaginer pour cette famille? Et qu'est-ce que cela a déclenché chez Germain?

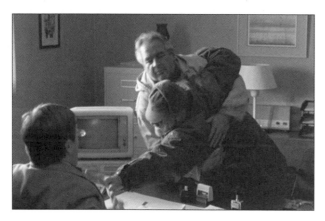

Scène 2: Le chômage et la technologie

(minutes de 51:2 à 53:07)

Germain demande un prêt à Henri pour payer le chef de l'usine. Henri dit qu'il ne peut pas justifier le prêt d'une telle somme, et qu'il est à deux doigts d'être remplacé par un guichet automatique. Commentez le lien entre la technologie et le chômage.

Scène 3: Nous sommes 225 personnes au village!

(minutes de 1:8:56 à 1:15:42)

La discussion entre les administrateurs (M. Dupré en tête) et le comité du village dans le café au sujet de l'usine. Peut-on dire que cette scène constitue le dénouement du film? Comment la vérité est-elle révélée?

Scène 4: La tristesse du Dr. Lewis

(minutes de 1:28:52 à 1:33:36)

Le docteur Lewis est au bar en train de noyer sa tristesse dans l'alcool après avoir appris la tromperie de Brigitte. Analysez l'effet que cela a produit sur Germain.

6. **Activité de conversation en groupes**

En petits groupes, choisissez et discutez de l'un des thèmes suivants (ou un autre que vous pourriez remarquer dans ce film), puis présentez-le en classe:

Le préjugé	La province
La centralisation	La corruption
L'hospitalité	L'humour
La diversité culturelle	La mondialisation
La diglossie	L'industrialisation

7. **Analyse de citations dans le film**

Identifiez ceux qui ont tenu les propos suivants. Analysez-les en les replaçant dans leur contexte:

1. _____: "Les goûts, ça ne se discute pas!"

2. _____: "Le système n'est plus fait pour des petits villages comme le nôtre."

3. _____: "Ils ont tissé une toile de mensonges."

4. _____: "Soit on jette le poisson à l'eau et on arrête la séduction, ou bien 24 sur 24 pendant 5 ans on reste le village que le docteur pense qu'on est."

5. _____: "Je vous mets tous au défi. Qui veut écouter du jazz fusion?"

6. _____: "J'ai une procuration noir sur blanc que je peux encaisser le chèque de Mr. Provencher."

7. _____: "Il y a quelque chose ici qui est extraordinairement vrai."

8. _____: "Je n'écouterais pas du jazz fusion pendant cinq ans."

9. _____: "La dure séduction, pendant cinq ans on reste le village que le docteur pense qu'on est."

8. **Sujets de discussion**

1. Le film est tourné à Harrington Harbour au Québec. Faites des recherches sur ce village, puis faites une petite présentation à vos camarades.

2. Ce film est-il plus proche des films hollywoodiens ou plutôt des films français? Dites comment et pourquoi.

3. Quels sont les avantages et inconvénients de vivre dans un petit village?

4. Le film a commencé et s'est terminé avec un rituel social. Quels sont les rituels sociaux (ou personnels) que vous connaissez?

9. **Activités de rédaction**

1. Dans quelle mesure peut-on dire que ce film est similaire au film *Bienvenue Chez les Ch'tis?*

2. Quelle est la différence entre l'humour français et l'humour québécois?

3. Comparée aux autres régions francophones étudiées dans ce livre, quelle est la spécificité de la culture québécoise?

Lecture

Lisez l'article suivant et répondez aux questions.

Québec: Histoire et patrimoine

Le 3 juillet 2008, la ville de Québec a célébré le 400ème anniversaire de sa fondation par l'explorateur français Samuel de Champlain. Peu de villes en Amérique du Nord peuvent s'enorgueillir d'une telle longévité. Lorsqu'il choisit le site de "Kébec" (mot d'origine amérindienne signifiant "là où le fleuve se rétrécit"), Champlain se doutait-il alors que Québec deviendrait le site fondateur de la civilisation française en Amérique?

Aux XVIIe et XVIIIe siècles, la ville de Québec fut en effet le centre névralgique d'un empire, la Nouvelle-France, qui couvrait alors un territoire immense. Celui-ci correspondrait aujourd'hui à tout l'est du Canada et à la moitié est des Etats-Unis, du nord de la baie d'Hudson jusqu'au sud de la Floride, en passant par les Grands Lacs et la Louisiane.

C'est au pied du cap Diamant, dans le quartier aujourd'hui appelé Place-Royale, que Champlain choisit de construire sa première "habitation." Le Centre d'interprétation de Place-Royale raconte l'histoire de ce site, considéré comme le berceau de la civilisation française en Amérique.

De poste de traite des fourrures qu'elle fut à ses tous premiers débuts jusqu'à son statut actuel de capitale nationale du Québec, la ville de

Québec a su conserver et mettre en valeur les traces de son passé. Depuis 1985, le Vieux-Québec est un arrondissement historique proclamé joyau du patrimoine mondial par l'UNESCO. La meilleure façon de découvrir ce quartier, comme bien d'autres, c'est d'arpenter en toute sécurité ses rues étroites, bordées de maisons en pierre, quelquefois percées de portes cochères pour donner accès à la cour, chapeautées de toits à deux versants ou de toits mansards. De 1608 à 1759, sauf entre 1627 et 1632 où les frères Kirke s'emparèrent de Québec, les Français sont rois et maîtres de la ville et de la colonie.

L'arrivée des premiers missionnaires, les Récolets, en 1615, est suivie par celle des Jésuites, en 1635, et par les Ursulines et les Augustines, en 1639. Ces deux communautés de religieuses sont encore bien présentes aujourd'hui. Après avoir fondé le Séminaire de Québec en 1663, Monseigneur François de Laval devient le premier évêque du diocèse de Québec nouvellement créé en 1674. Entre 1748 et 1750, les nouvelles casernes sont construites. Il s'agit du plus grand bâtiment construit en Nouvelle-France.

Par contre, en 1759, la fameuse bataille des plaines d'Abraham viendra changer le cours d'une histoire jusque-là fort tranquille. À compter de cette date, les Anglais prennent possession de la ville, puis de la colonie. L'année suivante, la France cède la Nouvelle-France à l'Angleterre par l'entremise du Traité de Paris, mettant ainsi fin à la guerre de Sept ans.

De 1775 à 1776, les troupes américaines tentent, sans succès, de s'emparer de Québec. En 1791, l'Acte constitutionnel divise la "Province of Québec" en Bas et Haut Canada, confirmant la ville de Québec comme la capitale du Bas-Canada. En 1841, l'Acte d'union crée le Canada-Uni. Durant quelques années, la capitale du pays est "ambulante" et s'établit à Québec, d'où l'appellation de "Vieille capitale."

Avec l'adoption de l'Acte de l'Amérique du Nord britannique, en 1867, la ville de Québec devient la capitale de la province de Québec. Une visite de l'Hôtel du Parlement, construit entre 1877 et 1886, et de la promenade des Premiers-Ministres, surplombant le boulevard René-Lévesque, s'avère incontournable.

Tiré de: patrimoinequebec.com/fr/historique.html

Questions

1. Qui a fondé la ville de Québec? En quelle année?
2. Pourquoi appelle-t-on Québec "la vieille capitale"?
3. Que signifie le mot "kébec"? Pourquoi a-t-on choisi ce mot?
4. Quand Québec est-elle devenue la capitale de la province du Québec?
5. Pourquoi la ville de Québec était importante aux XVIIème et XVIIIeme siècles?

6. Donnez les noms de 3 sites historiques qui, selon l'article, sont importants à visiter au Québec, et dites pourquoi ils sont importants.

7. Quelle est l'importance de la religion chrétienne dans l'histoire et la culture québécoises?

8. Pourquoi les Américains ont-ils essayé de s'emparer de Québec?

9. Quelle est l'importance du quartier Place-Royale?

10. Comment le Québec a pu mettre en valeur son passé et son histoire?

Bibliographie

Livres

Bonheur d'occasion de Gabrielle Roy, Thérien Frères, Montréal, 1945.

Pélagie-la-Charrette d'Antonine Maillet, Grasset, Paris, 1979.

Une saison dans la vie d'Emmanuelle de Marie-Claire Blais, Quinze, Montréal, 1978.

Les fous de Bassan d'Anne Hébert, Seuil, Paris, 1982.

Sites intéressants

BonjourQuebec.com

PatrimoineQuebec.com

Part 5
Women in the Francophone World

13. Faat Kiné

Le Sénégal

Superficie: 196 190 km²

Population: 12 969 606 habitants (estimation de 2012)

Capitale: Dakar

Religions: Islam (95%), Christianisme, (pour la plupart catholique, 4%), Animisme (1%)

Langues: Le wolof (parlé par 80% de la population), le pulaar, le sérère, le diola, le mandingue et le socé. Français (langue officielle)

Gouvernement: République

Taux d'alphabétisation: 39% (2012)

Espérance de vie: 56 ans pour les femmes, 54 ans pour les hommes

Industrie: pêche, phosphate, pétrole

Exportation: poisson, coton, phosphate

Cultures vivrières: arachide, riz, maïs, sorgho

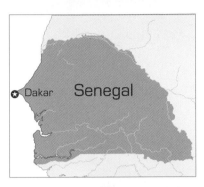

Le Sénégal est situé sur la pointe extrême occidentale de l'Afrique. Il est limité au nord par la Mauritanie, au sud par la Guinée et la Guinée Bissau, et à l'ouest par la Gambie et par l'océan Atlantique sur une longueur de 500 km. Le pays est divisé en dix régions administratives comprenant trente départements. La république du Sénégal est une démocratie avec plusieurs partis politiques.

Avant la colonisation du Sénégal, il existait plusieurs royaumes qui ont disparu par la suite. Déjà au 9ème siècle, il y a eu le royaume de Tekrour qui contient différents peuples habitant la région du Sénégal. Ensuite, les Berbères du Maroc sont arrivés et ont islamisé la région au 11ème siècle. Au début du 15ème siècle, le royaume wolof a été fondé. Il est divisé plus tard en plusieurs états.

En 1444, les Portugais sont arrivés près du Cap Vert. Pendant 150 ans, les Portugais ont eu un marché où ils échangeaient des esclaves, de l'or et de l'ivoire. En 1658, les Français ont débarqué sur une île près de la rivière Sénégal, qu'ils ont appelée "Saint-Louis" en l'honneur de Louis XIV. Vers la fin des années 1600, la présence française était la présence coloniale la plus importante au Sénégal. Entre le 16ème et le 19ème siècle, 12 à 20 millions d'Africains sont enchaînés et envoyés dans les Amériques comme esclaves.

Le Sénégal a obtenu son indépendance en 1960 avec Léopold Sédar Senghor comme premier président de la République. Senghor est connu comme l'un des poètes du mouvement de la Négritude, formé dans les années 1920 avec le Martiniquais Aimé Césaire et le Guyanais Léon Gontran Damas. Le but principal de la Négritude était de valoriser la race noire.

En 1980, Senghor a quitté le pouvoir et le premier ministre Abdou Diouf est devenu le deuxième président du Sénégal. Celui-ci a été réélu en 1988, 1993 et 1998. En mars 2000, le leader de l'opposition Abdoulaye Wade a remporté 60% des votes des élections et est devenu à son tour président. Il a été réélu en février 2007. En mars 2012, après des élections tendues, Macky Fall a eu la victoire face à Abdoulaye Wade.

Faat Kiné

"A sunny, minimalist soap opera...Offers 'both an introduction and a postscript to Sembène's work."
—Village Voice

Réalisé par Sembène Ousmane en 2000
Sénégal. 117 minutes
Scénario: Sembène Ousmane
Acteurs: Vénus Seye, Mame Ndoumbé, Ndiagne Dia, Mariama Balde, Awa Sene Sarr, Tabata Ndiaye
Musique: Yandé Codou Sene

Synopsis

Faat Kiné est un film qui montre la réalité de la vie contemporaine à Dakar, au Sénégal. Le film est l'histoire de Kiné, une femme entrepreneur qui élève ses deux enfants seule. Gérante d'une station d'essence, Kiné est une femme d'affaires qui a travaillé très dur pour gravir l'échelle économique. En flashback, on apprend comment les hommes ont profité de sa beauté, de sa jeunesse et de sa réussite économique pour l'exploiter. N'ayant pas fini son bac parce qu'elle est tombée enceinte quelques semaines auparavant, elle tient à ce que ses enfants Djib et Aby décrochent leur bac et aillent à l'université. Courageuse et indépendante, elle ne se laisse pas intimider par le monde des affaires, qui est un monde dominé par les hommes. Sa détermination, son courage et sa personnalité font d'elle une femme qui est prête à tout affronter, et contribuent à sa réussite économique et sociale. Maintenant que ses deux enfants ont réussi et que Kiné a une bonne situation, leurs pères ont soudainement réapparu pour essayer une fois de plus d'exploiter Kiné. Mais les enfants de Kiné ont compris le jeu, et entre eux et leurs pères, c'est le vieux conflit entre la tradition et la modernité, entre deux générations. Ousmane Sembène dit qu'avec *Faat Kiné* il voulait rendre hommage à l'héroïsme de la femme africaine.

Profil du réalisateur

Sembène Ousmane est né le 1ᵉʳ janvier 1923 à Ziguinchor, Sénégal. Il est considéré comme le père du cinéma africain. Il fut aussi acteur, scénariste, écrivain et surtout militant actif dans l'engagement politique et social. À partir de sept ans, il fréquente l'école coranique et l'école française, apprenant à la fois le français et l'arabe, alors que sa langue maternelle est le wolof. En 1942, Sembène est mobilisé par l'armée française et rejoint les tirailleurs sénégalais. A la fin de la guerre, il embarque clandestinement pour la France et débarque à Marseille, où il vivra de différents petits travaux. En 1956, il publie son premier roman, *Le Docker noir,* qui relate son expérience de docker. Il sera suivi en 1957 par *Ô pays, mon beau peuple.* En 1960, il publie un nouveau roman, *Les Bouts de bois de Dieu,* qui raconte l'histoire de la grève des cheminots en 1947 au Sénégal.

En 1960, Ousmane Sembène rentre en Afrique. Il voyage à travers différents pays: le Mali, la Guinée, le Congo. Il commence à penser au cinéma pour donner une autre image de l'Afrique. C'est ainsi qu'en 1961, il entre dans une école de cinéma à Moscou. Il réalise dès 1962 son premier court-métrage, *Borom Sarret* (propriétaire de charrette), suivi en 1964 par *Niaye*. En 1966 sort son premier long-métrage, intitulé *La Noire de...* (Prix Jean-Vigo de la même année). Considéré comme l'un de ses chefs-d'œuvre et couronné du Prix de la Critique Internationale au Festival de Venise, *Le Mandat* (1968) est une comédie acerbe contre la nouvelle bourgeoisie sénégalaise après l'indépendance. Sembène est un cinéaste très prolifique. Parmi ses films les plus connus, on peut nommer *Ceddo* (1979) et *Le Camp de Thiaroye* (1988). En 2000, avec *Faat Kiné*, il débute un triptyque sur "l'héroïsme au quotidien," dont les deux premiers volets sont consacrés à la condition de la femme africaine. Le second, *Mooladé* (2003), aborde de front le thème très sensible de l'excision. Pour Sembène, le griot moderne, ce qui est important, c'est que les spectateurs arrivent à réfléchir à ce qu'ils voient sur l'écran. Il est décédé en juin 2007.

Profils des deux actrices

Awa Sène Sarr qui joue le rôle de Mada, l'amie de Kiné dans *Faat Kiné* (2000) est une actrice qui a interprété plus d'une trentaine de pièces théâtrales, dont *Les Bouts de bois de Dieu* de Sembène Ousmane, et *Les Bonnes* de Jean Genet. Elle a aussi apparu dans *La Noire de...* un des premiers films de Sembène (1966). Sa filmographie en tant qu'actrice inclut *Couleur café* d'Henri Duparc (1997), *Fatima, l'Algérienne de Dakar* de Med Hondo (2002) et *Faro, la Reine des eaux* de Salif Traoré (2008) pour n'en citer que quelques-uns. Elle a aussi joué aux côtés de Danny Glover dans *Battù* de Cheikh Oumar Sissoko (2000). Elle a travaillé comme assistante à la réalisation dans *Karmen Gei* de Joseph Gaï Ramaka (2001) et a prêté sa voix à Karaba dans *Kirikou et la sorcière* de Michel Orcelot (1999). Elle a également joué dans *Kirikou et les hommes et les femmes* (2012).

Mame Ndoumbé Diop (Mammy) interprète le rôle de la mère de Kiné dans *Faat Kiné*. Elle a aussi joué dans *Guelwaar* de Sembène Ousmane (1993), *Le sifflet* (2005) d'As Thiam, *L'absence* (2009) de Mama Keïta et *Black* (2009) de Pierre Laffargue.

Expressions et vocabulaire du film

Noms

Le Prêt	la somme d'argent qu'un créancier accorde à son débiteur et que celui-ci s'engage à lui rendre ultérieurement
La Tontine	C'est une forme d'épargne et de crédit qui existe dans les sociétés traditionnelles, notamment en Afrique. Elle implique un échange circulaire et égalitaire d'argent. En clair, le principe de la tontine consiste à ce que les membres d'une association versent régulièrement une somme spécifique d'argent à une caisse commune et le montant collecté durant une période déterminée par avance est versé à chaque membre et ce, à tour de rôle. Il s'agit d'un prêt sans intérêt.
Le Taux	montant d'un prix fixé par l'Etat ou une convention
La Gérante d'essencerie	la personne qui gère une station d'essence

L'Hypothèque	le droit réel, accordé à un créancier sur un bien immobilier en garantie d'une dette, sans que le propriétaire du bien soit dépossédé
La Fille-mère	la femme qui a un enfant hors mariage
La Crémaillère	le repas, la fête ou réception pour célébrer l'installation dans un nouveau logement
La Capote	le préservatif masculin
Le Salaud	la personne méprisable qui n'a pas de morale
La Boum	la fête musicale et dansante organisée par les jeunes.
La Mendicité	l'action de mendier, le fait de demander l'aumône
L'Usurière	la personne qui prête de l'argent en exigeant un intérêt supérieur au taux légal ou aux usages commerciaux
La Polygamie	le fait d'avoir deux épouses ou plus simultanement
Le Tonton	l'oncle
La Mecque	lieu de pèlerinage chez les Musulmans
Un Cambiste	un banquier spécialisé dans les opérations de change
La Quincaillerie	bijoux sans valeur ou de mauvais goût
Le Sida	une maladie infectieuse causée par un virus appelé HIV, transmis par voie sexuelle ou sanguine
L'Allocation	la somme donnée par le gouvernement ou des services sociaux généralement aux personnes qui ont un revenu modeste pour les aider à joindre les deux bouts. Il y a différents types d'allocations: les allocations familiales, les allocations logement, les allocations de maternité, les allocations prénatales, entre autres.

Verbes

Epouser quelqu'un	se marier avec quelqu'un
Reconsidérer un projet	revoir un projet
Se rouiller	affaiblir; perdre ses capacités; perdre sa souplesse
Conquérir	s'assurer la possession de quelque chose; vaincre
Empocher	s'approprier quelque chose, par exemple de l'argent, avec avidité et empressement
Emprunter	recevoir à titre de prêt
Prêter	mettre quelque chose à la disposition de quelqu'un à condition qu'il le rende
Décrocher le bac	obtenir le diplôme de fin d'études secondaires
Régler	adapter ou organiser en vue d'une certaine fin; faire fonctionner correctement
Engrosser	rendre une femme enceinte

Adjectifs

Célibataire	un homme ou une femme qui n'est pas marié
Méchant(e)	quelqu'un qui se plaît à provoquer la souffrance morale, physique ou psychologique chez autrui

Egoïste	quelqu'un qui est seulement préoccupé par son propre intérêt ou plaisir
Sincère	qui exprime ses vrais sentiments et pensées; qui ne cache pas la vérité
Aîné(e)	plus âgé(e)
Déprimant(e)	triste, morose
Faux/sse	qui est contraire à la vérité; qui ne permet pas d'atteindre la vérité
Formidable	extraordinaire, remarquable, admirable

Expressions Diverses	**Signification**
As-salâm aleïkoum	Que la paix soit avec vous!
Félicitations du jury	mention fort louable attribuée à un candidat qui a réussi brillamment à un examen
Tête de mouton	quelqu'un qui se laisse influencer facilement; stupide et naïf
Tché Bou dhien	plat national sénégalais, composé de riz et depoisson

Activités

1. **Vocabulaire**

   Complétez le texte suivant avec les mots appropriés de la liste ci-dessous :

   études supérieures, le prêt, âgée, épouser, baccalauréat, indépendante, une hypothèque

   Kiné a fait _____ en utilisant _____ de sa maison pour payer les études de ses deux enfants. Tous les deux ont réussi au _____ et comptent continuer leurs _____ à l'étranger. Ils s'inquiètent pour Kiné, car ils pensent qu'elle sera triste toute seule. Ils lui proposent d'_____ Jean, un ami de la famille. Kiné leur a dit qu'elle est assez _____ et _____ et peut trouver son propre mari.

2. **Contexte**

   1. Que savez-vous du Sénégal? Consultez Internet et trouvez des informations générales sur ce pays.

   2. Comment est la situation économique des femmes sénégalaises?

   3. Consultez le site du Sénégal Ecovillage Micro-finance Fund (sem-fund.org/). Quel est son objectif? Comment cette organisation aide-t-elle les femmes à devenir indépendantes?

   4. Quelle est le remède à l'épidémie du VIH (HIV) au Sénégal? Consultez le site de l'Alliance National Contre le Sida (ancs.sn). Quel est le plan national pour lutter contre le Sida?

3. **Les personnages**

Acteurs/Actrices	Personnages
Venus Seye	Faat Kiné (Fatou): le personnage principal
Mariama Balde	Aby: fille de Kiné
Ndiagne Dia	Djib: fils de Kiné
Awa Sène Sarr	Mada: L'amie de Kiné
Mame Ndoumbé	Mammy: la mère de Kiné

4. **Questions après le visionnement du film**

1. Comment les femmes sont-elles vues dans *Faat Kiné*?
2. Décrivez Kiné. Quelles sont ses caractéristiques?
3. Pensez-vous que Kiné est une femme qui a réussi? Justifiez votre réponse.
4. *Faat Kiné* est un film qui traite du thème de la tradition et la modernité. Comment se présente ce thème dans le film?
5. Quel est le rôle du père ? Comment l'absence du père affecte-t-elle la vie des enfants (Djip et Aby)?
6. Pourquoi Djib et Aby appellent leur mère par son prénom?
7. La mère de Kiné et ses enfants pensent qu'ils doivent trouver un partenaire pour Kiné. Pourquoi? Qu'est-ce que cela nous dit à propos des femmes indépendantes seules?
8. Que pensez-vous de la réaction de Djib vis-à-vis des deux pères quand ils arrivent pendant la fête chez Kiné?
9. Est-ce que l'on peut dire que les pères (celui de Djib et celui d'Aby) représentent la nation (le Sénégal)? Comment et pourquoi?
10. Pourquoi est-il important pour Kiné que les enfants réussissent en obtenant leur bac?
11. Pourquoi le père de Faat Kiné a-t-il essayé de la brûler?
12. Être gérante d'une station d'essence est un métier qui est traditionnellement réservé aux hommes. Pourquoi pensez-vous que Sembène a fait de Kiné la gérante d'une station d'essence?
13. L'alternance entre l'utilisation des deux langues (le wolof et le français) est très intéressante. Commentez sur cette utilisation. A quel moment les gens utilisent-ils le wolof?
14. Qu'est-ce que la tontine? Comment ce système aide-t-il les gens à progresser économiquement?
15. Que représente la relation entre Kiné et Jean à la fin du film?
16. Pensez-vous que Kiné abuse de sa puissance dans sa relation avec les gens?

5. **Analyse de scènes**

Regardez les scènes suivantes et commentez-les.

Scène 1: Kiné revit son humiliation

(minutes de 9:18 à 14:07)

Kiné en flashback revoit son humiliation quand elle est expulsée du lycée à cause de sa grossesse. Commentez l'injustice que les femmes subissent.

Scène 2: La mère de Kiné et ses enfants complotent pour lui trouver un mari

(minutes de 29:49 à 33:44)

Qu'apprenons-nous sur la culture et le mariage?

Scène 3: La conversation entre Kiné et ses amies au restaurant

(minutes de 1:04:42 à 1:10:30)

Une des amies de Kiné dit: "Malheureusement pour moi, j'ai un nouveau statut social. On m'a remariée."

Une autre remarque: "Femmes seules, travailleuses, chargées de famille, nous avons tous les inconvénients des hommes mais aucun de leurs avantages." A cela, Kiné répond: "Si seulement le travail libérait la femme, nos paysannes seraient libres." Kiné s'exclame aussi que sa maman lui répétait: "Notre génération de femmes, nous sommes affluents et confluents..." Analysez et commentez ce dialogue.

Scène 4: Djib et Aby célèbrent la réussite de leur bac

(minutes de 1:43:0 à 1:54:08)

Cette scène est une scène-clé puisqu'elle présente une confrontation entre les jeunes et les adultes, précisément entre Djib et les deux pères. Djib accuse les deux hommes (M. Gaye et Boubacar Oumar Payane) de profiter de Kiné et d'être irresponsables. M. Sène, qui a accompagné le père d'Aby à la fête, dit à Djib: "Ici en Afrique, les pères sont respectés, les vieillards sont honorés. Ce sont des valeurs morales que nous avons héritées de nos ancêtres." Djib, pour sa part répond: "Le droit à la paternité exige des devoirs, voire des responsabilités…Ta morale ne s'applique qu'aux jeunes, c'est de l'hypocrisie."

Comment cette scène révèle-t-elle le conflit entre la tradition et la modernité? Commentez le comportement des deux pères. Quelle remarque pouvez-vous faire sur les relations homme/femme?

6. **Activité de conversation en groupes**

En petits groupes, choisissez et discutez de l'un des thèmes suivants (ou un autre que vous pourriez remarquer dans ce film), puis présentez-le en classe.

Le rôle de la femme dans la société africaine	La jeunesse
Les rapports homme/femme	L'économie
Le mariage/la polygamie	La religion
La sexualité/le SIDA	L'éducation
Le père absent	La représentation de Dakar

7. **Analyse de citations dans le film**

Identifiez ceux qui ont tenu les propos suivants. Analysez-les en les replaçant dans leur contexte:

1. _____: "Mère, célibataire, vendeuse d'essence, je blesse votre récent orgueil de bachelier."

2. _____: "Le droit à la paternité exige des devoirs, voire des responsabilités…Ta morale ne s'applique qu'aux jeunes, c'est de l'hypocrisie."

3. _____: "En moins de deux ans et demi, tes trois épouses ont accouché."

4. _____: "Je ne suis plus vierge, je ne suis pas enceinte et j'ai mon bac."

5. _____: "Religieusement, le Sida n'a pas d'adeptes, il a des sujets; on ne s'en guérit pas."

6. _____: "J'ai mon bac et je ne veux pas devenir gérante d'essence!"

7. _____: "Je ne connais pas la famille élargie, c'était l'époque de mes grands-pères."

8. _____: "Aby et moi, nous souhaitons que tu te trouves un partenaire."

9. _____: "Vous êtes l'embryon du néocolonialisme libéral! Et vous, vous êtes un Africain de l'époque coloniale!"

10. _____: "Femme seule, travailleuse, chargée de famille, nous avons tous les inconvénients des hommes mais aucun de leurs avantages."

11. _____: "Toi, tu es l'embryon du néo-colonialisme."

12. _____: "L'âge n'est pas important. L'éducation est la clé à tout."

8. **Sujets de discussion**

1. Que représentent Pathé et les mendiants dans le film?

2. Peut-on dire que *Faat Kiné* est un film féministe?

3. Pensez-vous que Sembène veut passer un message en faisant de Kiné la gérante d'une station d'essence, une profession généralement réservée aux hommes?

4. Kiné peut être vue comme une femme moderne. Donnez des exemples de cette modernité.

5. Le Sénégal est présenté comme une société qui est à la fois moderne et patriarcale. Comment le film dénote-t-il cela?

6. Pourquoi, selon vous, Sembène a-t-il utilisé la scène avec la jeune dame voilée et le jeune homme qui porte l'enfant? Que représente cette scène?

9. **Activités de rédaction**

Choisissez un des sujets suivants et faites des recherches pour votre rédaction.

1. Plusieurs films font le portrait de la femme: *Poto Mitan, Rue Cases-Nègres,* et *Bataille d'Alger.* Comparez le caractère des femmes dans deux de ces trois films.

2. Faites des recherches sur le statut de l'éducation des femmes au Sénégal.

3. Comment Sembène montre-t-il que les rôles traditionnels (entre les enfants et les parents, les hommes et les femmes, etc.) ont changé? Donnez des exemples précis.

4. Kiné est une femme indépendante, mais dans son rapport avec sa mère, elle donne l'impression d'être une petite fille. Qu'en pensez-vous?

5. Sembène Ousmane a commenté que ce sont les femmes qui maintiennent l'économie africaine. Cependant, elles n'ont pas le même privilège que les hommes. Pourquoi pensez-vous que c'est le cas? Comment cela peut-il changer?

Lisez cet extrait tiré de l'article et répondez aux questions qui suivant.

"La femme compte-t-elle vraiment dans la société africaine?"

Longtemps considérée dans certaines coutumes africaines, et même sénégalaises, comme inférieure à l'homme et devant se soumettre à lui, ou du moins comme une personne devant seulement s'occuper de son foyer, la femme africaine a fini par se mettre à l'écart de toutes les sphères de décisions, même dans la société moderne. Elle devait obéir à ses parents, à son époux; son avis n'étant presque jamais pris en compte. Elle n'est pas consultée avant les prises de décisions, même en ce qui la concerne. Son rôle principal était non seulement de s'occuper du foyer, mais aussi d'assurer la pérennisation de la famille: pour cela la femme sans enfant était peu considérée.

Bien que marquée encore par le poids de la coutume, la femme sénégalaise semble aujourd'hui sortir progressivement de ce stéréotype qui l'a longtemps caractérisée.

Le Sénégal est un de ces pays africains dans lesquels les femmes se sont mises, au fil des années, au premier plan dans la vie sociale, politique et économique. Les associations féminines y sont florissantes, ce qui a conduit au niveau étatique à la création du Fonds National pour la Promotion de l'Entreprenariat Féminin (FNPEF).

Les principaux éléments qui rendent minimes la participation des femmes à la vie de la cité dans ce monde moderne sont le taux élevé de l'analphabétisme, la faible participation ou intégration dans les activités socio-économiques, et le poids des coutumes et traditions.

Elles étaient totalement absentes des activités génératrices de revenus. Aujourd'hui, la pente connaît un réel redressement, et il n'est pas rare de voir, dans certains foyers, la femme tenir le rôle traditionnel de l'homme, c'est-à-dire pourvoir aux besoins de la famille, et même parfois prendre aussi en charge économiquement son mari.

La femme sénégalaise, quoi qu'on puisse dire, a une indépendance et une autonomie plus ou moins importantes, selon les régions et la religion. Elle est aujourd'hui présente dans tous les domaines économiques.

Comme dans beaucoup de pays en voie de développement, l'illettrisme et l'analphabétisme sont importants au Sénégal et sont un frein à la croissance. Ils constituent en fait, dans notre société moderne, le point principal de la relégation de la femme en seconde zone. Dans le monde rural et, dans une moindre mesure, dans le monde urbain, les parents investissent plus facilement dans le suivi scolaire du garçon que dans celui de la jeune fille.

Longtemps, dans beaucoup de coutumes africaines, on a pensé que la scolarisation des filles n'était pas nécessaire, vu que celles-ci sont appelées, par les liens du mariage, à quitter leur famille d'origine. Mais force est de reconnaître que l'élévation du niveau d'éducation des filles a une incidence favorable sur la croissance économique. Dans certaines villes du pays et particulièrement dans la capitale, Dakar, on voit la situation s'inverser petit à petit, et des experts pensent que d'ici cinq ans, la population féminine, au niveau lycée dans la région, sera supérieure à la population masculine.

Au Sénégal, les femmes détiennent quasiment le monopole du petit commerce et de l'exploitation des fruits et légumes. En association ou de manière individuelle, elles sont présentes dans tous les marchés du pays. La micro entreprise est aussi un lieu dans lequel la présence féminine est très importante. "Il est évident que le manque d'accès des femmes aux ressources économiques, à la propriété et aux titres fonciers contribue à anéantir les efforts de lutte contre la pauvreté en Afrique [...] Les femmes africaines sont des agricultrices et exécutent 70% au moins des tâches agricoles...

Aujourd'hui, les femmes africaines sont de plus en plus actives dans le domaine de la micro finance. De fait, depuis quelques années, s'est développé au Sénégal un phénomène assez particulier et qui gagne de plus en plus du terrain, même en zone rurale. Ce nouveau phénomène est celui des "Tontines."

Ce nom viendrait de Tonti : nom d'un banquier italien (Lorenzo Tonti) du XVII siècle. Son invention est la toute première tentative d'utilisation de lois de probabilité pour constituer des rentes. Ce système d'épargne semble répandu sur l'ensemble du continent. Il est quasi exclusivement pratiqué par les femmes. La tontine est avant tout un système de répartition des ressources à l'échelon local, et elle dépasse rarement le cadre du petit groupe d'amis ou du quartier ou du village. Le principe de la tontine pratiquée au Sénégal est simple : chaque semaine, la mère de famille donne une somme fixe (habituellement entre 500 et 1000 CFA) et, mensuellement, une ou plusieurs familles se voient attribuer à tour de rôle, et généralement en présence de tout le groupe, une somme importante. Cette somme attribuée à l'avance permettra à la famille nécessiteuse d'avoir une importante somme avant que son tour n'arrive.

Si ce système a connu et connaît encore de beaux jours, c'est certainement à cause d'une confiance mutuelle régnant entre les femmes qui composent ce groupe et qui se connaissent généralement toutes ; mais aussi à cause de leur solidarité, avec la possibilité du groupe d'intervenir dans des cas particuliers directement envers l'une d'entre elles qui éprouverait des difficultés réelles. Il faut aussi préciser qu'avec la "Tontine," la personne ne rembourse pas le montant alloué, mais devra simplement s'acquitter de sa cotisation chaque semaine. Ce qui rend ce système plus acceptable que les banques traditionnelles pour nombre d'Africains: c'est que dans la plupart des cultures, et particulièrement dans les cultures sénégalaises, les gens sont moins portés à contracter des dettes, mais plutôt à faire le troc ou l'échange. Sans oublier que, avec les prêts, les banques poursuivant en justice en cas de non remboursement et vous arrachent tout ce que vous leur devez.

S'il est vrai que la femme africaine, particulièrement sénégalaise, cherche encore à se frayer une place confortable dans la société du point de vue de l'égalité homme-femme, il n'en demeure pas moins qu'à ce jour elle puisse se sentir de plus en plus autonome et libre dans ses activités quotidiennes et de pouvoir, comme les hommes, exercer une activité génératrice de revenus qui lui soient propres.

Ce qui semble manquer le plus à la femme sénégalaise, c'est bien cette autonomie financière qui l'amènera à ne pas dépendre entièrement de l'homme, mais aussi l'égalité des chances à l'éducation. La volonté politique de changer cette situation, qui est un frein à la croissance même de ce pays, pourra créer, et de manière peut-être imminente, une nouvelle force tant sur le plan économique que social: la force féminine qui se présente de plus en plus en Afrique comme une voie obligatoire pour un développement durable et global.

L'article de Jacques Aimé Sagna,
est paru le 4/8/2005 sur le site de l'Agence Fides

Questions

1. Quelle est l'idée générale de l'article?
2. Qu'est-ce qu'une tontine? D'où vient le terme "tontine?"
3. Décrivez trois problèmes majeurs auxquels la femme sénégalaise fait face selon l'article.
4. Qu'est-ce que le FNPEF? Quel est son but?
5. Comparez les défis auxquels les femmes font face dans cet article et dans le film *Faat Kiné?* Donnez des exemples précis.
6. Quelle est l'importance de la scolarisation des filles?
7. Quel est le lien entre la culture et la situation des femmes au Sénégal?

Bibliographie

Livres

Une si longue lettre de Mariama Bâ, Serpent à Plumes, Paris, 2002.

Juletane de Myriam Warner-Vieyra, Présence Africaine, Paris, 2001.

Femmes échouées de Myriam Warner-Vieyra, Présence Africaine, Paris, 1988.

Xala de Sembène Ousmane, Présence Africaine, Paris, 1973.

Voltaïque de Sembène Ousmane, Présence Africaine, Paris, 1962.

Les bouts de bois de Dieu de Sembène Ousmane, Pocket, Paris, 2002.

La grève des Battù d'Aminata Sow Fall, Nouvelles Editions Africaines, Dakar, 1980.

Maman a un amant de Calixthe Beyala, Editions J'ai lu, Paris, 1993.

Comment cuisiner un mari à l'africaine de Calixthe Beyala, Albin Michel, Paris, 2000.

Un chant écarlate de Mariama Bâ, Nouvelles Editions Africaines, Dakar, 1981.

La parole des femmes de Maryse Condé, l'Harmattan, Paris, 1979.

Ombre Sultane d'Assia Djebar, Lattès, Paris, 1987.

Le livre d'Emma de Marie Célie Agnant, Remue-Ménage, Paris, 2001.

14. Indochine

Le Viêt Nam

Superficie: 331 690 km²

Population: 91 519 289 millions d'habitants (estimation en 2012)

Capitale: Hanoï (population: 6 millions – estimation en 2009)

Religions: Bouddhisme (9,3%), Catholicisme (6,7%), Hoa Hao (1,5%), Cao Dai (1,1%), Islam (0,1%) Protestantisme (2%), Judaïsme, (1%), aucune religion (80.8%)

Langues: la langue officielle est le vietnamien. Le français est parlé par environ 120,000 personnes et reste une langue privilégiée. Il y a aussi le khmer (cambodgien), le viêt, le hmong et le chinois entre autres

Gouvernement: République

Taux d'alphabétisation: 93% (estimation de 2011)

Espérance de vie: 72 ans (estimation de 2012)

Industrie: transformation des aliments, vêtements, chaussures, pétrole, charbon, acier, ciment, engrains chimiques, caoutchouc

Exportation: riziculture (3ème exportateur mondial de riz), pétrole

Cultures vivrières: riz, café, thé, sucre, poivre, soja, arachide, banane, fruits de mer

Le Viêt Nam (ou bien Viêtnam, Viêt-Nam, Vietnam ou Viet Nam) est un pays qui se trouve en Asie du sud-est, situé plus exactement à l'est de la péninsule indochinoise. Le Viêt Nam a des frontières avec la Chine au nord et avec le Laos, le Cambodge et le golfe de Thaïlande à l'ouest. Il est aussi bordé par la mer de Chine méridionale à l'est et au sud. Le Viêt Nam est devenu indépendant de la France le 2 septembre 1945.

Généralement, les historiens considèrent que le Viêt Nam était fondé en 2877 av. J.-C., dans l'actuelle Chine. Il y a plusieurs groupes ethniques au Viêt Nam. Les Viêt ou Kinh, qui forment l'ethnie majoritaire, se voient comme un peuple avec sa propre cosmogonie, et qui fut créé depuis le début du monde. Ils se considèrent comme enfants de la fée et du dragon dans la mythologie. Le Viêt Nam a une longue histoire avec plusieurs invasions, insurrections, empires, dynasties, guerres, etc. En 1516, les premiers occidentaux, des marins portugais, ont débarqué au Viêt Nam. Puis le pays était divisé en deux parties: le nord et le sud. Les Français sont arrivés à Da Nang en 1858 et ils y ont fondé la colonie française de la Cochinchine en 1865, et un protectorat français au Tonkin en 1884. En 1930, le Parti communiste indochinois est formé, et en 1940, il y a eu l'invasion japonaise avec l'appui du gouvernement de Vichy. Peu de temps après, la résistance vietnamienne a commencé avec la fondation du Viet Minh. Le 2 septembre 1945, Hô Chi Minh a proclamé l'indépendance de la République Démocratique du Viêt Nam. De 1946 à 1954, c'est la guerre d'Indochine. En 1949, l'administration française a créé l'état du Viêt Nam au sud. Après la défaite française de Diên Biên Phû le 7 mai 1954, il y eut les accords de Genève. La partition du pays a été donc faite avec la République Démocratique du Viêt Nam au nord (ou Nord Viêt-Nam) avec un état communiste et la République du Viêt Nam au sud (ou Sud Viêt-Nam) avec un régime nationaliste dirigé par Ngo Dinh Diem.

Pendant les décennies qui ont suivi, il y eut plusieurs facteurs et évènements qui ont affecté le pays, notamment la guerre du Viêt Nam, la réunification du pays, la fin du régime des Khmers rouges, l'occupation du Cambodge, l'enlèvement de l'embargo américain en 1994, parmi d'autres. Plus récemment, le Viêt Nam continue à émerger comme un des pays asiatiques les plus importants avec son accession à l'Organisation Mondiale du Commerce et membre non-permanent au Conseil de Sécurité des Nations-Unies.

Officiellement, le Viêt Nam est considéré comme une République socialiste. Le président actuel du Viêt Nam est Truong Tàn Sang, qui est à la tête de l'état depuis 1997. Seul le parti communiste vietnamien est autorisé, et c'est lui qui contrôle toutes les institutions du pays. Il existe une assemblée nationale vietnamienne qui est renouvelée tous les cinq ans.

Le climat est varié selon les régions, à cause des différences de latitude et du relief. Mais en général, au sud, le climat est de type tropical, et au nord, subtropical et humide avec des moussons. Le Viêt Nam contient plusieurs groupes ethniques à travers le pays, mais les groupes les plus importants sont les Viêt ou Kinh, les Khmers, les Cham, les Hoa et les Hmong.

Indochine

Réalisé par Régis Wargnier en 1992
France. 148 minutes
Drame / Film historique
Acteurs: Catherine Deneuve, Vincent Perez, Linh Dan Pham, Jean Yanne, Dominique Blanc, Henri Marteau, Carlo Brandt
Musique: Patrick Doyle

Synopsis

Ce film raconte l'histoire d'Eliane Devries, l'héritière d'une famille française qui possède une plantation d'hévéas dans l'Indochine des années trente, et de sa fille adoptive, Camille. Tout semble normal jusqu'au moment où Jean-Baptiste, un jeune officier de la marine française, fait connaissance avec ces deux femmes et bouscule leur vie à jamais. Toute cette histoire est racontée dans le contexte de l'Indochine coloniale.

Prix

Oscar du meilleur film étranger, 1993.
César de la meilleure actrice - Catherine Deneuve, 1993.
César de la meilleure actrice dans un second rôle - Dominique Blanc, 1993.
César de la meilleure photo - François Catonné, 1993.
César du meilleur son - Dominique Hennequin et Guillaume Sciama, 1993.
César du meilleur décor - Jacques Bufnoir, 1993.

Nominations

Oscar de la meilleure actrice - Catherine Deneuve, 1993.

César du meilleur film, 1993.

César du meilleur réalisateur - Régis Wargnier, 1993.

César du meilleur espoir féminin - Linh Dan Phan, 1993.

César du meilleur acteur dans un second rôle - Jean Yanne, 1993.

César de la meilleure musique écrite pour un film - Patrick Doyle, 1993.

César du meilleur montage - Geneviève Winding, 1993.

César des meilleurs costumes - Pierre-Yves Gayraud et Gabriella Pescucci, 1993.

Profil du réalisateur

Régis Wargnier est un réalisateur et scénariste français né à Paris le 18 avril 1948. De 1972 à 1984, il travaille comme assistant réalisateur avant de réaliser son premier film, *La Femme de ma vie*, en 1986, qui lui vaut le César de la meilleure première œuvre. Il tourne ensuite *Je suis le seigneur du château*, suivi *d'Indochine*, qui obtient immédiatement un immense succès tant en France qu'à l'étranger. Il remporte d'ailleurs l'Oscar du meilleur film en langue étrangère et cinq Césars, dont celui de la meilleure actrice attribué à Catherine Deneuve. En 1995, Régis réunit Emmanuelle Béart, Daniel Auteuil et Jean-Claude Brialy dans *Une femme française*, et en 1999 il collabore à nouveau avec Catherine Deneuve dans *Est-Ouest*. Après un détour par le documentaire, il revient au cinéma en 2005 avec *Man to Man*, puis en 2007 avec *Pars vite et reviens tard*, l'adaptation du polar de Fred Vargas. En 2011, il réalise *La ligne droite*, un film qui raconte l'histoire d'un jeune athlète aveugle. Régis Wargnier est élu à l'Académie des beaux-arts le 4 avril 2007.

Profil d'un acteur

Vincent Pérez est né en 1964 à Lausanne, en Suisse. Il a fait des études de photographie et d'art dramatique. Il a aussi étudié au conservatoire. Il est acteur, réalisateur et scénariste. Son début au cinéma se fait en 1985 avec *Le Gardien de la nuit*. Puis, en 1990, il obtient une réputation internationale pour son rôle dans *Cyrano de Bergerac*, qui lui a permis d'être nominé aux César comme meilleur espoir masculin. Avec *Indochine* en 1992, il est de nouveau sur la scène internationale et reçoit le prix Jean Gabin. En 1998, il reçoit le César du meilleur acteur pour un deuxième rôle dans le film *Le Bossu*. Il débute comme réalisateur en 1992 avec un court-métrage, *L'échange*, qui est nommé au prix du jury de court-métrage. En 2002, il réalise son premier long métrage, *Peau d'ange*, suivi de *Si j'étais toi* en 2007.

Profil d'une actrice

Catherine Deneuve est née à Paris le 22 octobre 1943. Elle a commencé à jouer dans le cinéma avec un petit rôle dans le film *Les collégiennes* d'André Hunebelle en 1956. Quatre ans plus tard, elle joue avec sa sœur Françoise dans *Les portes claquent* de Jacques Poitrenaud.

En 1964, elle joue dans *Les parapluies de Cherbourg*, un film musical de Jacques Demy pour lequel elle a reçu la Palme d'or au Festival de Cannes et le Prix Louis Delluc. Ce

Catherine Deneuve at Cannes in 2000. Photograph by Rita Molnár.

film lui a permis d'être considérée comme la révélation de l'année 1964 et devient l'incarnation de l'idéal féminin grâce à sa beauté et sa gaieté. Catherine Deneuve est aujourd'hui l'une des actrices françaises les plus connues dans le monde. Elle a reçu un grand nombre de prix pour son travail, notamment le César de la meilleure actrice pour *Le dernier métro* (1981) et *Indochine* (1993), et le Prix du cinéma européen pour la meilleure actrice pour *Huit femmes* (2002). Elle compte plus de 100 films à son effectif. Deneuve est aussi très active politiquement et socialement. Elle se joint aux divers mouvements de lutte contre les injustices et particulièrement pour les droits des femmes et des sans-papiers, sans oublier son combat contre la peine de mort.

Expressions et vocabulaire du film

Noms

Le Caoutchouc	substance élastique provenant du latex de plantes tropicales, servant à fabriquer des pneus, par exemple
L'Hévéa	arbre duquel on extrait du latex, utilisé pour faire du caoutchouc
La Raclée	défaite écrasante
Le Marionnettiste	celui qui actionne une figure de bois ou de carton qui joue un rôle
L'Autel	table servant à célébration d'une messe, d'un culte.
Le Béthel	poivrier de la famille des pipéracées; l'on mâche les feuilles de cette plante
La Révérence	geste de salutation ou respect profond, vénération
L'Embranchement	point de rencontre, de bifurcation
Le Sampan	petit bateau à fond plat et à voile unique, servant aussi d'habitation
Le Rapace	oiseau carnivore
Le Coolie	Terme désignant les travailleurs agricoles d'origine asiatique au XIXème siècle. Ce mot est aujourd'hui employé dans les pays anglophones dans un sens péjoratif.
Le Jade	silicate naturel d'aluminium, de calcium et de magnésium, de couleur vert foncé et utilisé pour la fabrication de bijoux et d'objets d'art
La Congaï	appellation d'une jeune femme vietnamienne au temps de la colonisation
Le Bagne	prison; établissement pénitentiaire où étaient envoyés les condamnés aux travaux forcés puis à la relégation
Le Malfrat	malfaiteur, truand
Le Parricide	l'acte d'assassiner un parent; l'auteur de cet assassinat
La Requête	demande écrite ou orale

Le Scellé	cachet apposé par une autorité judiciaire pour interdire l'ouverture d'un meuble ou d'un lieu
La Pagode	Lieu de culte pour les bouddhistes de l'Extrême Orient
Les Annamites	Les habitants de l'Annam

Verbes

Dissimuler	cacher
Flanquer	donner; lancer avec violence; être disposé de part et d'autre.
Renifler	flairer, pressentir
Errer	se balader, déambuler, aller çà et là.

Adjectifs

Adjugé	accordé, attribué, décerné
Bouclé	emprisonné; fermé.
Limogé	renvoyé, destitué
Cinglé	fou, déséquilibré

Expressions

Etre fagoté comme as de pique	être mal habillé
Braver la malédiction	défier le malheur, affronter le malheur

Activités

1. **Vocabulaire**

   Complétez le texte suivant avec les mots appropriés de la liste ci-dessous :
   pagode, l'autel, bouclée, requête, bagne, malfrat, congaï, parricide, dissimuler
   Une amie de Camille est allée à la _____ pour faire une _____ à ses ancêtres. D'abord, elle avance vers _____, puis elle allume une bougie. Elle pense qu'elle sera _____ une fois que les autorités apprendront qu'elle est impliquée dans les activités du parti communiste. Elle a peur d'aller au _____, car elle sait qu'on maltraite les prisonniers, surtout les _____ Il y a des gens qui la considèrent déjà comme une _____ Quand elle marche dans la rue, on la regarde comme un _____ Elle essaie de _____ son identité.

2. **Contexte**

   Indochine française: Créée en 1887, l'Indochine regroupe le protectorat du Cambodge, le Protectorat du Tonkin, le protectorat de l'Annam, la colonie de Cochinchine, et à partir de 1891, le protectorat du Laos.

   Le Tonkin, la Cochinchine et l'Annam ont par la suite formé le Vietnam, qui a proclamé son indépendance et donc son détachement du Laos et du Cambodge.

   Durant la colonisation française de l'Indochine, des centaines de Français s'y rendaient pour l'exploitation de l'hévéa qui servait à la production du caoutchouc.

3. **Les personnages**

Acteurs/Actrices	Personnages
Catherine Deneuve	Éliane Devries
Vincent Perez	Jean-Baptiste Le Guen
Jean Yanne	Guy Asselin, le chef de la Sûreté coloniale française
Linh Dan Pham	Camille, fille adoptive d'Éliane et princesse vietnamienne
Henri Marteau	Émile Devries, le père d'Éliane
Eric Nguyen	Thanh, l'étudiant et nationaliste vietnamien
Alain Fromager	Dominique, l'employé d'Eliane dans la plantation
Dominique Blanc	Yvette, l'épouse de Dominique
Carlo Brandt	Castellani, l'inspecteur de police corse
Jean-Baptiste Huynh	Étienne (adulte), fils de Jean-Baptiste et de Camille
Nguyen Tran Quang Johnny	Étienne (bébé)
Hubert Saint-Macary	Raymond
Gérard Lartigau	l'Amiral
Andrzej Seweryn	Hebrard
Mai Chau	Shen
Chu Hung	Mari de Sao
Thibault de Montalembert	Charles-Henri

4. **Questions après le visionnement du film**
   1. Comment Camille est-elle devenue la fille adoptive d'Eliane?
   2. Qu'est-il arrivé aux parents de Camille?
   3. Pourquoi Jean Baptiste cherchait-il le paysan et son fils quelques jours après avoir donné l'ordre de brûler leur sampan?
   4. Pourquoi l'officier français (tué par Camille) dit-il "la grande fête" en parlant du marché des esclaves?
   5. Pourquoi la baie d'Ha-Long est-elle sacrée pour tous les Annamites?
   6. Que symbolise le refuge de Jean-Baptiste et Camille dans la Baie d'Ha-Long?
   7. Comment Thanh a-t-il pris conscience de la condition de son peuple?
   8. Pourquoi Eliane dit que "maintenant, elle a l'Indochine en elle?"
   9. Pourquoi Jean Baptiste est-il tourmenté pendant toute la deuxième moitié du film?
   10. Qu'est-ce que Thanh est devenu par la suite?

11. Pourquoi Minh a répondu à Guy qu'il n'a pas le droit de soupçonner les acteurs de théâtre?

12. Qu'est-ce que "l'Opération Molière"? Pourquoi cette référence à Molière?

13. Pourquoi Eliane et son employée de maison disaient au moment de l'accueil du bébé Etienne qu'il "était vilain, … pas réussi, pas réussi du tout …fagoté comme as de pique"?

14. Pourquoi Guy (le chef de la Sûreté) voulait-il voir Jean-Baptiste après son arrestation? Quelle a été la réaction du chef de la marine et quelles raisons lui a-t-il données?

15. Le père de Camille a dit à Eliane qu'"en Asie, on ne meurt pas!" Que veut-il dire, à votre avis?

16. Qu'a fait Eliane pour la mémoire de Jean-Baptiste?

17. Pourquoi l'enfant a frappé Eliane vers la fin du film, et quelle a été la réaction d'Eliane?

18. Pourquoi Camille ne voulait pas rentrer chez elle à sa sortie du bagne?

19. Pourquoi disait-elle que l'Indochine est morte?

5. **Analyse de scènes**

Regardez les scènes suivantes et commentez-les.

Scène 1: L'amour et la tristesse

(minutes de 52:31 à 53:48)

Eliane et Camille aiment le même homme.

Scène 2: Jean Baptiste arrive à son poste d'affectation

(minutes de 1:05:04 à 1:07:55)

Il découvre les horreurs de l'esclavage.

Scène 3: Le trafic humain

(minutes de 1:21:37 à 1:24:55)

Un très beau paysage du Viêt Nam, mais qui représente la malédiction de l'esclavage.

Scène 4: La solidarité de la plèbe

(minutes de 1:41:19 à 1:43:15)

Les femmes paysannes se moquent des indicateurs de police, ce qui montre leur sympathie pour Camille.

6. **Activité de conversation en groupes**

En petits groupes, choisissez et discutez de l'un des thèmes suivants (ou un autre que vous pourriez remarquer dans ce film), puis présentez-le en classe.

L'exploitation	La diversité ethnique
Le colonialisme	Le multiculturalisme
L'impérialisme	Le communisme
Le système de plantation	La famille
L'amour	La trahison
La relation mère-fille	L'engagement politique
La vie de plantation	La nostalgie

7. **Analyse de citations dans le film**

Analysez les citations suivantes en les replaçant dans leur contexte:

1. _____: "C'est peut être ça la jeunesse… croire que le monde est fait de choses inséparables, les hommes et les femmes, les montagnes et les plaines, les humains et les dieux, l'Indochine et la France."

2. _____: "J'espère toute de même que mes marins vont leur flanquer une bonne raclée."

3. _____: "J'ai besoin de ce tableau. J'étouffe à Saigon, il n'y a pas de rivages, ici."

4. _____: "C'est moi qui ai donné l'ordre de saboter le sampan."

5. _____: "Je n'ai pas besoin de rêver. Tout ce que j'aime est ici, autour de moi."

6. _____: "Il est encore temps que notre histoire ne commence pas."

7. _____: "Ce sont des folies de jeunesse, de mauvaises influences à Paris. Je sais comment le ramener à la raison."

8. _____: "Bientôt, cette terre sera de nouveau à nous."

9. _____: "Un communiste pour cent arrestations. C'est la moyenne."

10. _____: "Je ne veux pas qu'elle croie que la souffrance fait partie de l'amour."

11. _____: "Vous traitez les gens comme vos arbres. Vous les achetez, et puis vous les saignez. Vous les videz. Vous êtes des rapaces!"

12. _____: "Je ne comprendrais jamais les histoires d'amour des Français. Il n'y a que folie, fureur, souffrance. Elles ressemblent à nos histoires de guerre."

13. _____: "L'obéissance a fait de nous des esclaves. Les Français m'ont enseigné la liberté et l'égalité. C'est avec ça que je les combattrai."

14. _____: "Il te salue parce que tu es un homme respectable. Un Blanc."

15. _____: "Elle est en train de devenir une légende. Une Jeanne d'Arc d'Indochine."

16. _____: "Mort aux mandarins et aux notables. Ils soutiennent les Français!"

17. _____: "Elle n'a pas eu le temps de s'attacher à toi. Tu venais juste de naître."

18. _____: "Non seulement Camille ne sortira pas du bagne, mais elle va finir communiste."

19. _____: "Je vous relève de vos serments de silence."

8. **Sujets de discussion**

   1. Le film se termine par: "Le lendemain, le 21 juillet 1954, s'achevait la conférence de Genève qui mettait fin à 15 ans de déchirement et scellait le partage en deux états distincts de ce qui s'appelait de nouveau le Viêt Nam."

   2. Comparez ces plantations de caoutchouc aux plantations de cannes à sucre (*Rue Cases Nègres*).

   3. Comparez l'esclavage dans ce film à celui de la *Rue Cases-Nègres*.

4. Comparez Camille et José. Comment ont-ils mûri? Ils sont tous deux entre leur culture d'origine et celle de France. Comment ont-ils négocié cette double culture?

9. **Activités de rédaction**

1. Faites des recherches et écrivez sur la réaction des Français pendant la guerre d'Indochine.

2. Comparez le système communiste et le système socialiste tels qu'ils sont représentés dans le film.

3. Comment est l'Indochine aujourd'hui? Y a-t-il toujours une forte présence française?

4. Faites des recherches sur l'adoption des enfants vietnamiens en France. Il y a des gens qui pensent qu'on ne doit pas adopter des enfants d'autres cultures parce qu'on les dé-culturalise. Qu'en pensez-vous?

Lecture

Lisez cet extrait tiré de l'article et répondez aux questions.

L'Indochine française - la guerre d'Indochine (extraits)

Quand, en décembre 1859, le gouvernement de Napoléon III décida de créer un établissement permanent à Saigon, il expliqua ainsi ses intentions: "*Ouvrir aux confins de la Chine une voie nouvelle à la civilisation et au commerce de l'Occident, faire respecter les missionnaires chrétiens et leurs disciples.*" Pourtant, le 5 juin 1862, Tu Duc, roi d'Annam, devait céder en toute souveraineté à la France les trois provinces orientales du Nam-Ky (Basse-Cochinchine). Un impérialisme conquérant venait ainsi de se mettre en marche. La même année, le Cambodge passait sous le protectorat français et, en juin 1867, l'amiral La Grandière s'emparait des provinces occidentales du Nam-Ky: ainsi naissait la Cochinchine française [...]

La France s'était aussi engagée à mettre en valeur les ressources de sa colonie. De fait, dès avant 1914, l'Indochine avait commencé à s'équiper grâce aux investissements publics (426 millions de franc-or) et privés (492 millions). La création de ports modernisés et de chemins de fer, le développement des charbonnages, des cotonnières et des rizières expliquent que le commerce extérieur ait quadruplé de 1887 (140 millions) à 1913 (587 millions). On n'en déduira pas que la France se serait enrichie grâce au pillage des richesses de l'Indochine ni même que celle-ci ait offert un débouché considérable à ses exportations [...]

Pendant les années de l'entre-deux-guerres, la "*mise en valeur*" de l'Indochine s'accéléra, grâce à l'afflux des capitaux privés (3 160 millions de francs de 1924 à 1932). Les emprunts coloniaux (1 400 millions) permirent le développement de l'équipement ferroviaire (3 372 km en 1938, dont les 1 738 km du Transindochinois) et du réseau routier (27 441 km). Grâce à la construction de nouvelles digues au Tonkin de canaux d'irrigation en Cochinchine les rizières s'étendirent de 4 millions d'hectares en 1913 à 5 590 000 en 1938. Mais les populations allaient-elles mieux vivre parce qu'on pouvait désormais exporter, difficilement d'ailleurs, riz et maïs, anthracite et caoutchouc?

Mais la crise des années 30 montra que le nombre des consommateurs économiques se limitait à 1 800 000 personnes, tandis que plus de 17 millions vivaient dans le dénuement total. La "*prospérité de 1929*", celle de l'"*Indochine heureuse*", ne profitait qu'à moins de 10% de la population, et d'abord à la population française civile ou, militaire (36 000 en 1937) ainsi qu'à une étroite classe riche parmi les autochtones [...] La République avait pourtant rêvé, au moins par la voix de quelques hommes généreux, d'une colonisation humanitariste des esprits et des cœurs. Tel était le "*devoir éducatif*" de la France qui devait passer par la diffusion de sa langue et de ses "lumières". Même si la réalité fut loin de ce rêve altruiste, on doit noter que nulle colonie française n'avait développé un enseignement "*franco-indigène*" aussi important. En 1939, 8 512 écoles primaires enseignaient à 617 510 élèves simultanément dans leur langue maternelle et en français. La Mission catholique instruisait dans un millier d'écoles quelque 84 000 élèves et recueillait dans 104 orphelinats plus de 10 000 enfants abandonnés. A l'université d'Hanoï, qui préparait depuis 1914 à la licence et au doctorat, 547 étudiants vietnamiens acquéraient une solide culture française et l'ouverture à toutes les disciplines scientifiques.

Ces progrès humains appelaient à terme une transformation totale du régime colonial. Mais les hommes d'Etat qui le comprirent ne crurent pas pouvoir imposer à la société coloniale les réformes qu'ils savaient nécessaires. Dès lors, les libertés fondamentales réclamées par les "constitutionnalistes" vietnamiens avec l'appui de la nouvelle bourgeoisie furent obstinément refusées. Le mouvement national voué à la clandestinité, prit une forme insurrectionnelle (soulèvement de Yen Bay) ou révolutionnaire, du fait des progrès des groupements marxistes, trotskistes et communistes alliés jusqu'en juin 1937.

La défaite française de 1940, soulignée par l'occupation de troupes nippones et le coup de force japonais du 9 mars 1945, annonça la fin de la domination blanche. L'empereur d'Annam abolit le traité de protectorat avec la France, mais, le 19 août 1945, ce fut le Vietminh, un front à direction communiste, qui s'empara du pouvoir à Hanoï puis, dans les jours suivants, à Hué et à Saigon. Le 2 septembre, Ho Chi Minh proclamait, avec l'indépendance reconquise, la naissance de la République démocratique du Vietnam.

Bien qu'ils aient vite mesuré que "*vingt-cinq millions de patriotes aspiraient à se libérer,*" les responsables civils et militaires français ne voulurent pas abandonner à la merci d›un parti totalitaire communiste les Etats de la Fédération indochinoise. Telles furent du moins l›explication officielle de cette guerre et les raisons prétendues de sa durée. Le théâtre des opérations, d'abord limité au Vietnam, finit par s›élargir à l›Indochine. Le Vietminh reçut l'appui du Pathet Lao, des Khmers-Sereis et de la petite armée Khmer-Issaraks. En 1949, la France avait dû accorder aux trois Etats associés d'Indochine le principe de leur indépendance.

Mais l'Etat du Vietnam, celui de Bao Daï, ne fut reconnu comme souverain qu'après Dien Bien Phu, le 4 juin 1954. Cependant, Paris voulut ignorer l'existence de la République démocratique du Vietnam avant d'y être contraint par la défaite militaire et les accords de Genève

Au terme de sept années et demie de luttes conduites de manière désordonnée, le bilan de cette guerre impopulaire en France était particulièrement désastreux. On comptait dans le corps expéditionnaire français, qui rassemblait des engagés volontaires issus de toute l'Union française, près de 60 000 morts ou disparus, dont un tiers de Français métropolitains et, parmi ceux-ci, 15 000 morts, dont 2 000 officiers. L'armée vietnamienne qui combattit au côté de la France aurait eu de 35 000 à 50 000 morts ou disparus, compte tenu des 16 000 prisonniers et des milliers de déserteurs. Sur le plan politique, la France fut totalement évincée du Vietnam du Nord, que les militaires et civils français durent évacuer en même temps que 887 000 vietnamiens fuyant le régime communiste. Dans l'Etat du Vietnam, celui du Sud, la France, tenue par les nationalistes pour responsable du partage de leur patrie, allait bien vite devoir céder la place.

En Indochine, la France n'avait pas su décoloniser.

Charles Robert-Ageron, *Le Monde* du 26 août 1992)

Questions

1. Pourquoi Napoléon III a-t-il créé un établissement permanent à Saigon?
2. Quel était le résultat de cette création?
3. Comment la France a-t-elle mis en valeur les ressources de sa colonie?
4. Commentez cette citation: "On n'en déduira pas que la France se serait enrichie grâce au pillage des richesses de l'Indochine ni même que celle-ci ait offert un débouché considérable à ses exportations."
5. Quel était la cause de la mise en valeur de l'Indochine pendant les années de l'entre-deux-guerres?
6. Face à la grande disparité économique de la population, quelles suggestions les économistes ont-ils faites?
7. Réfléchissez à la notion de "la colonisation humanitariste des esprits et des cœurs." Que cela implique-t-il selon vous?
8. Pourquoi les réformes étaient-elles difficiles?

9. Comment les progrès humains ont-ils transformé le régime colonial?

10. Quel est le rôle de la défaite de 1940 dans la naissance de la République Démocratique du Viêt Nam?

11. Pourquoi pensez-vous que la France n'a pas reconnu l'indépendance du Viêt Nam?

12. Commentez le bilan de la guerre d'Indochine pour les Vietnamiens et les Français.

Bibliographie

Livres

Métisse blanche de Kim Lefèvre, Editions de l'Aube, Paris, 2003.

L'amant de Marguerite Duras, Editions de Minuit, Paris, 1984.

De Hanoï à la Courtine de Pham Duy Khiêm, Paris, 1941.

La Favorite de dix ans de Makhalil Phâl, Albin Michel, Paris, 1940.

Essais franco-annamites, de Pham Quynh, Paris, 1913.

Perdre la demeure, de Pham Van Ky, Gallimard, Paris, 1961.

Le Viêt-Nam et sa civilisation, de Tran van Tung, Bellepage, Paris, 1952.

Sites intéressants

L'Indochine Coloniale (belleindochine.free.fr)

Le Courrier du Vitenam (LeCourrier.VNAgency.com.vn)

Killing Fields Musuem (KillingFieldsMuseum.com)

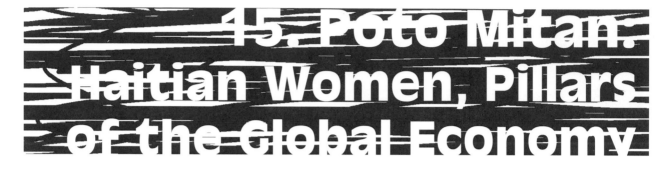

15. Poto Mitan: Haitian Women, Pillars of the Global Economy

Haïti

Superficie: 277 500 km²
Population: 9 801 664 d'habitants (estimation en 2012)
Capitale: Port-au-Prince (population: 2 143 millions – estimation de 2010)
Religions: Catholicisme (60-70%), Protestantisme (15-20%), Vaudou (20-25%)
Langues: Français et créole; le français est parlé par moins de 40% de la population
Gouvernement: République
Taux d'alphabétisation: 49% (estimation de 2011)
Espérance de vie: 62 ans (estimation de 2011)
Industrie: Presque exclusivement orientée vers l'exportation, avec des usines d'assemblage qui produisent des biens de consommation pour le marché américain; d'autre industries manufacturières produisent à petite échelle et fournissent au marché local ou aux petits artisans des produits tels que des oeuvres d'art, des meubles et des souvenirs.
Cultures vivrières: café, cacao, mangues

Haïti partage le tiers occidental de l'île d'Hispaniola avec la République Dominicaine. Haïti est défini par cinq chaînes de montagnes qui divisent le pays en trois régions: nord, sud et centre. Christophe Colomb débarqua sur l'île d'Hispaniola en 1492. Les amérindiens Arawaks qui vivaient sur l'île ont été pratiquement décimés par les colons espagnols en moins de 25 ans. En 1697, l'Espagne céda le tiers occidental d'Hispaniola à la France. Comme le piratage a été progressivement aboli, certains aventuriers français sont devenus planteurs, faisant de Saint-Domingue (l'appellation d'alors de la partie française de l'île) l'une des plus riches colonies de l'empire du 18ème siècle français. Durant cette période, les esclaves étaient amenés d'Afrique pour travailler dans les plantations de cannes à sucre et de café. En 1791, la population esclave — dirigée par Toussaint Louverture, Jean Jacques Dessalines et Henri Christophe — s'est révoltée et a pris le contrôle de la partie nord de Saint-Domingue.

En 1804, les esclaves ont acquis leur indépendance et repris leur nom indien, Haïti, ce qui signifie terre montagneuse. Haïti est la première république noire et la deuxième plus ancienne république de l'hémisphère occidental, après les États-Unis.

Environ 22 dictateurs ont dirigé le pays de 1843 jusqu'en 1915. De ce fait, Haïti a connu des périodes politiques et économiques intenses. En 1915, les Etats-Unis ont intervenu militairement pour protéger les citoyens américains et prévenir l'invasion par d'autres nations. En 1957, François Duvalier a été élu président. Il est devenu président à vie en 1964 et il a maintenu le contrôle politique absolu jusqu'à sa mort, en 1971. Pendant le règne de Duvalier, Haïti a connu des tensions politiques internes, et une sévère répression de l'opposition. Lorsque Duvalier est mort, son fils Jean-Claude a assumé la présidence. Cela a été en conformité avec un amendement à la Constitution d'Haïti qui permet au président de désigner son successeur. Jean-Claude a poursuivi de nombreuses politiques de son père. Bien que moins répressif, il n'a pas fourni le leadership nécessaire pour le développement d'Haïti. Par conséquent, Haïti a stagné politiquement et économiquement, et le mécontentement du public a monté.

Le 7 Février 1986, après des mois de tensions et de troubles civils, Jean-Claude a fui Haïti pour la France, et le CNG (Conseil National de Gouvernement) a été créé pour assurer une transition vers la démocratie qui aboutira à l'inauguration d'un président démocratiquement élu le 7 Février 1988.

Plus de trois décennies de dictature, suivies par un régime militaire, ont pris fin en 1990, lorsque Jean-Bertrand Aristide a été élu président. La plupart de son mandat a été usurpé par un coup d'état militaire, mais il a pu retourner au pouvoir en 1994 et a supervisé l'installation de son proche collaborateur et ami, René Préval, à la présidence en 1996. Aristide a été élu pour un second mandat comme président en 2000, et il a pris ses fonctions au début de 2001. Cependant, une crise politique découlant de fraude aux élections législatives en 2000 perdurait toujours.

Environ 80% de la population vit dans une pauvreté abjecte. Environ 70% de tous les Haïtiens dépendent du secteur agricole, qui se compose principalement de l'agriculture de subsistance à petite échelle, et emploie environ les deux tiers de la population économiquement active. En 2004, Haïti a célébré le bicentenaire de son indépendance (1804-2004). Cependant, c'était une célébration amère qui a poussé plusieurs Haïtiens et d'autres à questionner exactement ce qu'on célébrait. En février 2004, Aristide a quitté le pays et Alexandre Boniface, président de la cour de cassation, a assuré le pouvoir par intérim. En 2006, Préval a été élu à nouveau et est resté au pouvoir jusqu'aux dernières élections, en 2011.

Le 11 janvier 2010 un tremblement de terre de magnitude 7 sur l'échelle de Richter a frappé l'ouest du pays, et particulièrement Port-au-Prince. C'est le tremblement le plus meurtrier de toute l'histoire d'Haïti, qui a causé plus de 150,000 morts et des dégâts considérables. En octobre 2010, il y eut une épidémie de choléra qui déstabilisa de nouveau le pays et causa plusieurs centaines de morts. Avec des crises politiques, sociales et économiques, Haïti ne s'est toujours pas remis de ses déboires. Depuis mai 2011, Michel Joseph Martelly est président d'Haïti.

Poto Mitan: Haitian Women Pillars of the Global Economy

Réalisé par Renée Bergan, Mary Becker et Mark Schuller en 2009
Co-réalisé et co-produit par Claudine Michel et Gina Athena Ulysse
Haïti/Etats-Unis. 50 minutes
Documentaire
Ecrivaine/narratrice: Edwidge Danticat
Musique: Awozam, Boukman Eksperyans, The Planet Sleeps (Various Artists), Brothers Posse, Manzè Dayila and the Nago Nation, Emeline Michel, Rasin Kreyòl and The Very Best of Emeline Michel

Synopsis

À travers l'histoire de cinq femmes, Marie-Jeanne, Solange, Frisline, Thérèse et Hélène, le documentaire expose la double lutte à laquelle la femme fait face quotidiennement en tant que femme et travailleuse. Ces femmes dénotent la violence qui les entoure, la discrimination à laquelle elles font face tous les jours à cause de leur sexe, la crise économique, politique et sociale. Cependant, ces femmes offrent une lueur d'espoir à travers leur activisme collectif, leur courage et leur détermination. Elles sont convaincues qu'en agissant de manière collective, la situation peut s'améliorer car les femmes sont les "poto mitan" de la société haïtienne.

Prix Nominations

Prix Social Justice, Santa Barbara International Film Festival
Prix Indie Spec Best Documentary, Santa Barbara International Film Festival

Le saviez-vous?

Ce documentaire est basé sur les témoignages de cinq femmes ainsi que celui d'experts et activistes qui vivent en Haïti. Le documentaire est en créole, la langue parlée par tous les Haïtiens. Haïti a deux langues officielles: le français et le créole, mais plus de 50% de la population ne parle pas couramment le français.

Il y a cinq femmes qui racontent leurs luttes en Haïti et témoignent sur l'histoire de la crise politique et économique contemporaine en Haïti et l'effet de la mondialisation.

Ce documentaire est important car il donne une voix à ces femmes qui sont marginalisées.

Poto Mitan est un terme créole qui veut dire "poteau du milieu ou poteau central." Dans la tradition vaudou, il y a un poteau au milieu du temple, et c'est l'endroit où tout se passe, toutes les activités lors d'une cérémonie tournent autour de ce poteau.

Les proverbes

Les proverbes jouent un rôle important dans la culture orale haïtienne. Il y a au moins un proverbe pour chaque situation. Dans le film, on trouve deux proverbes qui illustrent la situation entre les riches et les pauvres, ainsi que l'importance de travailler ensemble pour trouver une solution viable aux crises qui ravagent Haïti. Dans ce documentaire, l'écrivaine Edwidge Danticat a utilisé ses paroles de conteuse pour entrelacer les histoires de ces femmes et pour les lier à l'histoire d'autres femmes qui se sont battues pour Haïti.

Profils des réalisateurs

Mark Schuller était étudiant à l'Université de Californie Santa Barbara quand il a voyagé en Haïti pour faire des recherches sur la mondialisation et ses effets sur Haïti. En tant qu'anthropologue, il voulait rendre quelque chose à son tour aux différents groupes qui l'ont aidé quand il faisait ses recherches. Quelques-unes des femmes lui ont demandé de faire un film pour exposer leur conditions de vie en Haïti. Avec l'aide du département de film de l'Université de Californie Santa Barbara, il a contacté Renée Bergan, qui avait déjà fait un film sur les femmes en Afghanistan après l'invasion américaine, et les deux ont travaillé ensemble.

Renée Bergan est une réalisatrice qui a fait plusieurs documentaires sur la justice sociale des femmes dans différents pays. Pour Bergan, il est essentiel de donner une voix aux femmes, d'apprendre d'elles et de partager leurs histoires avec d'autres. Sa caméra est un outil qui lui permet ce privilège. Elle ne veut pas être une autre personne de l'Occident qui parle au nom des femmes marginalisées de différents pays, elle veut plutôt leur faciliter la parole.

Expressions et vocabulaire du film

Noms

La Lutte	le combat; l'affrontement; la résistance
La Mondialisation	la globalisation
Les Syndicats	les mouvements sociaux et politiques des travailleurs, organisés pour défendre leurs intérêts, imposer des changements et, parfois, transformer le mode de production
Les Problèmes	les difficultés, les ennuis, les soucis
Le Créole	la langue parlée dans plusieurs îles des Caraïbes y compris la Martinique, la Guadeloupe, Sainte-Lucie et Haïti; c'est une langue issue du contact entre les langues européennes et les langues indigènes ou africaines. Il existe différents types de créole
La Revendication	l'action de réclamer une amélioration (de salaire, des conditions de travail...)
L'Inégalité	la disparité, l'injustice, la différence
L'Exclusion	l'exception, le rejet, l'ostracisme,
La Marginalisation	la désocialisation; exclusion; paupérisation
La Crise	le trouble, la période difficile traversée par un individu, par un groupe ou par une société tout entière
Les Usines	les ateliers, les industries, les fabriques
Les Paysans	les cultivateurs, les fermiers, les villageois
L'Éradication	la destruction, l'arrachement, le déracinement
Les Cochons créoles	les cochons haïtiens
L'Embargo	mesure de contrainte sur la libre circulation d'un objet particulier, ou sur des marchandises dans le cadre d'échanges internationaux

Verbes

Provoquer	pousser, entraîner, susciter, encourager
Opprimer	écraser, abaisser, asservir, assujettir
Résoudre	régler, solutionner, déchiffrer
Lutter	affronter, se battre, militer, se défendre
Déstabiliser	déséquilibrer, perturber, troubler
Augmenter	ajouter, renforcer, multiplier
Produire	cultiver, planter, fournir

Adjectifs

Obstiné	ferme, opiniâtre, persistant, têtu
Puissante	forte, grande, solide
Travailleuse	vaillante, consciencieuse, laborieuse, courageuse

Mots et Expressions créole

Grangou	Avoir faim
Sòl	un système de micro-crédit comme la tontine

Aba lavi chè	Mettons une fin à la cherté de la vie ("à bas la vie chère")
Baryè louvri	ouverture des barrières (pas d'impôts)
Blan	blanc, étranger
Chimè	gang ou individu qui commet des crimes

Activités

1. **Vocabulaire**

   Complétez le texte suivant avec les mots appropriés de la liste :

   piliers, alimentent, le pays, marginalisées, la violence, d'infrastructures, l'histoire, la crise, victimes, puissantes

   Les femmes haïtiennes sont les _____ de la société. Cela a toujours été comme ça à travers _____ Quand on pense à des femmes _____ comme Anacaona, Défilé et Catherine Flon, elles ont construit _____ de leurs corps et sang, mais malheureusement, elles sont _____. Pour combattre contre _____ et revendiquer leurs droits, les femmes s'organisent et protestent. Il est évident que la misère et la pauvreté _____ la violence. Les femmes sont doublement _____ de cette violence. Elle est aussi causée par le manque _____, l'exclusion et _____ socio-économique.

2. **Contexte**

   1. Que savez-vous d'Haïti?
   2. Faites des recherches sur le président actuel d'Haïti. Qui est-il?
   3. Que savez-vous du terme "Poto mitan"?
   4. Quelles sont les différentes religions et langues en Haïti?

3. **Les personnages principaux**

Marie-Jeanne	une femme qui travaille dans une usine dans des conditions déplorables pour pouvoir donner une situation stable à ses enfants.
Solange	explique les racines de la violence en Haïti et les liens entre la crise économique, la violence et la mondialisation de l'industrie textile.
Frisline	se focalise sur les discriminations de genre et de classe et les problèmes des syndicats dans les usines.
Thérèse	arrivée à Port-au-Prince en 1972, elle explique comment la situation économique s'est détériorée pendant les trois décennies.
Hélène	activiste, elle est déterminée à arrêter tous les types de violence contre les femmes et les pousse à se défendre.

La voix d'Edwidge Danticat	on entend sa voix en "voix off" tout au long du documentaire, et on voit la main d'une mère qui tresse les cheveux de sa fille. L'histoire, narrée par Danticat, met l'accent sur la puissance des femmes, leur lutte de résistance à travers des siècles, tout en rendant hommage aux femmes et à la richesse de la tradition orale haïtienne.
Autres	De nombreux activistes et citoyens des différents secteurs de la société qui veulent que la situation du pays s'améliore.

4. **Questions après le visionnement du film**

1. Que signifie le titre "*Poto Mitan*: *Haitian Women Pillars of the Global Economy*?" Pourquoi d'après vous les réalisateurs l'ont-ils choisi?

2. Quelle est l'importance de la narration de l'écrivain Edwidge Danticat que l'on entend tout au long du film?

3. Marie-Jeanne, la première femme que l'on rencontre, décrit la situation dans laquelle les gens travaillent dans l'usine. Parmi les problèmes dont elle parle, lesquels sont les plus difficiles à surmonter selon vous?

4. Quels changements Marie-Jeanne aimerait-elle mettre en place pour les employés de l'usine?

5. La pauvreté est un cercle vicieux qui est directement lié à l'éducation. Expliquez les liens entre la pauvreté et l'éducation.

6. Comment la féminisation de la pauvreté est-elle vécue par les femmes?

7. La constitution de 1987 a promis l'éducation primaire gratuite à tout le monde, mais ce n'est pas le cas. Quels sont les handicaps qui font obstacle à la réalisation de cette promesse?

8. La Banque Mondiale (World Bank), le Fond Monétaire International (FMI) et USAID sont parmi les organisations internationales qui ont contribué à la diminution de la production agricole qui maintient Haïti dans une situation de dépendance et déclenche l'exode rural massif. Expliquez comment et pourquoi.

9. Comment la mise en œuvre de la politique du néolibéralisme a-t-elle déstabilisé l'économie du pays?

10. Donnez trois images dans le film qui montrent que les femmes sont doublement victimes et marginalisées.

11. Le scandale du riz: Haïti est le quatrième importateur du riz américain dans le monde. Pourquoi? Comment cela affecte-t-il l'économie haïtienne?

12. Qu'est-il arrivé aux cochons créoles? Quelle en a été la conséquence en ce qui concerne l'économie des paysans?

13. Comment le système de "libre échange" a-t-il causé l'effondrement d'Haïti plus qu'il ne l'a aidé?

14. Quels sont les différents types de violence dont on parle à travers le film?

15. Que font les femmes pour lutter contre la violence?

16. Quels sont les liens entre l'instabilité politique et la violence contre les femmes?

17. Qu'est-ce que le "sòl," et comment aide-t-il la femme à être financièrement plus indépendante?

18. Quelle est l'importance des proverbes dans le film? Quels sont les deux proverbes mentionnés?

19. Quelles solutions propose-t-on pour résoudre les problèmes d'Haïti?

Poto Mitan

5. **Analyse de scènes**

Regardez les scènes suivantes et commentez-les.

Scène 1: La condition des travailleurs dans l'usine

(minutes de 02:27 à 05:48)

Marie-Jeanne explique les conditions de travail dans l'usine. Elle accentue la condition de tous les jours et quand un *blan* [un étranger] vient dans l'usine.

Quelles sont les conditions dans l'usine? Commentez cette scène.

Scène 2: La campagne nationale contre la violence

(minutes de 12:19 à 14:45)

Yolette Etienne et Marie-Jeanne Jean parlent des liens entre la pauvreté et la violence.

Commentez l'effet de la violence sur les jeunes.

Scène 3: Le scandale du riz

(minutes de 30:39 à 33:33)

Un activiste discute de la politique du riz et le fait que 82% de la consommation nationale du riz est importée des Etats-Unis.

Expliquez ce phénomène et son rapport avec le sous-développement.

Scène 4: Les femmes revendiquent leurs droits

(minutes de 43:56 à 47:00)

Le 8 mars, Journée Internationale de la Femme, les femmes s'organisent et protestent pour revendiquer leurs droits.

Que demandent ces femmes? Quel est le résultat de cette manifestation?

6. **Activité de conversation en groupes**

En petits groupes, choisissez et discutez de l'un des thèmes suivants (ou un autre que vous pourriez remarquer dans ce film), puis présentez-le en classe.

La lutte	La violence
La pauvreté	La féminisation de la pauvreté
La globalisation	L'aide étrangère
L'inégalité entre les hommes et les femmes	La révolte HOPE ACT U.S. Congress (2006)
L'inégalité entre les riches et les pauvres	L'injustice La main d'œuvre bon marché
L'éducation	Les pratiques de travaux injustes

7. **Analyse de citations dans le film**

Identifiez ceux qui ont tenu les propos suivants. Analysez-les en les replaçant dans leur contexte:

1. _____: "La misère et la pauvreté facilitent la violence. L'inégalité augmente la violence."

2. _____: "Nous voulons la liberté, nous ne pouvons plus, arrêtez avec la vie chère ! Nous n'avons pas peur!"

3. _____: "Il y a une féminisation de la pauvreté. La plupart des chômeurs sont des femmes."

4. _____: "On dit que la femme, c'est le poto-mitan de la société, de la famille, parce que tout ce qui se passe se passe autour de la femme et avec la femme."

5. _____: "Le viol ou la violence est directement lié à l'économie du pays. Parfois, une femme n'a pas le pouvoir économique, et cela la rend victime."

6. _____: "Femmes, si on ne parle pas, personne ne parlera pour nous pour dénoncer les injustices auxquelles les femmes font face."

8. **Sujets de discussion**

   1. Quels sont les facteurs qui contribuent à la cherté de la vie?

   2. Une des femmes dit que les femmes sont un ingrédient essentiel dans la société et jouent un rôle fondamental dans l'économie, mais ce sont les hommes qui sont au pouvoir et décident. Pourquoi pensez-vous que c'est le cas?

   3. La moitié de la population est mineure (jeune) et n'a pas accès à l'éducation ni au travail. Comment ce facteur déstabilise-t-il le pays?

   4. Port-au-Prince, une ville qui a été créée pour environ 200 000 personnes, a maintenant plus de 2 millions d'habitants. Comment cela contribue-t-il au cercle de la pauvreté?

9. **Activités de rédaction**

   1. *Poto Mitan* a de nombreuses affinités avec le film *Rue Cases-Nègres*. Choisissez deux thèmes et faites-en une étude comparative.

   2. Choisissez une des trois femmes historiques mentionnées dans le film (Anacaona, Défilé ou Catherine Flon), et faites des recherches sur sa contribution et son importance dans l'histoire et la culture haïtienne.

   3. Faites une recherche sur l'importance des proverbes dans la culture orale haïtienne.

   4. Le scandale du riz: Haïti est le quatrième importateur du riz américain dans le monde. Que pensez-vous de cela? Comment cela contribue-t-il à la déstabilisation de l'agriculture et de l'économie haïtienne?

   5. Faites une recherche sur deux des différentes organisations de femmes telles que Dwa Fanm, FANM, MUDHA etc. et décrivez ce qu'elles font pour améliorer la situation de la femme.

   6. Dans *Faat Kiné*, il y a un système de micro-crédit qui est comparable au système de *sòl* dans *Poto Mitan*. Comparez ces deux systèmes de micro-crédit et expliquez comment ils aident les femmes à être financièrement indépendantes.

7. Visitez le site du film: potomitan.net et discutez de la vie de trois des femmes du documentaire et ce qu'elles ont fait après le film.

Lecture

Lisez l'article suivant et répondez aux questions.

Un pacte contre les pratiques discriminatoires à l'égard des filles

Haïti: A l'issue d'un atelier sur les stéréotypes sexuels dans l'éducation haïtienne, un pacte pour une éducation non sexiste en Haïti a été signé, samedi, à Montrouis, par différents acteurs du système éducatif et des représentants des ministères à la Condition Féminine et aux Droits de la Femme et de l'Education nationale et de la Formation professionnelle. "Nous ferons de ce pacte notre affaire. C'est un pacte agissant qui ne va pas rester au tiroir," a assuré, lundi, le ministre de l'Education nationale, M. Gabriel Bien Aimé.

Si nous voulons avoir une société équilibrée, a-t-il indiqué, il faut commencer par éradiquer les stéréotypes sexuels dans notre système éducatif.

Le ministre de l'Education nationale qui croit que l'on peut arriver à un système éducatif sans discrimination de genre en Haïti, invite les parents à s'impliquer dans cette lutte. "La famille, dit-il, est la base de la société."

Pour sa part, la ministre à la Condition féminine et aux Droits de la femme, Mme Marie Laurence Jocelyn-Lassègue, a renouvelé la volonté de son ministère dans cette lutte. " J'ai suivi avec beaucoup d'attention les résultats présentés. Soyez assurés de la volonté du MCFDF et de ma volonté personnelle d'appuyer la matérialisation de ces résolutions ", a-t-elle déclaré.

Mme Lassègue croit que les résultats de cet atelier marqueront un tournant dans l'enseignement en Haïti. Sans vouloir influencer les responsables du ministère de l'Education nationale, elle estime qu'à côté de bons programmes, de bons supports didactiques, il faut surtout des enseignants et enseignantes, des inspecteurs et inspectrices, des responsables pédagogiques et des directeurs déterminés à promouvoir une éducation non sexiste.

Présentant les résultats de l'atelier, la rectrice de l'université Caraïbe, Mme Jocelyne Trouillot, a affirmé que ce pacte permettra aux deux ministères de passer à l'action. Ce pacte vise à porter l'Etat haïtien à organiser une convention pour l'Education non sexiste. La révision des curricula et un service d'orientation professionnelle à partir de la 9ème année fondamentale sont, entre autres, deux points qui doivent être inclus dans cette convention.

Afin de suivre l'évolution des comportements et le niveau d'implication des concernés dans la lutte pour l'élimination des stéréotypes sexuels, la convention établira aussi les bases d'un mécanisme d'évaluation régulière.

Pour s'assurer que les enjeux fondamentaux de la problématique de genre sont pris en compte dans l'opérationnalisation de la politique éducative haïtienne, le pacte recommande le renforcement de la Commission interministérielle MCFDF-MENFP. Il exige, en ce sens, l'intégration d'autres entités techniques du MENFP.

Profitant de l'occasion, la représentante du Fonds des Nations Unies pour la Population (UNFPA), Mme Tania Patriota, a procédé au lancement du guide "**Yon lekol kote tout elèv gen dwa.**" [**Une école où tous les élèves ont des droits**] "Le support donné pour le développement de ce guide sur les droits des élèves, filles et garçons, est un nouveau gage de notre volonté et de notre implication. Il s'agit d'une contribution visant à renforcer la connaissance des élèves sur leurs droits ainsi qu'un appel aux enseignants et directeurs d'écoles à respecter les droits de ceux envers qui, ils ont la responsabilité d'éduquer et de former," a-t-elle indiqué, précisant que l'UNFPA soutient fermement cette démarche.

Mme Patriota a souligné que le respect des droits des élèves comprend également l'adoption de mesures contre tous ceux et celles qui utilisent leur autorité morale ou leur position de pouvoir pour abuser sexuellement les plus jeunes. "Le respect des droits passe également par l'adoption de mesures pour qu'une fille ne soit renvoyée de l'école parce qu'elle tombe enceinte. Au contraire, elle a besoin d'être aidée et accompagnée," a-t-elle poursuivi.

Jean Gardy Gauthier
Le nouvelliste, 9 juillet 2007

Questions

1. Qui a signé le pacte pour une éducation non sexiste?
2. En quoi consiste une éducation non-sexiste?
3. Que pense Madame Lassègue des résultats de l'atelier?
4. Selon Madame Lassèque, que doit-on faire pour promouvoir une éducation non sexiste?
5. Que pense Madame Jocelyne Trouillot des résultats de l'atelier?
6. Selon Madame Trouillot, quels deux points essentiels doivent être inclus dans la convention pour la mise en place d'un enseignement non-sexiste?
7. Quelles sont les opinions de Madame Tania Patriota (la représentante du Fonds des Nations Unies) sur cette démarche?
8. Quelles sont les réflexions de Madame Tania Patriota sur l'abus sexuel des jeunes?

Bibliographie

Livres

Mémoire d'une amnésique de Jan J. Dominique, Henri Deschamps, Port-au-Prince, 1984.

Amour, colère et folie de Marie Chauvet, Gallimard, Paris, 1969.

Breath, Eyes & Memory d'Edwidge Danticat, Soho Press, New York, 1994.

Gouverneurs de la rosée de Jacques Roumain, Imprimerie de l'Etat, Port-au-Prince, 1944.

Les blancs de mémoire de Georges Anglade, Editions Boréal, Montréal, 1999.

Fils de misère de Marie-Thérèse Colimon, Paris: Editions de l'Ecole, Paris, 1974.

Les chemins de Loco-Miroir de Lislas Desquiron Paris: Stock, Paris, 1990.

La petite corruption de Yanick Lahens., Editions Mémoire, Port-au-Prince ,1990.

Dans la maison du père de Yanick Lahens, Le serpent à plumes, Paris, 2000.

Bon dieu rit d'Edriss Saint-Armand, Hatier, Paris,1988.

La Tragédie du roi Christophe d'Aimé Césaire, Présence Africaine, Paris, 1963.

Sites intéressants

Potomitan.net

Haiti-reference.info

Coordinationsud.org

List of Distributors

Resources: Where to View, Rent and Purchase Films in the U.S. and Canada

African Diaspora Film Festival
535 Cathedral Parkway, Suite 14 B,
New York, New York 10025
Tel: (212) 864-1760
E-mail: info@nadff.org
Web site: www.nyadff.org

African Diaspora Images
71 Joralemon Street
Brooklyn, New York 11201
(718) 852-8353

African Film Festival, Inc. (AFF)
154 West 18th Street, Suite 2A
New York, New York 10011
Tel: (212) 352-1720
E-mail: nyaff@erols.com
Web site: http://www.africanfilmny.org

American Black Film Festival
c/o Film Life
100 Avenue of the Americas, 15th Floor
New York, New York 10013
Tel: (212) 219-7267
E-mail: info@thefilmlife.com
Web site: www.abff.com

Annual Black Film Festival
The Newark Museum
49 Washington Street
Newark, New Jersey 07102-3176
Tel: (973) 596-6550   1-800-7 MUSEUM (toll-free)

Blockbuster
Web site: www.blockbuster.com

Bullfrog Films
P.O. Box 149
Oley, PA 19547
(610) 779-8226
E-mail: video@bullfrogfilms.com
Web site: www.bullfrogfilms.com

California Newsreel
Order Department
P.O. Box 2284
South Burlington, VT
Tel: (877) 811-7495 fax: 802-846-1850
E-mail: contact@newsreel.org
Web site: www.newsreel.org

DSR, Inc.
911 Gulford Road,
Columbia, MD 21046
(301) 490-3500
E-mail: dsr@us.net

Facets Multi-Media
Facets Rentals
1517 W. Fullerton Avenue
Chicago, Illinois 60614
Tel: 1-800-331-6197 (1-800-532-2387)
E-mail: sales@facets.org
Web site: www.facets.org

Filmmakers Library
124 East 40th Street
New York, New York 10016
Tel: (212) 808-4980
E-mail: info@filmakers.com
Web site: www.filmakers.com

Films, Inc.
4411 N. Ravenswood Avenue
Chicago, Illinois 60640-5802
Tel: (800) 826-3456
E-mail: classics@homevision.com

First Run/Icarus Films
32 Court Street, 21st Floor
Brooklyn, New York 11201
Tel: (718) 488-8900
E-mail: info@frif.com
Web site: www.frif.com

Griot Cinema
Erico Café
1334 U Street, N.W.
Washington, DC 20009
Tel: (202) 518-9742
E-mail: info@ericocafe.com
Web site: www.ericocafe.ecom

Gris-Gris Films
17962 Valley Vista Boulevard
Encino, California 91316
Tel: (818) 881-8725
E-mail: grisfilm@ix.netcom
Web site: www.grisgrisfilms.com

Howard University, Founders Library, Media Center
Howard University
500 Howard Place, NW
Washington, DC 20059
Tel: (202) 806-5435
Web site: www.founders.howard.edu/Media_Center/default.htm

Indiana University, African Studies Program
Woodburn Hall 221
Bloomington, Indiana 47405
Tel: (812) 855-6285
E-mail: afrist@indiana.edu/~afrist

KJM3 Entertainment Group, Inc.
462 Broadway, Suite 510
New York, NY 10013
Tel: (212) 689-0950

Kino International Corporation
333 W. 39th Street, Ste. 503
New York, New York 10018
Tel: (212) 629-6880 or 800-562-3330 (toll-free)
E-mail: contact@kino.com
Web site: www.kino.com/contact/mail.html

Library of Congress, Motion Picture & Television Reading Room
James Madison Building, Rm. LM 336
101 Independence Avenue, SE
Washington, DC 20540
Tel: (202) 707-8572
Web site: www.loc.gov/rr/mopic

Martin Luther King Jr. Memorial Library, Audiovisual Division
901 G Street, NW, Room 226
Washington, DC 20001
Tel: (202) 727-0321
Web site: www.dclibrary.org/mlk/audiovisual/

Metropolitan Museum of Art
1000 Fifth Avenue
New York, New York 10028-7710
Tel: (212) 535-7710
Web site: www.metmuseum.org

Museum of Modern Art
Celeste Bartos Film Study Center
New York
Tel: (212) 708-9613
E-mail: info@moma.org
Web site: www.moma.org/collection.depts/film_media/index.html

Mypheduh Films, Inc.
P.O. Box 10035
Washington, DC 20018-0035
Tel: (202) 234-4755 or 1-800-524-3895 (toll-free)
E-mail: info@sankofa.com
Web site: www.sankofa.com

National Museum of African Art
Smithsonian Institution
950 Independence Avenue, SW
Washington, DC 20560
Tel: (202) 357-4600
Web site: www.si.edu/nmafa

New Yorker Films
16 West 61st Street
New York, New York 10023
Tel: (212) 247-6110; 877-247-6200 (toll-free)
E-mail: info@newyorkerfilms.com
Web site: http://www.newyorkerfilms.com

Pan African Film & Arts Festival
P.O. Box 2418
Beverly Hills, California 90213
Tel: (323) 295-1706
E-mail: info@paff.org
Web site: www.paff.org

SPIA Media Productions, Inc.
P.O. Box 230937
Astor Station
Boston, Massachusetts 02123-0937
Tel: (617) 277-0278
E-mail: spiamedia@aol.com
Web site: spiamedia.com

Third World Newsreel (TWN)
545 Eighth Avenue, 10th Floor
New York, New York 10018
Tel: (212) 947-9277
E-mail: twn@twn.org
Web site: www.twn.org/index.html

Washington DC International Film Festival (Filmfest DC)
P.O. Box 21396
Washington, DC 20009
Tel: (202) 724-5613
E-mail: filmfestdc@aol.com
Web site: www.filmfestdc.org

Women Make Movies, Inc.
462 Broadway, Suite 500 WS
New York, New York 10013
Tel: (212) 925-0606

University of California, Berkeley-Media Resource Center, Moffitt Library
Berkeley, California
Tel: (510) 642-8197
Web site: www.lib.berkeley.edu/MRC/about.html

University of Florida, Georges A. Smathers Libraries, Africana Collections
P.O. Box 117001
Gainesville, Florida 32611-7001
Tel: (352) 392-4919
E-mail: danrebo@ufl.edu
Web site: www.web.uflib.ufl.edu/cm/africana.filmvid.htm

Vues d'Afrique
67, rue Ste-Catherine Ouest, 5e étage
Montréal, Québec H2X 1Z7, Canada
Tel: (514) 284-3322
E-mail: info@vuesdafrique.org
Web site: www.vuesdafrique.org

Selected Web Sites

Netflix: www.netflix.com

Africultures: www.africultures.com

Littérature du Maghreb: www.limag.com

Ile-en-île: http://www.lehman.cuny.edu/ile.en.ile/

Outremer, le Web des Antilles françaises: www.outremer.com

Franco-Monde: http://www.lehman.cuny.edu/deanhum/langlit/french/francomonde.html

H-AfrLitCine: http://h-net2msu.edu/~aflitweb/

Netribution Film Network: www.netribution.co.uk/festivals/index.html

Sudplanete, Portail de la Diversité Culturelle: www.sudplanete.net

Afriblog, le Portail des Blogs Africains: www.afriblog.com

Afriscope: www.afriscope.fr

Fédération Africaine de la Critique Cinématographique: www.africine.org

l'Agenda Culturel en Afrique: www.africinfo.org

Association des Editeurs Francophones au Sud du Sahara: www.afrilivres.com

Portail des Revues de l'Interculturalité: www.revues-plurielles.org

Algérie Littérature/Action: www.algerie-litterature.com

The Center for Study & Research of African Women in Cinema: http://www.africanwomenincinema.org/AFWC/The_Center.html

Regard Sud: http://www.i-lyon1.com/assos-67.html

Organisation Internationale de la Francophonie: http://www.francophonie.org/

Agence Universitaire de la Francophonie: www.auf.org

Ministère de l'Immigration, de l'Intégration, de l'Identité Nationale et du Co-développement: http://www.premier-ministre.gouv.fr/iminidco

Institut National de la Statistique et des Etudes Economiques français (INSEE): www.insee.fr

TV5 Monde: www.tv5.org

Other websites on francophone film and related topics

Pan-African Film and Television Festival of Ouagadougou (FESPACO) Site includes: Awards Winners; Fespaco'97; Publications; The African film library; information on Burkina Faso.
http://www.fespaco.bf/

Extracts and biographical data on African literature writers
http://www.uflib.ufl.edu/hss/africana/voices.html

Francophone African poets available in English translation
http://www.uflib.ufl.edu/hss/africana/poets.html

Links to other sites, such as: H-African Literature & Cinema

http://www.h-net.msu.edu/~aflitweb/

"In the World of African Literatures"
This site was developed by the French Dept. at the University of Western Australia in Perth. It includes a bibliography of Francophone African women writers (in French), unpublished interviews, an unpublished novel, and a novel for young readers.
http://www.arts.uwa.edu.au/AFLIT/FEMEChomeEN.html#cnglish
http://www.arts.uwa.edu.au/AFLIT/FEMEChome.html#french

"A-Z of African Studies on the Internet"
http://www.library.uwa.edu.au/sublibs/sch/sc_ml_afr.html

Index on Africa
The Norwegian Council for Africa is proud to present the most comprehensive guide to Africa on the Internet yet. *Index on Africa* is a catalogue of Africa resources on the

Net. It contains more than 2000 Africa related links. The links are sorted in categories by theme or country.
http://www.interpost.no/fellesradet/engelsk/engindex.html

Portland Community College Cascade Festival of African Films
http://www.africanfilmfestival.org/

California Newsreel
Major U.S. distributor of African video & film.
http://www.newsreel.org/

African Studies Center, Michigan State University
Includes weekly Tuesday Bulletin newsletter of African studies resources, African Media Program, Study Abroad Programs, and African Studies Outreach Resources. Outreach Coordinator, John Metzler, and Director, David Wiley, phone: 517-353-1700; email: wiley@pilot.msu.edu, metzler@pilot.msu.edu; address: 100 International Center, MSU, East Lansing, MI 48824-1035.
http://www.isp.msu.edu/AfricanStudies/

National Consortium for Study in Africa.
A list of all Africa study abroad programs in U.S.
http://www.isp.msu.edu/ncsa/

African Studies Association
http://www.sas.upenn.edu/African_Studies/Home_Page/ASA_Menu.html

Africa News On-Line
http://www.africanews.org/

Association of Concerned Africa Scholars
http://www.prairienet.org/acas/

Africa Policy Information Center/Washington Office on Africa
http://www.igc.apc.org/apic/index.shtml

Council for the Development of Social Science Research in Africa (CODESRIA)
http://wsi.cso.uiuc.edu/CAS/codesria/codesria.htm

Index

Credits

We have made every effort to trace the ownership of all copyrighted material and to secure permission from copyright holders. In the event of any questions arising as to the use of the material, we will be pleased to make the necessary corrections in future printings. Thanks are due to the following authors, publishers and agents for use of the material included.

Texts

xvi–xviii	©Anne-Christine Rice
12–13	Used with permission of Emmanuelle Vanborre
27–30	©Africultures (Africultures.com)
56–61	©Maria Esposito / World Socialist Web Site (wsws.org)
73–74	©Grove Press
74–75	©Issac Julien Studio / isaacjulien.com
88–92	*Une Saison Au Congo*, Aimé Césaire, © Éditions du Seuil, 1966, *Points*, 2001
104–110	©Africultures (Africultures.com)
121–122	Yvan Amar, *Les mots de l'actualité—Auberge Espagnol*. Article publié le 20/05/2007. RFI
122–124	©cafebabel.com
135–137	©picardieweb.com
151	Robert Solé, "La ville et ses banlieues," *Le Monde, Dossiers et documents* 185. Février 1991. © Le Monde
162–167	©Africultures (Africultures.com)
176–177	©quebecregion.com
192–194	©fides.org
206–208	©"Les adieux à l'Indo" de Charles-Robert Ageron. ©Le Monde, 26.08.1992
220–221	©Jean Gardy Gauthier

Illustrations

Cover	Scene from Férid Boughedir's "A Summer in La Goulette." Courtesy of Kino Lorber Inc., www.kinolorber.com
3 top	©iStock Photo /woewchikyury
3 middle	Image copyright S_E, 2013. Used under license from Shutterstock.com
3 bottom	©iStock Photo / John Woodcock
4	©Carlotta Films
17 top	Image copyright Olinchuk, 2013. Used under license from Shutterstock.com
17 middle	Image copyright Globe Turner, 2013. Used under license from Shutterstock.com
17 bottom	©iStock Photo / John Woodcock
18	©Tessalit / Mars Distribution

33 top	Image copyright Globe Turner, 2013. Used under license from Shutterstock.com
33 middle	Image copyright Atlas pix, 2013. Used under license from Shutterstock.com
33 bottom	©iStock Photo / John Woodcock
35	Image copyright rook76, 2013. Used under license from Shutterstock.com
47 top	Image copyright Olinchuk, 2013. Used under license from Shutterstock.com
47 middle	Image copyright Globe Turner, 2013. Used under license from Shutterstock.com
47 bottom	©iStock Photo / John Woodcock
48	©Studio Canal
55	©UNESCO / Hana Aouak
65 top	©iStock Photo /woewchikyury
65 middle	Image copyright S_E, 2013. Used under license from Shutterstock.com
65 bottom	©iStock Photo / John Woodcock
79 top	Image copyright Globe Turner, 2013. Used under license from Shutterstock.com
79 middle	Image copyright Atlas pix, 2013. Used under license from Shutterstock.com
79 bottom	©iStock Photo / John Woodcock
80	©Zeitgeist Films
86	Image copyright meunierd, 2013. Used under license from Shutterstock.com
97 top	Image copyright Olinchuk, 2013. Used under license from Shutterstock.com
97 middle	Image copyright S_E, 2013. Used under license from Shutterstock.com
97 bottom	©iStock Photo / John Woodcock
98	©Les Films du Losange
113 top	Image copyright Olinchuk, 2013. Used under license from Shutterstock.com
113 middle	Image copyright jannoon028, 2013. Used under license from Shutterstock.com
113 bottom	©iStock Photo / Natural_Warp
114	©20th Century Fox Film Corporation
117	©iStock Photo / GeorgiosArt
127 top	Image copyright Olinchuk, 2013. Used under license from Shutterstock.com
127 middle	Image copyright jannoon028, 2013. Used under license from Shutterstock.com
127 bottom	©iStock Photo / Natural_Warp
128	©Pathé International
141 top	Image copyright Olinchuk, 2013. Used under license from Shutterstock.com
141 top/middle	Image copyright Globe Turner, 2013. Used under license from Shutterstock.com
141 mid/bottom	©iStock Photo / John Woodcock
141 bottom	Image copyright Pichugin Dmitry, 2013. Used under license from Shutterstock.com
142	©LeoFilms
153 top	Image copyright Globe Turner, 2013. Used under license from Shutterstock.com
153 top/middle	Image copyright Olinchuk, 2013. Used under license from Shutterstock.com
153 left middle	Image copyright Atlas pix, 2013. Used under license from Shutterstock.com
153 right middle	Image copyright Globe Turner, 2013. Used under license from Shutterstock.com
153 left bottom	©iStock Photo / John Woodcock
153 right bottom	©iStock Photo / Natural_Warp
154	©California Newsreel
164	Image copyright maxstockphoto, 2013. Used under license from Shutterstock.com